German Today, One

Jack Moeller
Alfred Hoelzel
Robert Simmons
Elfi Tangert

Editorial Advisor
George E. Smith

Houghton Mifflin Company   Boston
Atlanta   Dallas   Geneva, Illinois   Hopewell, New Jersey   Palo Alto

About the Authors

Jack Moeller is Professor of Germanic Languages and Literature at Oakland University where he conducts courses in methodology of foreign language teaching. Prior to entering college teaching, Dr. Moeller taught at both private and public high schools in the United States and in Germany. He is author-reviser of *First Book in German* and editor of the *Kreutzenau Novellen*.

Alfred Hoelzel, a native of Vienna, has had teaching experience at both the secondary and college levels. He taught at Boston Latin School and served as Director of Foreign Languages for the Brookline Schools, Massachusetts. Professor Hoelzel is Chairman of the Department of German at the University of Massachusetts at Boston.

Robert Simmons is Professor of German and Chairman of the Department of Modern Languages and Literatures at Oakland University. He also taught at Stanford University and at Marquette University.

Elfi Tangert taught in the public schools in Austria before joining the staff at Rochester High School, Michigan. Mrs. Tangert developed an elementary school program in German in Rochester and teaches courses in methodology at the university level as well.

Acknowledgments

For valuable suggestions in the preparation of the manuscript of German Today, the authors, editors, and publisher are indebted to Jermaine D. Arendt, Consultant in Foreign Languages, Minneapolis Public Schools; John Harrison Brown, Area Leader in German, Metropolitan School District of Washington Township, Indianapolis, Indiana; and William B. Moulton, Professor of Linguistics, Princeton University.

Preface

To the Student

Why Are You Enrolled in a German Course?

It is entirely possible that you do not have a definite answer to that question. It is also possible that you are not certain about the reasons for studying any foreign language, for that matter. It might be that you are attempting to fulfill a college entrance requirement or that your family originated in a German-speaking land. Perhaps you have a special interest in literature, music, the sciences, or some other field in which you feel a knowledge of German would be useful. Maybe you have traveled in German-speaking areas or hope to do so. Whatever your reasons, we hope that by the end of this course you will have found another: to learn to communicate in their language with people from other lands.

To communicate in a foreign language means to try to understand someone "different" and to try to make yourself understood by him — not just in terms of asking directions, learning how to make a phone call, getting a room in a hotel, or buying a train or bus ticket, but also when dealing with matters of more lasting importance such as interpersonal relationships (family, friends, acquaintances), life style (hours, meals, school, work), relationships to environment (rural, suburban, urban), and influence of history (past and recent).

All of these factors combine to produce the constantly evolving society that is Germany today. The key to an understanding of that society is German. It is the most effective communications tool available for that purpose and, in this age of great mobility and jet travel, it is a tool that you will very probably have more and more opportunity to use.

How Do You Learn German?

In many ways learning a foreign language is a matter of acquiring new habits. An important difference is that when you acquire a new habit — learning how to improve a tennis stroke or to correct guitar fingering, for example — you usually replace an old habit with a new one. When you learn new foreign language habits such as positioning and moving your lips and tongue to form certain sounds, however, you do not eliminate the habits you acquired in learning English. One of the first things to do, then, is to accept the fact that you will have to work to keep the two systems separate and to prevent the older, stronger set of habits of English from interfering unduly with the new habits you will be acquiring.

Learning a foreign language is more than acquiring habits, though. As a small child you spent about two years or more listening to English before the sound system began to make sense so that you could follow the fairly complex directions or questions of adults and then begin to use those sounds to respond. It took even more time before you began to associate the sound system which you were still mastering with groups of letters of the alphabet and began to read and to write. Obviously, there isn't time in the school year to go about learning language that way. Too, you are no longer a small child. In addition to acquiring certain habits, then, *German Today* will help you to see relationships between words and to observe the way in which German is organized or structured. Once you have done this you will be able to use that structure to produce sentences entirely of your own making and which express your own ideas.

Here are some study hints that should prove useful.

(a) Each time new sounds or words are introduced listen carefully to the way they are pronounced.

(b) Attempt to imitate the new sounds as accurately as possible. English habits often interfere with proper pronunciation. Your teacher may decide to explain the position of the lips and tongue necessary to produce the sound accurately. Be willing to try to produce these new sounds and do not be afraid to make mistakes. While the sounds may be strange at first, you will rapidly come to accept them as the most natural thing possible.

(c) Similarly, do not be overly concerned if you cannot understand the meaning of every single word in a dialog line or in a sentence from a reading. No two languages say everything exactly the same way and you should attempt, as much as possible, to understand without a quick translation into English.

As you develop this ability to guess, you will find that fewer and fewer words in any sentence or paragraph are totally strange. This does not mean that you could explain exactly what each one means, but you will find that you have a clearer idea of why a thought is expressed in a particular way in German. When you come across a new word, resist the temptation to look it up right away. Try to guess. Many times the meaning will come clear from the context, that is from the sentences which precede and which follow the problem sentence.

(d) Just as there are different sounds in German and English, so too certain letters and combinations of letters represent different sounds. Learn what the differences are, practice them, and you will rapidly be able to write everything you can say.

(e) You will not be able to say in German everything you can say in English, however, and you must not attempt to do so. At first communication may be on a very simple, almost childlike level, but if you limit yourself to the words and structures you have learned and practice them regularly both in and out of class, it will take only a few weeks before you can build rapidly on these fundamentals and begin to "think" in German.

How is German Today *Organized?*

German Today consists of 23 units of work. There are two types of units containing slightly different kinds of activities. For the most part, units consist of: (a) *dialogs* or *reading selections* in which new vocabulary and structure are introduced (b) *word building exercises* in which you will learn how to use one word to learn others (c) *pronunciation exercises* concentrating on German sounds which are more difficult for speakers of English than others (d) *structure drills* which show how German functions and provide for practice of language patterns (e) a *grammatical reference section* in which you can find the answers to questions dealing with the structures of the drill section (f) a systematic *oral and written review* of broad categories of structure and of vocabulary (g) a *vocabulary reference list* presenting the vocabulary of the unit and (h) a *cultural reading selection* dealing with some aspect of life in German speaking lands. In addition there is an end vocabulary and an appendix listing the English equivalents of the dialog lines.

German Today is designed to help you learn to understand, to speak, to read and to write German as it is spoken and written today. Most of the parts of this program will prove to be extremely enjoyable; some, doubtless, will not. Your teacher will guide you in the use of this text and, if they are available in your school, of the tape program and the workbook which accompany it. How well you succeed, of course, depends for the most part on you — your patience, your determination, your interest, and your willingness to try something new. We think that you will find that skill in using another language is an obtainable goal and well worth the effort. *German Today* is a first step in helping you reach that goal.

Contents

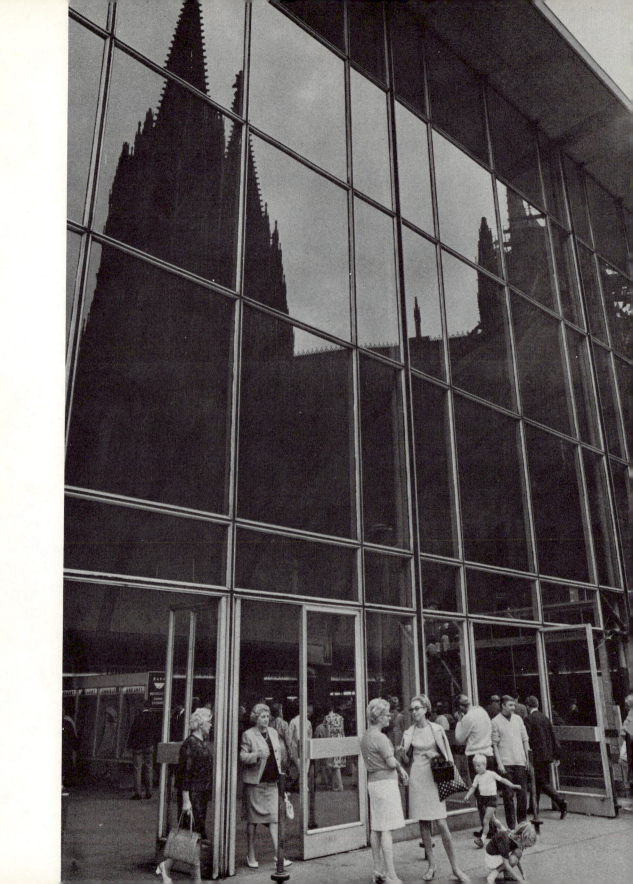

Aufgabe 1

GESPRÄCHE

Guten Tag!

Wie geht's?

PETER	Tag, Anna!
	Wie geht's?
ANNA	Danke, gut.
	Und dir?
PETER	Auch gut.

VARIATIONEN

1 Tag, **Anna!**
  Hanna
  Hans
  Barbara
  Karl
  Maria

2 Wie geht's, **Peter?**
  Heda
  Eva
  Emil
  Edith
  Eberhard

3 Danke, gut. Und dir, **Dieter?**
  Werner
  Frieda
  Ulrike
  Christa
  Gerda

◀ *Guten Tag, wie geht es Ihnen?*

Wie geht es Ihnen?

HERR BUBER	Guten Tag, Fräulein Neuse!
	Wie geht es Ihnen?
FRÄULEIN NEUSE	Danke, es geht mir gut.
	Und Ihnen?
HERR BUBER	Nicht so gut.
FRÄULEIN NEUSE	Das tut mir leid.

VARIATIONEN

1 **Guten Tag,** Fräulein Neuse !
  Guten Morgen°
  Guten Abend°
  Gute Nacht°
  Auf Wiedersehen°

2 **Herr Buber,** wie geht es Ihnen ?
  Herr Huber
  Fräulein Schubert
  Frau° Neumann
  Herr Gutke

3 Es geht **mir** gut.
      dir
      Ihnen
      Fräulein Schmidt
      Peter
      Karl

The words or expressions followed by a ° can be found in the vocabulary at the end of the chapter.

AUSSPRACHE

In the pronunciation sections of this book, special symbols will be used to represent the various sounds. The same sound may be spelled in various ways.

Practice the following contrastive vowel sounds:

[i] long *i* as in *dir, ihnen, viel, sieht*
[I] short *i* as in *bin, bitte*

Now do the following drill. Practice the pairs both horizontally and vertically:

[i]	[I]
Lied	l**i**tt
bieten	b**i**tten
ihnen	**i**nnen
Biene	b**i**n
Liebe	**Li**ppe
w**i**r	w**i**rr

Practice the following contrastive vowel sounds:

[e] long *e* as in *edel, See, geht, Mädchen, Mähne*

[E] short *e* as in *es, fällen*

Now do the following drills:

[e]	[E]
Beet	Bett
den	denn
wen	wenn
ste*h*len	stellen
reden	retten
fe*h*len	fällen
Weg	weg

[i]	[I]		[e]	[E]
bieten	bitten		beten	Betten
stie*h*lt	stillt		ste*h*lt	stellt
riet	ritt		Räder	Retter
vieler	Filter		Fe*h*ler	Felle
Wiege	Wicke		Weg	weg

Mit dem Bus zur Schule

WORTSCHATZVERGRÖSSERUNG

Im Park

Wer? (*who?*)
1 das Mädchen
2 das Kind
3 der Junge
4 die Frau
11 der Mann

Was? (*what?*)
5 die Bank
6 das Auto
7 der Stuhl
8 das Glas
9 der Tisch
10 die Tasse
12 der Ball

Wo? (*where?*)
a hier (*here*)
b dort (*there*)
c dort drüben (*over there*)

Wer? Was? Wo?

LEHRER°   Was ist das, Dieter?
DIETER   Das ist der Tisch.

LEHRER	Und wer ist das, Frieda?
FRIEDA	Das ist der Junge.
LEHRER	Wo ist der Junge?
FRIEDA	Der Junge ist dort drüben.

FRAGEN°
1 Wer ist das? Das ist das Mädchen (der Mann, das Kind, etc.).
2 Was ist das? Das ist der Tisch (die Tasse, das Glas, etc.).
3 Wo ist der Ball? Der Ball ist dort drüben (hier, dort).

ÜBUNGEN

The definite articles *der, die, das*

der Mann   der Tisch
die Frau   die Tasse
das Mädchen das Glas

The definite articles **der, die,** and **das** function like the English word "the."

A Say that the following persons are here:

▷ der Mann   *Der Mann ist hier.*

1 der Junge   Der Junge ist hier.
2 das Fräulein   Das Fräulein ist hier.
3 die Frau   Die Frau ist hier.
4 das Kind
5 das Mädchen
6 der Mann

B Ask if the following things are there:

▷ der Tisch   *Ist der Tisch dort?*

1 der Stuhl   Ist der Stuhl dort?
2 das Glas   Ist das Glas dort?
3 das Auto   Ist das Auto dort?
4 die Bank
5 die Tasse
6 der Tisch

Aufgabe 1   **5**

The interrogatives *wer? was? wo?*

Wer ist das?	Das ist Fräulein Huber.
Was ist das?	Das ist der Tisch.
Wo ist der Tisch?	Der Tisch ist dort drüben.

C Form questions with *wer* or *was:*

▷ Das ist Frau Neumann.   *Wer ist das?*
Das ist der Ball.   *Was ist das?*

1 Das ist das Kind.   Wer ist das?
2 Das ist Herr Buber.   Wer ist das?
3 Das ist die Tasse.   Was ist das?
4 Das ist der Stuhl.   Was ist das?
5 Das ist das Mädchen.   Wer ist das?

D Form questions with *wo:*

▷ Die Frau ist hier.   *Wo ist die Frau?*

1 Der Ball ist dort drüben.   Wo ist der Ball?
2 Die Tasse ist hier.   Wo ist die Tasse?
3 Frieda ist dort.   Wo ist Frieda?
4 Das Fräulein ist dort drüben.
5 Dieter ist dort.

GRAMMATIK

The definite articles *der, die, das*

der Mann	**der** Tisch
die Frau	**die** Tasse
das Mädchen	**das** Glas

In German there are three groups of nouns: **der**-nouns, **die**-nouns, and **das**-nouns. The definite articles **der, die, das** function like the English word "the." Since there is no simple way of predicting which noun belongs to which group, learn the definite article when you learn the noun.

Das Mädchen ist hier.
Gisela ist **das Mädchen.**

German nouns have different cases, depending on how the noun is used in the sentence. When a noun is used as the subject or when it is used in the predicate after the verb **sein** (to be), it is in the nominative case.

The interrogatives *wer? was? wo?*

Wer ist das?	Das ist Frau Neumann.
Was ist das?	Das ist der Tisch.
Wo ist der Tisch?	Der Tisch ist dort drüben.

The interrogative **wer?** refers to persons; the interrogative **was?** refers to things.

Notes about written German

(a) All German nouns are capitalized: **der Mann, die Tasse.**
(b) An apostrophe indicates the omission of an **e: Wie geht's? = Wie geht es?**

WIEDERHOLUNG

A Express the following in German:

1 Say

    (a) hello to Dora.
    (b) good morning to Mrs. Schmidt.
    (c) good-by to Miss Fischer.
    (d) that you feel fine.

2 Ask

    (a) Mrs. Braun how she is.
    (b) Hans how he is.
    (c) Mr. and Mrs. Fischer how they are.

B Name the following objects:

1 Das ist . . . .   2 Das ist . . . .   3 Das ist . . . .

4 Das ist . . . .   5 Das ist . . . .   6 Das ist . . . .

VOKABELN

Substantive

das Auto car
der Ball ball
die Bank bench
die Frau woman
  Frau Neumann Mrs. Neumann
das Fräulein young lady
  Fräulein Neuse Miss Neuse
das Glas glass
der Herr gentleman
  Herr Buber Mr. Buber
der Junge boy
das Kind child
der Lehrer teacher
das Mädchen girl
der Mann man
der Park park
der Stuhl chair
die Tasse cup
der Tisch table

Andere Wörter

auch also
danke thank you, thanks
dort there
  dort drüben over there
gut good, well, fine
hier here
ist is

nicht not
  nicht so not so
und and
was? what?
wer? who?
wie? how?
wo? where?

Besondere Ausdrücke

Auf Wiedersehen! Good-by!
Wie geht es Ihnen? How are you? (formal address, used when speaking to one or more persons, older than about 14, with whom one is not a close friend)
Wie geht es dir? (Wie geht's?) How are you? (familiar address, used when speaking to a member of one's family, a close friend, a near relative, or a child)
Es geht mir gut. I'm fine.
Nicht so gut. Not so well.
Das tut mir leid. I'm sorry.
Guten Tag! Hello!
Tag! Hi!
Guten Morgen! Good morning!
Guten Abend! Good evening!
Gute Nacht! Good night!
Was ist das? What is this (that)?
Wer ist das? Who is it? Who is this?
Wo ist der Tisch? Where is the table?

GESPRÄCHE

Bist du krank?

Wo ist Emil?

HANS SCHMIDT	Guten Morgen, Frau Fischer!
	Ist Emil hier?
FRAU FISCHER	Ja, er ist oben.
	Einen Augenblick, bitte.

VARIATIONEN

1 Wo ist **Emil?**
  er
  Frieda
  sie
  Herr Fischer
  er
  Frau Fischer
  sie

2 **Emil** ist oben.
  Er
  Frieda
  Sie
  Herr Fischer
  Er
  Frau Fischer
  Sie

Emil ist krank.

HANS	Emil, warum bist du so blaß?
EMIL	Ich bin krank.
HANS	Dann gehe ich wieder.
	Hoffentlich bist du morgen gesund!
EMIL	Auf Wiedersehen, Hans!

1 Warum **ist Emil** so blaß?
    ist er
    ist Anna
    ist sie
    bin ich
    bist du

2 Emil ist krank.
    Er ist
    Anna ist
    Sie ist
    Ich bin
    Du bist

WORTSCHATZVERGRÖSSERUNG

numbers

Zahlen° : 1–12

1 eins		7 sieben	
2 zwei		8 acht	
3 drei		9 neun	
4 vier		10 zehn	
5 fünf		11 elf	
6 sechs		12 zwölf	

how much

Wieviel° ist eins und eins?

(female) teacher	LEHRERIN°	Wieviel ist eins und eins?
(female) student	SCHÜLERIN°	Eins und eins ist zwei.
right	LEHRERIN	Das ist richtig.°
		Und wieviel ist zwei und zwei?
	SCHÜLERIN	Zwei und zwei ist fünf.
wrong	LEHRERIN	Nein, das ist falsch!°

A Add **one** to each of the following numbers:

▷ eins   *Eins und eins ist zwei.*

1 zwei   Zwei und eins ist drei.
2 drei   Drei und eins ist vier.
3 vier   Vier und eins ist fünf.
4 fünf   Fünf und eins ist sechs.
5 sechs
6 sieben
7 acht
8 neun
9 zehn
10 elf

Herr und Frau Fischer sind im Garten.

B Do the following addition problems:

▷ Wieviel ist eins und drei?

1 Wieviel ist zwei und vier?
2 Wieviel ist drei und sieben?
3 Wieviel ist fünf und drei?
4 Wieviel ist sechs und eins?
5 Wieviel ist fünf und vier?
6 Wieviel ist vier und eins?
7 Wieviel ist sieben und fünf?
8 Wieviel ist drei und vier?

Eins und drei ist vier.

Zwei und vier ist sechs.
Drei und sieben ist zehn.
Fünf und drei ist acht.
Sechs und eins ist sieben.

ÜBUNGEN

Subject Pronouns

(a) **ich, du, wir, ihr, sie** (*pl.*)

ich bin	**wir** sind
du bist	**ihr** seid
	sie sind

A Restate the following sentences, using the subject pronoun indicated:

▷ Ich bin krank. (du)   *Du bist krank.*

1 Du bist krank. (wir)   Wir sind krank.
2 Wir sind krank. (ihr)   Ihr seid krank.
3 Du bist blaß. (ich)   Ich bin blaß.
4 Du bist blaß. (wir)
5 Wir sind blaß. (sie)

(b) **er, sie** (*sg.*), **es**

Der Mann			Er	
Die Frau	ist hier.		Sie	ist hier.
Das Kind			Es	

B Use either *er*, *sie*, or *es* for the persons mentioned:

▷ Herr Schmidt   *Er ist hier.*
  Frau Neubert   *Sie ist hier.*

1 Annemarie   Sie ist hier.
2 das Kind   Es ist hier.
3 das Mädchen   Es ist hier.
4 Peter   Er ist hier.
5 der Junge
6 Hildegard
7 Herr Meier
8 Fräulein Fischer
9 Franz
10 Frau Mandel

(c) **sie** (*sg.*) and **sie** (*pl.*)

Anna ist hier.		Sie ist hier.
Anna und Gerda	sind hier.	Sie sind hier.
Klaus und Emil		

C Use *sie* to refer to the persons mentioned:

▷ Anna   *Sie ist gesund.*

1 Anna und Helga   Sie sind gesund.
2 Fräulein Maier   Sie ist gesund.
3 Trudi und Gerda   Sie sind gesund.

4 Hilde und Peter   Sie sind gesund.
5 Hans und Karl
6 Frau Braun
7 Herr und Frau Braun

(d) **du, Sie, ihr, Sie**
Karl, *du* bist blaß.   Karl, *you* are pale.
Frau Müller, *Sie* sind blaß.   Mrs. Müller, *you* are pale.

Karl und Maria, *ihr* seid blaß.   Karl and Maria, *you* are pale.
Herr und Frau Müller, *Sie* sind blaß.   Mr. and Mrs. Müller, *you* are pale.

D Ask the following persons if they are sick:

▷ Karl   *Karl, bist du krank?*

1 Herr Stein   Herr Stein, sind Sie krank?
2 Klaus und Hans   Klaus und Hans, seid ihr krank?
3 Herr und Frau Maier   Herr und Frau Maier, sind Sie krank?
4 Herr Schmidt   Herr Schmidt, sind Sie krank?
5 Gerda   Gerda, bist du krank?
6 Gerda und Klaus
7 Fräulein Braun
8 Herr und Frau Schneider

Sein

	Singular	Plural
	ich **bin**	wir **sind**
	du **bist**	ihr **seid**
	er, sie, es **ist**	sie **sind**
	Sie **sind**	

E Answer the following questions in the affirmative:

▷ Bist du krank?   *Ja, ich bin krank.*

1 Ist sie krank?   Ja, sie ist krank.
2 Ist das Kind dort drüben?   Ja, das Kind ist dort drüben.
3 Seid ihr dort?   Ja, wir sind dort.
4 Sind wir gesund?   Ja, ihr seid gesund.
5 Sind Sie blaß?   Ja, ich bin blaß.
6 Ist das richtig?
7 Bin ich dort?

Eine Englischklasse

GRAMMATIK

Subject Pronouns

	Singular		Plural
ich	I	**wir**	we
du	you (*familiar*)	**ihr**	you (*familiar*)
er	he (it)	**sie**	they
sie	she (it)		
es	it (he, she)		

Sie you (*formal*)

In German there are three ways of expressing the English subject pronoun *you:* **du, ihr,** and **Sie.** The form used depends on the age or the relationship between the speakers:

Hans, bist **du** krank?
Herr Müller, sind **Sie** krank?

Hans und Renate, seid **ihr** krank?
Herr und Frau Müller, sind **Sie** krank?

The familiar forms **du** and **ihr** are used when addressing one or more members of one's family, near relatives, close friends, or children.

The formal form **Sie** is used when addressing one or more persons, older than about 14, with whom one is not a close friend.

Sie ist **hier.**	She is here.
Sie sind **hier.**	They are here.
	You (*formal*) are here.

Sie may mean "she," "they," or "you" (*singular or plural*). Context usually makes the meaning clear. Note that **Sie** meaning "you" is always capitalized.

Sein

Singular		Plural	
ich bin	I am	**wir sind**	we are
du bist	you are	**ihr seid**	you are
er ist	he (it) is	**sie sind**	they are
sie ist	she (it) is		
es ist	it (he, she) is		
Sie sind	you are		

Notes About Written German

The letter ß is called "scharfes s" and is used in place of **ss** at the end of words, before consonants, and after long vowels: **blaß, Wortschatzvergrößerung.**

WIEDERHOLUNG

A Restate the model sentence, using the subjects indicated:

▷ Er ist auch hier.

1 du	7 Herr Schmidt
2 ich	8 das Mädchen
3 das Glas	9 der Stuhl
4 wir	10 ihr
5 Anna	11 der Junge
6 Hans und ich	12 Frau Maier

B Write out the following addition problems:

$$1 + 1 = ?$$
$$2 + 3 = ?$$
$$3 + 7 = ?$$
$$5 + 4 = ?$$
$$6 + 5 = ?$$
$$4 + 8 = ?$$

C Express in German:

1 Tell Mrs. Schmidt that you are ill. (Frau Schmidt, . . .)
2 Tell Mr. Braun that Karl and Peter are not here.
3 Tell Emil that you'll be going again.
4 Ask Miss Fischer if Peter is upstairs.
5 Ask Helga why she is so pale.
6 Ask Dieter how much 10 and 1 are.
7 Say that you hope Anna will feel better tomorrow.

VOKABELN

Substantive

die Lehrerin (female) teacher
die Schülerin (female) pupil

Verben

gehen to go
sein to be

Andere Wörter

bitte please
blaß pale
dann then
du you
er he
es it (he, she)
falsch wrong
gesund healthy
hoffentlich I hope, hopefully

ich I
ihr you (*pl.*)
ja yes
krank sick
morgen tomorrow
nein no
oben upstairs
richtig right, correct
sie she, they, it
warum? why?
wieder again
wieviel? how much?
wir we

Besondere Ausdrücke

Einen Augenblick, bitte. Just a moment, please.

Hoffentlich bist du morgen gesund! I hope you feel better tomorrow!

GESPRÄCHE

Wie...? Wo...? Was...?

how *where* *what*

Wie heißt du?

name

KLAUS   Wie heißt du?
HORST   Ich heiße Lehmann, Horst Lehmann.
KLAUS   Hast du Brüder? *Brother*
HORST   Nein, aber ich habe drei Schwestern. *sister*
KLAUS   Wo wohnt ihr?
HORST   Wir wohnen beim Park. *live*

VARIATIONEN

1 Wie heißt **du**?
     er
     der Mann
     die Frau
     der Schüler
     die Schülerin

2 **Ich heiße** Lehmann.
Du heißt
Er heißt
Wir heißen
Ihr heißt
Sie heißen

3 Wo **wohnt ihr**?
wohnen Sie
wohnt sie
wohnst du
wohnt er
wohnen sie

Annas Schwester fehlt heute.

LUISE   Wo bleibt denn Annas Schwester?
            Fehlt sie heute?

KÄTHE   Ja, sie ist krank zu Hause.

LUISE   Kommt sie morgen in die Schule?

KÄTHE   Ich glaube nicht.

VARIATIONEN

1 Wo bleibt denn Annas
   Schwester?
   Bruder
   Lehrerin
   Lehrer
   Ball

2 **Sie fehlt** heute.
   Er fehlt
   Ihr fehlt
   Du fehlst
   Wir fehlen
   Ich fehle

3 **Sie kommt** morgen in die Schule.
   Er kommt
   Ihr kommt
   Sie kommen
   Wir kommen
   Ich komme

Erika geht in die Schule.

LEHRER   Was hast du da, Erika?

ERIKA   Ich habe Bleistifte und Papier.

LEHRER   Aber wo hast du die Schulbücher?

ERIKA   Sie liegen zu Hause.

VARIATIONEN

1 **Erika geht** in die Schule.
   Hans geht
   Wir gehen
   Sie gehen
   Du gehst
   Ich gehe

2 Ich habe **Bleistifte**.
   Papier
   Schulbücher
   Bücher
   Brüder
   Schwestern

3 Wo **hast du** die Schulbücher?
   hat er
   habe ich
   haben wir
   haben sie
   habt ihr

4 **Sie liegen** zu Hause.
   Es liegt
   Er liegt
   Du liegst
   Ihr liegt
   Wir liegen

Der Rhein ist ein wichtiger Wasserweg für die Industrie. Der Rhein ist aber auch sehr romantisch, und an den Hängen wächst der gute Rheinwein.

Now do the following drills:

[ø]	[œ]		[y]	[Y]		[ø]	[œ]
Höhle	Hölle		Blüte	Bütte		blöde	Blöcke
Öfen	öffnen		Füße	Flüsse		Flößen	flössen
fröhlich	Frösche		Hügel	Hülle		Höhle	Hölle
König	können		lügen	Lücken		lögen	Löcher
lösen	löschen		sühnen	Sünden		krönen	können
Röslein	Rößlein						

WORTSCHATZVERGRÖSSERUNG

Das Klassenzimmer

1 das Fenster	6 die Tafel	11 das Heft
2 die Wand	7 die Kreide	12 die Tinte
3 das Buch	8 die Uhr	13 der Füller
4 der Schreibtisch	9 die Tür	14 das Papier
5 der Wischer	10 der Bleistift	

Ich glaube, heute fehlt keine Schülerin.

AUSSPRACHE

Practice the following contrastive vowel sounds:

[y] long **ü** as in *Tür, Stühle*
[Y] short **ü** as in *Mütter*

Now do the following drill. Practice the pairs both horizontally and vertically.

[y]	[Y]
F**ü**ße	Fl**ü**sse
b**ü**ßen	B**ü**ste
D**ü**ne	d**ü**nn
f**ü**r	f**ü**nf
H**ü**gel	H**ü**lle
M**ü**hle	M**ü**ll
S**ü**hne	S**ü**nde

Practice the following contrastive vowel sounds:

[ø] long **ö** as in *Höfe, Söhne*
[œ] short **ö** as in *können*

Now do the following drills:

[ø]	[œ]		[y]	[Y]		[ø]	[œ]
H**ö**hle	H**ö**lle		Bl**ü**te	B**ü**tte		bl**ö**de	Bl**ö**cke
Öfen	**ö**ffnen		F**ü**ße	Fl**ü**sse		Fl**ö**ßen	fl**ö**ssen
fr**ö**hlich	Fr**ö**sche		H**ü**gel	H**ü**lle		H**ö**hle	H**ö**lle
K**ö**nig	k**ö**nnen		l**ü**gen	L**ü**cken		l**ö**gen	L**ö**cher
l**ö**sen	l**ö**schen		s**üh**nen	S**ü**nden		kr**ö**nen	k**ö**nnen
R**ö**slein	R**ö**ßlein						

WORTSCHATZVERGRÖSSERUNG

Das Klassenzimmer

1 das Fenster	6 die Tafel	11 das Heft
2 die Wand	7 die Kreide	12 die Tinte
3 das Buch	8 die Uhr	13 der Füller
4 der Schreibtisch	9 die Tür	14 das Papier
5 der Wischer	10 der Bleistift	

Schleswig-Holstein liegt an der Nordsee. Das Land ist
flach und der Himmel sehr groß. Die Bauern an der
Küste können oft große Schiffe sehen. Die Schiffe
fahren in alle Welt. Bei Ebbe geht das Wasser weit
zurück, und man kann mit dem Wagen zu den
Inseln fahren.

In einem alten Bauernhof im Schwarzwald wohnen Menschen und Tiere in separaten Räumen unter einem Dach. Im Winter gibt es nämlich oft viel Schnee, und die Bauern können so leichter zu den Tieren.

Diese Häuser in der Eifel (östlich vom Rhein) sind sehr alt und typisch in Deutschland. Ihre Architektur nennt man „Fachwerk".

Der Rhein ist ein wichtiger Wasserweg für die Industrie. Der Rhein ist aber auch sehr romantisch, und an den Hängen wächst der gute Rheinwein.

Die höchsten Berge Deutschlands sind in Bayern. Im Winter liegen die Berge und Städte unter dickem Schnee. Im Sommer blühen Blumen vor den Häusern und auf den Wiesen.

A Identify the objects in your classroom:

Lehrer	*Schüler (Schülerin)*
Was ist das?	Das ist das Fenster.

B Locate the objects in your classroom:

Lehrer	*Schüler (Schülerin)*
Wo ist das Fenster?	Das Fenster ist dort drüben.

Noun Plurals

Noun plurals are formed according to five basic patterns. Since there is no simple way of predicting what the plural of a noun is, *learn each plural form with the singular noun*. The definite article **die** is used with plural nouns.

Pattern 1
(a) *no change in plural* (–)
    das Fenster   **die Fenster**
    der Lehrer   **die Lehrer**
(b) *umlaut occurs in plural* (⸚)
    der Bruder   **die Brüder**

Pattern 2
(a) *plural adds e* (–e)
    der Bleistift   **die Bleistifte**
    das Heft   **die Hefte**
(b) *plural adds e and umlaut* (⸚e)
    die Bank   **die Bänke**
    der Stuhl   **die Stühle**

Pattern 3
(a) *plural adds er* (–er)
    das Kind   **die Kinder**

(b) *plural adds er and umlaut* (⸚er)
    das Buch   **die Bücher**
    das Haus   **die Häuser**

Pattern 4
(a) *plural adds n* (–n)
    der Junge   **die Jungen**
    die Klasse   **die Klassen**
(b) *plural adds en* (–en)
    die Frau   **die Frauen**
    der Herr   **die Herren**
(c) *plural adds nen* (–nen)
    die Lehrerin   **die Lehrerinnen**
    die Schülerin   **die Schülerinnen**

Pattern 5
    plural adds s (–s)
    das Auto   **die Autos**

In the vocabularies of this text, the plural of most nouns will be indicated after the nominative singular; for example, **das Fenster,–; der Bruder,⸚.**

A Give the plural of the following nouns:

1 das Fenster	5 das Buch	9 die Klasse
2 die Lehrerin	6 der Junge	10 der Herr
3 das Kind	7 die Frau	11 die Schülerin
4 der Bruder	8 der Stuhl	12 die Bank

B   Restate in the plural:

▷ Der Lehrer ist dort drüben.   *Die Lehrer sind dort drüben.*

1 Das Fenster ist dort drüben.
2 Der Bleistift ist dort drüben.
3 Der Stuhl ist dort drüben.
4 Das Buch ist dort drüben.
5 Der Junge ist dort drüben.
6 Die Frau ist dort drüben.
7 Die Lehrerin ist dort drüben.
8 Das Auto ist dort drüben.
9 Die Bank ist dort drüben.
10 Der Bruder ist dort drüben.

ÜBUNGEN

Present Tense of Regular Verbs

ich komme	wir komm**en**
ich gehe	wir geh**en**

German verb endings change according to the subject.

A   Substitute the *ich*-form for the *wir*-form:

▷ Wir kommen morgen.   *Ich komme morgen.*

1 Wir gehen morgen.
2 Wir glauben das.
3 Wir wohnen dort.
4 Wir heißen Müller.
5 Wir kommen heute.

B   Substitute the *wir*-form for the *ich*-form:

▷ Ich komme morgen.   *Wir kommen morgen.*

1 Ich gehe morgen.
2 Ich glaube das.
3 Ich wohne dort.
4 Ich heiße Schmidt.
5 Ich gehe heute.

du kommst	ihr kommt
du gehst	ihr geht

C Substitute the *du*-form for the *ihr*-form:

▷ Ihr kommt morgen.   *Du kommst morgen.*

1 Ihr geht heute.
2 Ihr glaubt das.
3 Ihr wohnt dort.
4 Ihr kommt heute.
5 Ihr heißt Huber.

D Substitute the *ihr*-form for the *du*-form:

▷ Du kommst morgen.   *Ihr kommt morgen.*

1 Du gehst heute.
2 Du glaubst das.
3 Du heißt Neumann.
4 Du kommst heute.
5 Du wohnst dort.

er (sie, es) kommt	sie kommen
er (sie, es) geht	sie gehen

E Change the *sie*-plural form to the *sie*-singular form:

▷ Sie gehen nach Hause.   *Sie geht nach Hause.*

1 Sie kommen morgen.
2 Sie glauben das.
3 Sie wohnen dort.
4 Sie gehen nicht.
5 Sie heißen Schubert.

F Change the subject of the following sentences to the *sie*-plural form:

▷ Es geht morgen.   *Sie gehen morgen.*

1 Er geht heute morgen.
2 Sie kommt nicht.
3 Es fehlt nicht.
4 Sie glaubt das.
5 Er glaubt das nicht.

G Restate the sentences with the names indicated:

▷ Sie gehen morgen. (Anna) *Anna geht morgen.*

1 Sie kommen heute. (Ulrich)
2 Sie gehen in die Schule. (Eva)
3 Sie fehlen heute. (Herr Schulze)
4 Sie kommen nicht. (Frau Müller)
5 Sie heißen Schneider. (Maria)

H Replace the nouns with *er, sie,* or *es:*

▷ Die Kinder gehen morgen. *Sie gehen morgen.*

1 Das Kind geht morgen.
2 Die Schwester geht morgen.
3 Der Bruder geht morgen.
4 Die Brüder gehen morgen.
5 Der Herr geht morgen.
6 Die Herren gehen morgen.
7 Das Mädchen geht morgen.
8 Die Frau geht morgen.

Frau Schneider, **Herr Schneider,** **Herr und Frau Schneider,**	**kommen** Sie heute?

The formal subject pronoun **Sie** takes a plural verb form.

I Address questions to the persons indicated:

▷ Frau Lehmann *Frau Lehmann, haben Sie Brüder?*

1 Fräulein Neubert
2 Herr Werzer
3 Herr und Frau Schmidt
4 Fräulein Treutler
5 Herr Schulze
6 Herr und Frau Schiller

J Answer affirmatively, using the appropriate pronouns:

▷ Geht Barbara in die Schule? *Ja, sie geht in die Schule.*
Gehe ich in die Schule? *Ja, du gehst in die Schule.*

1 Geht er in die Schule?
2 Gehst du in die Schule?

3 Geht Maria in die Schule?

4 Gehen wir in die Schule?

5 Geht ihr in die Schule?

6 Gehen Gerhard und Hans in die Schule?

7 Gehen Anna und ich in die Schule?

8 Geht das Mädchen in die Schule?

9 Gehen die Jungen in die Schule?

Haben

ich habe	wir haben
du **hast**	ihr habt
er (sie, es) **hat**	sie haben

K Answer in the affirmative:

▷ Hast du Brüder?   *Ja, ich habe Brüder.*

1 Hat er Brüder?   Ja, er hat Brüder.

2 Habt ihr Brüder?   Ja, wir haben Brüder.

3 Haben die Kinder Brüder?   Ja, sie haben Brüder.

4 Hat das Mädchen Brüder?   Ja, es hat Brüder.

5 Hast du Schwestern?   Ja, ich habe Schwestern.

6 Habt ihr Schwestern?

7 Haben die Kinder Schwestern?

8 Hat das Mädchen Schwestern?

9 Hat der Junge Schwestern?

L Make the required changes:

▷ Du hast das Heft.

    er   *Er hat das Heft.*

    Glas   *Er hat das Glas.*

1 ich

2 wir

3 Hefte

4 ihr

5 Papier

6 du

7 Tinte

8 er

9 Hefte

Horst und Klaus sind in der Schule.

GRAMMATIK

Present Tense of Regular Verbs

gehen	to go	**kommen**	to come
fehlen	to be absent	**glauben**	to believe

The infinitive is the basic form of the verb. Most German infinitives end in **-en.** A few end in **-n.** In vocabularies and dictionaries, the verbs are listed in the infinitive form.

	Singular	Plural
	ich komme	wir kommen
	du kommst	ihr kommt
	er	
	sie kommt	sie kommen
	es	
	Sie kommen	

In German, verb endings change according to the subject. The verb endings are added to the infinitive stem. The infinitive stem is the infinitive minus the **-en (-n)** ending. Remember that **Sie** (*you, formal*) may refer to one or more persons, depending on context; **Sie** always takes the plural verb form.

Ich gehe heute.	I go today.
	I am going today.
	I do go today.

German has only one present tense form. English has several.

Wir gehen morgen. We are going (will go) tomorrow.
Kommt ihr heute? Are you coming (will you come) today?

The present tense is often used in German to express action intended or planned in the future.

Haben

	Singular	Plural
	ich habe	wir haben
	du **hast**	ihr habt
	er	sie haben
	sie **hat**	
	es	
	Sie haben	

Haben is irregular in the **du**-form and in the **er (sie, es)**-form.

WIEDERHOLUNG

A Answer the questions based on the following dialogue:

JÜRGEN   Tag, Ingrid! Wie geht's?

INGRID   Tag, Wolf! Danke, es geht mir gut. Und dir?

JÜRGEN   Auch gut, aber ich bin nicht Wolf.

INGRID   Bist du nicht Wolf Lehmann?

JÜRGEN   Nein, Wolf ist mein Bruder. Ich heiße Jürgen Lehmann.

1 Wie heißt Jürgens Bruder?

2 Wie heißt das Mädchen?

B Answer the questions based on the following dialogue:

HERR SCHMIDT   Wer fehlt heute?

EBERHARD   Fritz Riemann fehlt, Herr Schmidt.

HERR SCHMIDT   Wo ist er denn?

EBERHARD   Er ist krank zu Hause.
Er hat Fieber.°

HERR SCHMIDT   O, das tut mir leid.
Hoffentlich ist er morgen gesund.

1 Wer fehlt heute?

2 Wo ist Fritz?

3 Warum ist Fritz zu Hause?

C Restate the following sentences, using the subject indicated:

▷ Wir gehen morgen. (der Junge)   *Der Junge geht morgen.*

1 Du fehlst heute. (der Schüler)

2 Ich habe zwei Schwestern. (du)

3 Sie kommen morgen. (Frau Schneider)

4 Du heißt Jürgen. (er)

5 Er hat Brüder. (wir)

D Answer in German:

1 Wie heißt du?

2 Wer ist heute nicht hier?

3 Wie heißt die Schülerin dort drüben?

4 Wie heißt der Schüler dort drüben?

5 Wer ist krank zu Hause?

6 Wo ist die Tafel?

7 Wo sind die Fenster?

8 Hast du Brüder?

9 Hast du Schwestern?

VOKABELN

Substantive

der Bleistift, –e pencil
der Bruder, ⸚ brother
das Buch, ⸚er book
das Fenster, – window
das Fieber fever
der Füller, – fountain pen
das Haus, ⸚er house
das Heft, –e notebook
die Klasse, –n classroom
das Klassenzimmer, – class
die Kreide, –n chalk
das Papier paper
der Schreibtisch, –e desk
das Schulbuch, ⸚er schoolbook
die Schule, –n school
der Schüler, – (male) pupil
die Schwester, –n sister
die Tafel, –n blackboard, chalkboard
die Tinte ink
die Tür, –en door
die Uhr, –en clock
die Wand, ⸚e wall
der Wischer, – blackboard eraser
das Zimmer, – room

Verben

bleiben to be; to remain

fehlen to be absent
glauben to believe
haben to have
heißen to be called, be named
kommen to come
liegen to lie
wohnen to live

Andere Wörter

aber but
bei by, at, near
   beim = bei + dem by the, at the, near the
da there
denn *"flavoring word" which emphasizes the questioning tone*
heute today
in in, to
mein my
zu Hause at home

Besondere Ausdrücke

Ich bin zu Hause. I'm (at) home.
Ich gehe in die Schule. I'm going to school.
Wie heißt du? What's your name?

Was ist denn das?

GESPRÄCHE

Dünn, dick, groß und klein

thin *fat* *tall* *short*

Peter ist sehr gescheit.

very intelligent

LEHRERIN	Wer ist der Junge da drüben?
LEHRER	Das ist Peter Schneiders Bruder.
LEHRERIN	Er ist sehr gescheit, nicht wahr?
LEHRER	Ja, und noch so jung.

still

VARIATIONEN

1 Wer ist **der Junge** da drüben?
    das Mädchen
    die Frau
    der Mann
    der Schüler
    die Schülerin

2 Das ist Peters **Bruder.**
    Schwester
    Mutter°
    Vater°
    Lehrer
    Lehrerin

3 Er ist **gescheit,** nicht wahr?
    gesund
    jung
    oben
    krank
    blaß

◀ *Peter ist sehr gescheit.*

FRAGEN 1 Wer ist der Junge?
2 Wo ist Peters Bruder?
3 Wer ist jung und sehr gescheit?

Emils Schwester

FRITZ   Wie alt ist deine Schwester?
EMIL   Sie ist sechzehn Jahre alt . . . und groß und dünn.
FRITZ   Das ist schade.
EMIL   Warum?
FRITZ   Ich bin erst fünfzehn . . . und klein und dick.

VARIATIONEN

1 Wie **alt** ist sie?	2 **Ich bin** erst fünfzehn.
jung	Er ist
groß	Sie ist
klein	Sie sind
dick	Du bist
dünn	Wir sind

FRAGEN   1 Wie alt ist Emils Schwester?
2 Wie alt ist Fritz?
3 Ist Fritz klein oder groß?

Wie ist es?

LEHRER   Ist die Kreide schwarz?
SCHÜLER   Nein, sie ist nicht schwarz, sie ist weiß.
LEHRER   Und die Bleistifte?
SCHÜLER   Die Bleistifte sind gelb, rot und blau.
LEHRER   Was für eine Farbe hat das Zimmer?
SCHÜLER   Die Wände sind grün, und die Tür ist braun.

VARIATIONEN

1 Ist **die Kreide** weiß?	2 Was für eine Farbe hat
sie	**der Bleistift?**
der Wischer	er
er	das Auto
das Papier	es
es	die Tür
	sie

3 Der Ball ist **grün.**
      rot
      blau
      gelb
      braun
      groß
      klein

FRAGEN

1 Wie ist die Kreide?
2 Was ist gelb, rot und blau?
3 Was für eine Farbe haben die Wände?
4 Wie ist die Tür?

WORTSCHATZVERGRÖSSERUNG

Zahlen: 13–19

13 dreizehn	17 **sieb**zehn
14 vierzehn	18 achtzehn
15 fünfzehn	19 neunzehn
16 **sech**zehn	

The numbers 13 to 19 end in **-zehn.**
Notice the spelling of **sechzehn** and **siebzehn.**

Wieviel ist . . . ?

minus

LEHRER Wieviel ist sechzehn weniger° drei?
SCHÜLER Sechzehn weniger drei ist dreizehn.
LEHRER Ja, das ist richtig.

times

         Und wieviel ist drei mal° fünf?
SCHÜLER Drei mal fünf ist fünfzehn.

A Add one to each of the following numbers:

▷ zwölf   *Zwölf und eins ist dreizehn.*

1 dreizehn
2 vierzehn
3 fünfzehn
4 sechzehn
5 siebzehn
6 achtzehn

B Do the following addition problems:

▷ Wieviel ist zwölf und vier?   *Zwölf und vier ist sechzehn.*

1 Wieviel ist dreizehn und vier?
2 Wieviel ist vierzehn und fünf?
3 Wieviel ist sechzehn und zwei?
4 Wieviel ist dreizehn und eins?
5 Wieviel ist acht und fünf?
6 Wieviel ist zwölf und drei?
7 Wieviel ist fünfzehn und eins?
8 Wieviel ist sieben und sieben?

ÜBUNGEN

Noun-Pronoun Relationship

Der Füller ist schwarz.	**Er** ist schwarz.
Die Tinte ist blau.	**Sie** ist blau.
Das Buch ist rot.	**Es** ist rot.

A Replace each *der*-noun with the pronoun *er:*

▷ Ist der Schreibtisch braun?   *Ist er braun?*

1 Ist der Füller schwarz?
2 Ist der Bleistift gelb?
3 Ist der Stuhl braun?
4 Ist der Wischer grün?
5 Ist der Schüler groß?
6 Ist der Bruder alt?
7 Ist der Junge gescheit?

B Replace each *die*-noun with the pronoun *sie:*

▷ Die Tinte ist rot.   *Sie ist rot.*

1 Die Klasse ist klein.
2 Die Schwester ist hier.
3 Die Tasse ist gelb.
4 Die Kreide ist weiß.
5 Die Tafel ist schwarz.
6 Die Lehrerin ist krank.
7 Die Frau ist da.

Wie viele Brezeln sind hier?

C Answer each question, replacing the *das*-noun with *es*:

   ▷ Ist das Fenster groß?   *Ja, es ist groß.*

    1 Ist das Haus braun?
    2 Ist das Zimmer groß?
    3 Ist das Kind klein?
    4 Ist das Papier weiß?
    5 Ist das Buch blau?
    6 Ist das Heft dick?

D Answer in the negative, replacing each noun with the appropriate pronoun:

    ▷ Ist die Tinte schwarz?   *Nein, sie ist nicht schwarz.*

    1 Ist die Kreide braun?   Nein, sie ist nicht braun.
    2 Ist das Haus klein?   Nein, es ist nicht klein.
    3 Ist das Auto groß?   Nein, es ist nicht groß.
    4 Ist der Füller blau?   Nein, er ist nicht blau.
    5 Ist die Tafel gelb?   Nein, sie ist nicht gelb.
    6 Ist der Bruder dick?   Nein, er ist nicht dick.
    7 Ist die Frau alt?   Nein, sie ist nicht alt.
    8 Ist die Lehrerin dünn?   Nein, sie ist nicht dünn.

Die Schüler sind gescheit.
Die Schülerinnen sind gescheit. | **Sie** sind gescheit.
Die Kinder sind gescheit.

E Replace each plural noun with the pronoun *sie:*

▷ Sind die Schreibtische groß?   *Sind sie groß?*

1 Sind die Stühle groß?
2 Sind die Schwestern groß?
3 Sind die Häuser groß?
4 Sind die Schüler groß?
5 Sind die Bücher groß?
6 Sind die Klassen groß?

Word Order in Questions

Kommst du heute?   **Bleiben** die Schüler zu Hause?
Gehen sie morgen?   **Liegt** das Heft da drüben?

Questions that can be answered with "yes" or "no" begin with the verb.

F Form questions with the subjects indicated:

▷ Emil   *Kommt Emil morgen?*
  er   *Kommt er morgen?*

1 du
2 der Lehrer
3 die Schwestern
4 ihr
5 Dora
6 die Kinder
7 Anna und Dora
8 wir

G Make questions of the following statements:

▷ Er ist zu Hause.   *Ist er zu Hause?*

1 Peter kommt heute.   Kommt Peter heute?
2 Der Schüler heißt Dieter.   Heißt der Schüler Dieter?
3 Er ist gescheit.   Ist er gescheit?
4 Die Frau ist alt.   Ist die Frau alt?
5 Wir gehen in die Schule.   Gehen wir in die Schule?
6 Die Kinder haben Fieber.   Haben die Kinder Fieber?

Wo ist das Haus?
Wer ist zu Hause?
Was hast du da?

Questions that request information begin with a question word.

H Form questions with *wo:*

▷ Haus   *Wo ist das Haus?*
    Häuser   *Wo sind die Häuser?*

1 Buch
2 Bücher
3 Bruder
4 Brüder
5 Schwester
6 Schwestern

I Form questions with either *wer* or *was:*

▷ Der Lehrer ist krank.   *Wer ist krank?*
    Das Buch ist dick.   *Was ist dick?*

1 Der Schüler ist blaß.   Wer ist blaß?
2 Das Papier ist dünn.   Was ist dünn?
3 Das Mädchen kommt heute.   Wer kommt heute?
4 Herr Schwarz ist zu Hause.   Wer ist zu Hause?
5 Die Tafel ist grün.
6 Die Frau ist alt.
7 Das Haus ist groß.
8 Der Herr heißt Wagner.

GRAMMATIK

Noun-Pronoun Relationship

Singular

Der Herr ist nicht hier. **Der Stuhl** ist nicht hier.	**Er** ist nicht hier.
Die Frau ist nicht hier. **Die Tasse** ist nicht hier.	**Sie** ist nicht hier.
Das Kind ist nicht hier. **Das Buch** ist nicht hier.	**Es** ist nicht hier.

Er, sie, and **es** may refer to either persons or things.

> **er** replaces all **der**-nouns
> **sie** replaces all **die**-nouns
> **es** replaces all **das**-nouns

Plural

Die Herren (Frauen, Kinder) sind nicht hier. **Die Stühle (Tassen, Bücher)** sind nicht hier.	**Sie** sind nicht hier.

Sie replaces all plural nouns, whether persons or things.

Word Order in Questions

Er **kommt** morgen.	**Kommt** er morgen?
Du **gehst** in die Schule.	**Gehst** du in die Schule?
Das Kind **ist** klein.	**Ist** das Kind klein?
Der Bruder **fehlt** heute.	**Fehlt** der Bruder heute?

Questions that can be answered with "yes" or "no" begin with the verb.

Geht er morgen?	*Does* he *go* tomorrow? *Is* he *going* tomorrow?
Kommen die Kinder heute?	*Do* the children *come* today? *Are* the children *coming* today?

German has no equivalent of the English auxiliaries *do/does, is/are* (. . .-*ing*) in questions.

Wo ist das Haus?   **Wie** ist das Zimmer?

Was ist das?   **Wie viele** Bleistifte hast du?

Wer kommt morgen?   **Warum** kommst du nicht?

Questions that request information begin with a question word or expression.

WIEDERHOLUNG   *Write down –*

A   Answer the questions based on the following dialogue:

HORST   Wie heißt du?

KLAUS   Ich heiße Balke, Klaus Balke. Wie heißt denn du?

HORST   Ich heiße Horst Lehmann. Wie alt bist du, Klaus?

KLAUS   Ich bin sechzehn Jahre alt. Und du?

HORST   Ich bin auch sechzehn.

1 Wie alt ist Klaus?   2 Wie alt ist Horst?

Eva ist erst sechs. Sie wohnt in der Kösliner Straße.

Aufgabe 4   **39**

B Answer the questions based on the following dialogue:

ANNA Wer ist der Junge da drüben?

HANS Das ist Karls Bruder. Er heißt Fritz.

ANNA Wie alt ist denn Fritz?

HANS Er ist sechzehn.

ANNA Und wer ist das Mädchen?

HANS Das ist Karls Schwester Ilse.

ANNA Wie alt ist Ilse?

HANS Sie ist dreizehn.

1 Wer ist der Junge da drüben?
2 Wie heißt der Junge?
3 Wie alt ist er?
4 Wer ist das Mädchen?
5 Wie alt ist Ilse?

C Write appropriate answers to the following questions, using a pronoun in your responses:

▷ Wie heißt das Mädchen?   *Es heißt Anna.*

1 Wie alt ist Wolfs Bruder?   4 Wo ist Emil?
2 Warum sind Wolfs Schwestern   5 Was für eine Farbe hat die Wand?
  blaß?
3 Wer ist das Kind dort drüben?   6 Wie sind die Bleistifte?

D Write appropriate questions for the following answers, using a noun and a question word:

▷ Sie ist weiß.   *Wie ist die Kreide?*

1 Er ist braun.   4 Er fehlt heute.
2 Sie ist dreizehn Jahre alt.   5 Ich habe neunzehn Bleistifte.
3 Er ist da drüben.

E Say in German that . . .

1 the pupil is not here.   6 the boy's name is Fritz.
2 you are sorry.   7 the ink is not red.
3 the room is big.   8 you feel fine.
4 the girl is fifteen years old.   9 the girl is intelligent.
5 Wolf is coming tomorrow.   10 the children are ill.

F Ask in German . . .

1 who is absent today.
2 what the girl's name is.
3 where Dieter's brother is.

4 what the thing over there is.
5 how many books Peter has.
6 how I am.

VOKABELN

Substantive

die Farbe, –n color
das Jahr, –e year
die Mutter, ⸗ mother
der Vater, ⸗ father

Adjektive

alt old
blau blue
braun brown
dick thick, big, fat
dünn thin
gelb yellow
gescheit intelligent, smart
groß big, tall
grün green
jung young
klein little; short

rot red
schwarz black
sehr very
weiß white

Andere Wörter

deine your   *dine*
erst only, not until, not before
mal times
  vier mal fünf four times five
noch still
weniger less, minus

Besondere Ausdrücke

Das ist schade. That's too bad. That's a
  pity.
nicht wahr? isn't that right? isn't that so?
was für ein . . . ? what kind of . . . ?
  Was für eine Farbe haben die Wände?
    What color are the walls?

GESPRÄCHE

Wie spät ist es?

Beim Frühstück

HERR BRAUN	Wie spät ist es?
FRAU BRAUN	Es ist schon acht Uhr.
	Kommst du wieder spät nach Hause?
HERR BRAUN	Ja, erst um viertel vor neun.
FRAU BRAUN	Mit dem Abendessen warte ich dann nicht.

VARIATIONEN

1 Es ist **acht** Uhr.
   zehn
   drei
   ein
   zwölf
   zwei

2 Kommst du **wieder** nach Hause?
   spät
   wieder spät
   um viertel vor neun
   um neun Uhr
   um neun

3 Ich komme um viertel vor **neun.**
   zehn
   zwölf
   drei
   eins

4 Ich bin **erst** um neun zu Hause.
   heute
   heute wieder
   auch
   auch nicht

FRAGEN

1 Wie spät ist es?
2 Wann kommt Herr Braun nach Hause?
3 Wartet Frau Braun mit dem Abendessen?

Wann stehst du auf?

DORA   Um wieviel Uhr stehst du morgens auf?
KÄTHE   Gewöhnlich stehe ich um halb sieben auf.
DORA   Gehst du früh ins Bett?
KÄTHE   Ja, ich gehe um viertel nach zehn schlafen.

VARIATIONEN

1 Wann **stehst du** morgens auf?
    steht ihr
    steht sie
    steht er
    stehen Sie

2 **Gehst du** früh ins Bett?
    Geht sie
    Geht ihr
    Geht er
    Gehen Sie

3 Gewöhnlich **stehe ich früh auf.**
    kommst du spät
    bleiben wir dort
    geht der Lehrer um
       acht Uhr
    warte ich mit dem
       Abendessen

4 Ich gehe **um zehn Uhr** schlafen.
    um zehn
    um halb zehn
    um viertel vor zehn
    um viertel nach zehn

FRAGEN

1 Um wieviel Uhr steht Käthe auf?
2 Geht sie spät ins Bett?
3 Wann geht Käthe schlafen?

Was machst du heute?

WALTER   Was machst du heute vormittag?
DIETER   Ich mache meine Schulaufgaben.
          Morgen schreiben wir eine Klassenarbeit.
WALTER   Und heute nachmittag?
DIETER   Heute nachmittag spiele ich Tennis.
          Komm doch mit!
WALTER   Gerne!

VARIATIONEN

1 Was machst du **heute vormittag?**
    vormittags
    heute nachmittag
    nachmittags
    heute abend

2 **Ich schreibe** eine Klassenarbeit.
    Du schreibst
    Wir schreiben
    Er schreibt
    Ihr schreibt

3 Heute **spiele ich** Tennis.   4 Ich mache **meine Aufgaben.**

    spielen wir   meine Schulaufgaben
    spielst du   meine Klassenarbeit
    spielt er   meine Arbeit
    spielen sie   mein Abendessen

FRAGEN
1 Was macht Dieter heute vormittag?
2 Was schreibt Dieter morgen?
3 Was macht Dieter heute nachmittag?
4 Wer spielt auch gerne Tennis?
5 Wie heißen die Jungen?

Gehen wir ins Kino!

WALTER   Morgen abend bin ich frei.
              Warum gehen wir nicht ins Kino?
ERNST   Wann beginnt die Vorstellung?
WALTER   Um zehn Minuten nach sieben.
ERNST   Um sieben habe ich leider keine Zeit.

VARIATIONEN
1 Morgen abend **bin ich frei.**   2 Wann beginnt **die Vorstellung?**

    bin ich nicht frei   das Kino
    habe ich Zeit   der Film
    habe ich keine Zeit   die Schule
    habe ich leider   die Arbeit
       keine Zeit

3 Ich komme **um zehn Minuten nach sieben.**   **Ich habe** leider keine Zeit.

    um zehn nach sieben   Du hast
    um halb acht   Er hat
    um zehn vor sieben   Sie haben
    um halb neun   Ihr habt

FRAGEN
1 Wann ist Walter frei?
2 Wann beginnt das Kino?
3 Warum geht Ernst nicht ins Kino?

Nachmittags liest sie gerne.

AUSSPRACHE

Practice the following contrastive sounds:

[u] long *u* as in *Fuß, Uhr*
[U] short *u* as in *und, Mutter*

Now do the following drill:

[u]	[U]
Fuß	Fluß
Buch	Bucht
Huhn	Hunne
Uhren	murren
Buhle	Bulle
Mus	muß

Practice the following contrastive sounds:

[o] long *o* as in *bot, Sohn, Boot*

[O] short *o* as in *komm, Gott*

Now do the following drills:

[o]	[O]
bog	Bock
*O*fen	*o*ffen
wo*h*l	Wolle
So*h*ne	Sonne
roten	rotten
boh*r*en	Bord

[u]	[U]		[o]	[O]
bu*k*	Buckel		bog	Bock
Schuster	Schuß		Schote	Schotte
Mus	muß		Moos	Most
Stu*h*le	Stulle		Stola	Stolle
Rute	rutsche		rote	Rotte
tun	Tunnel		Tone	Tonne

[u]	[ü]		[U]	[ü]
Fuß	Füße		mußte	müßte
Hut	Hüte		Busch	Büsche
Zug	Züge		Kunst	Künste
fuhr	führe		krumm	krümmer
Bruder	Brüder		dunkel	Dünkel
Schub	Schübe			
Tuch	Tücher			

[o]	[ø]		[O]	[œ]
Flo*h*	Flö*h*e		Kopf	Köpfe
Hof	Höfe		konnte	könnte
Stoß	Stöße		offen	öffnen
Ton	Töne		Schloß	Schlösser
Bote	böte		Stock	Stöcke
Bogen	Bögen		Wort	Wörter

WORTSCHATZVERGRÖSSERUNG

Im Klassenzimmer

A Carry out the following commands as your teacher gives them, and respond as indicated:

LEHRER (LEHRERIN)	SCHÜLER (SCHÜLERIN)
1 Steh auf! *Stand up!*	Ich stehe auf.
2 Mach das Buch auf! *Open the book!*	Ich mache das Buch auf.
3 Lies den Satz! *Read the sentence!*	Ich lese den Satz.
4 Wiederhole das Wort! *Repeat the word!*	Ich wiederhole das Wort.
5 Mach das Buch zu! *Close the book!*	Ich mache das Buch zu.
6 Geh an die Tafel! *Go to the chalkboard/blackboard!*	Ich gehe an die Tafel.
7 Nimm Platz! *Take your seat!*	Ich nehme Platz.

B Answer the following questions in the affirmative:

LEHRER (LEHRERIN)	SCHÜLER (SCHÜLERIN)
1 Ist das richtig? *Is that right?*	Ja, das ist richtig.
2 Ist das falsch? *Is that wrong?*	Ja, das ist falsch.
3 Verstehst du das? *Do you understand that?*	Ja, das verstehe ich.
4 Weißt du das? *Do you know that?*	Ja, das weiß ich.
5 Hast du eine Frage? *Do you have a question?*	Ja, ich habe eine Frage.
6 Antwortest du Ilse? *Do you answer Ilse?*	Ja, ich antworte Ilse.

20	zwanzig	60	sechzig
30	drei**ß**ig	70	sie**b**zig
40	vier**zig**	80	acht**zig**
50	fünf**zig**	90	neun**zig**

100 hundert (einhundert)

The numbers 20, 40, 50, 60, 70, 80, and 90 are formed by adding the suffix **-zig**; 30 adds **-ßig.**

Note the spelling of **sechzig** and **siebzig.**

A Add ten to each of the following numbers:

▷ vierzig   *fünfzig*

1 achtzig
2 dreißig
3 siebzig
4 zwanzig
5 sechzig
6 neunzig
7 fünfzig

21	einundzwanzig	46	sechsundvierzig
22	zweiundzwanzig	57	siebenundfünfzig
23	dreiundzwanzig	68	achtundsechzig
24	vierundzwanzig	79	neunundsiebzig

35 fünfunddreißig

The numbers *within* the twenties, thirties, etc. resemble the English number pattern used in the nursery rhyme "four-and-twenty blackbirds" (vier/und/zwanzig).

Compound numbers are not hyphenated as in English.

In compound numbers with **eins,** the **s** is dropped: **einundzwanzig.**

B Add one to each of the following numbers:

▷ vierundzwanzig   *fünfundzwanzig*

1 fünfundzwanzig
2 achtundzwanzig
3 achtunddreißig

4 zweiunddreißig
5 zweiundvierzig
6 sechsundvierzig
7 neunundvierzig
8 neunundsechzig
9 neunundachtzig

ÜBUNGEN

Idiomatic Expressions: *nach Hause, zu Hause*

Ich gehe *nach Hause*.	I am going home.	(*direction*)
Ich bin *zu Hause*.	I am (at) home.	(*location*)

A Complete the following sentences with *nach Hause:*

▷ Annas Bruder kommt . . .   *Annas Bruder kommt nach Hause.*

1 Du gehst . . .
2 Wir gehen heute . . .
3 Wann kommt ihr . . . ?

B Complete the following sentences with *zu Hause:*

▷ Die Schwester ist . . .   *Die Schwester ist zu Hause.*

1 Fritz bleibt . . .
2 Der Füller liegt . . .
3 Das Mädchen spielt . . .

C Complete the following sentences with *nach Hause* or *zu Hause:*

1 Wann kommst du heute . . .   Wann kommst du heute nach Hause?
2 Ich bin erst um neun . . .   Ich bin erst um neun zu Hause.
3 Die Schwester geht spät . . .   Die Schwester geht spät nach Hause.
4 Sie spielt lange . . .   Sie spielt lange zu Hause.
5 Gerhard liegt krank . . .   Gerhard liegt krank zu Hause.
6 Wie lange bleibst du denn . . .   Wie lange bleibst du denn zu Hause?
7 Wir gehen um sieben . . .   Wir gehen um sieben nach Hause.
8 Ist der Bruder . . . ?   Ist der Bruder zu Hause?

Expressing Time

 Es ist zwei Uhr. **Es ist fünf Uhr.**

D Add one hour to each hour indicated:

▷ Es ist drei Uhr. *Es ist vier Uhr.*

1 Es ist acht Uhr.
2 Es ist fünf Uhr.
3 Es ist sechs Uhr.
4 Es ist ein Uhr.

 Es ist zwanzig Minuten *nach* zwei.

 Es ist zwanzig Minuten *nach* drei.

E Add one hour to each hour indicated:

▷ Es ist zehn Minuten nach neun. *Es ist zehn Minuten nach zehn.*

1 Es ist zwanzig Minuten nach sechs.
2 Es ist fünf Minuten nach zwei.
3 Es ist zehn Minuten nach eins.
4 Es ist zwanzig Minuten nach drei.

 Es ist zehn Minuten *vor* drei. **Es ist zehn Minuten *vor* sechs.**

F Subtract one hour from the hour indicated:

▷ Es ist fünf Minuten vor vier. *Es ist fünf Minuten vor drei.*

1 Es ist fünfundzwanzig Minuten vor drei.
2 Es ist zwanzig Minuten vor zehn.
3 Es ist zehn Minuten vor elf.
4 Es ist fünf Minuten vor fünf.

Es ist viertel *nach* zwei.   **Es ist viertel *vor* drei.**

G Add one hour to the hour indicated:

▷ Es ist viertel nach vier.   *Es ist viertel nach fünf.*

1 Es ist viertel nach sechs.
2 Es ist viertel vor neun.
3 Es ist viertel vor zwei.
4 Es ist viertel nach eins.
5 Es ist viertel vor zehn.

 Es ist *halb zwölf*.   **Es ist *halb drei*.**

H Add one hour to the hour indicated:

▷ Es ist halb eins.   *Es ist halb zwei.*

1 Es ist halb vier.
2 Es ist halb fünf.
3 Es ist halb sieben.
4 Es ist halb zehn.

Schüler warten auf die nächste Schulstunde.

GRAMMATIK

Idiomatic Expressions: *nach Hause, zu Hause*

Ich gehe *nach Hause*.	I am going home.
Ich bin *zu Hause*.	I am (at) home.

When the verb expresses direction, **nach Hause** is used.
When the verb expresses location, **zu Hause** is used.

Expressing Time

Time is expressed by the following patterns:

a Time *on the hour:*

Es ist eins (ein Uhr).
Es ist zwei (Uhr).
Es ist drei (Uhr).

Note that the **s** of **eins** is dropped before **Uhr.**

b Time *past the hour:*

Es ist zehn (Minuten) nach zwei.
Es ist zwei Uhr zehn.

c Time *before the hour:*

Es ist fünf (Minuten) vor drei.
Es ist zwei Uhr fünfundfünfzig.

d A *quarter past the hour:*

Es ist viertel nach zwei.

e A *quarter before the hour:*

Es ist viertel vor drei.

f *Half past the hour:*

Es ist halb drei.
Es ist zwei Uhr dreißig.

In referring to the half hour, Germans speak of *the hour to come*, not *the hour just passed* as English speakers do: 2:30 > **halb drei.**

WIEDERHOLUNG

A Answer in German:

1 Kommst du heute wieder spät nach Hause?
2 Bleiben Sie morgen zu Hause?
3 Wann stehst du morgens auf?
4 Gehen Sie gewöhnlich früh schlafen?
5 Was machst du heute nachmittag?

B Subtract **ten** from each of the following numbers:

1 fünfzig	5 dreißig
2 neunzig	6 siebzig
3 vierzig	7 hundert (einhundert)
4 achtzig	8 sechzig

Subtract **one** from each of the following numbers:

9 neunundneunzig	13 siebenundfünfzig
10 achtundneunzig	14 einundneunzig
11 achtundsiebzig	15 einundzwanzig
12 dreiundfünfzig	16 vierunddreißig

C Write out and answer:

1 Wieviel ist zwanzig und eins?
2 Wieviel ist vierzig weniger zwanzig?
3 Wieviel ist zwanzig und zehn?
4 Wieviel ist neunundneunzig und eins?
5 Wieviel ist fünfzig weniger fünf?

D Tell what time it is:

1   2   3

4   5   6

E Make questions of the following statements:

1 Rolf steht um elf Uhr auf. (Um wieviel Uhr . . .)
2 Fritz macht das Buch auf. (Was . . .)
3 Der Lehrer geht an die Tafel. (Wer . . .)
4 Um acht beginnt die Schule. (Wann . . .)
5 Wir sind im Kino. (Wo . . .)
6 Hans ist acht Jahre alt. (Wie alt . . .)

VOKABELN

Substantive

das Abendessen evening meal, supper
die Arbeit work
das Bett, –en bed
der Film, –e movie, film
die Frage, –n question
das Frühstück breakfast
das Kino, –s movie theater
die Klassenarbeit, –en written test
die Minute, –n minute
der Nachmittag, –e afternoon
der Platz, ⸚e seat
der Satz, ⸚e sentence
die Schulaufgabe, –n homework, assignment
das Tennis tennis
der Vormittag, –e morning
die Vorstellung, –en show, performance
das Wort, ⸚er word
die Zeit, –en time

Verben

antworten to answer
auf-machen to open
auf-stehen to get up, stand up
beginnen to begin, start
lesen (du liest, er liest) to read
machen to make; to do
mit-kommen to come along
nehmen (du nimmst, er nimmt) to take
schlafen to sleep
schreiben to write
spielen to play
verstehen to understand
warten to wait
wiederholen to repeat
wissen (du weißt, er weiß) to know
zu-machen to close

Andere Wörter

an up to, at, to, next to
doch *"flavoring word" used for emphasis*
Indeed

frei free, unoccupied
früh early
gern(e) gladly
gewöhnlich usually
halb half
ins (in das) to the
kein no, not any, not a
leider unfortunately
mit with
morgens in the morning
nach after, past
nachmittags in the afternoon
schon already
spät late
um at, around
viel much, a lot of
viertel one (a) quarter
vor before
vormittags in the morning
wann? when?

Besondere Ausdrücke

beim Frühstück at breakfast
nach Hause home, homeward
Gehen wir ins Kino! Let's go to the movies!
Komm doch mit! Why don't you come along?!
Nimm Platz! Take your seat! Sit down!
Wie spät ist es? What time is it?
Es ist acht Uhr. It is eight o'clock.
viertel vor acht quarter to eight
viertel nach acht quarter past eight
halb neun half past eight
Um wieviel Uhr? (At) what time?
heute abend tonight
heute vormittag this morning
heute nachmittag this afternoon
morgen abend tomorrow night
ins Bett gehen to go to bed
schlafen gehen to go to sleep
an die Tafel gehen to go to the blackboard (chalkboard)

LESESTÜCKE

Was machst du heute?

Was macht Walter?

Walter steht morgens um sieben Uhr auf. Um acht beginnt die Schule. Um zwölf kommt Walter gewöhnlich nach Hause. Dann macht er Schularbeiten oder spielt Tennis.

Heute hat Walter keine Zeit. Morgen schreibt er eine Klassenarbeit in Englisch. Aber morgen nachmittag und abend ist Walter frei. Vielleicht° geht er dann ins Kino.

FRAGEN
1 Wann steht Walter auf?
2 Um wieviel Uhr beginnt die Schule?
3 Um wieviel Uhr kommt Walter gewöhnlich nach Hause?
4 Was macht Walter nachmittags?
5 Warum hat Walter heute keine Zeit?
6 Wann ist Walter frei?
7 Was macht Walter morgen abend vielleicht?

Emil und Rolf machen Pläne.°

EMIL	Was machst du heute abend?
ROLF	Ich bleibe zu Hause. Und du?
EMIL	Ich gehe ins Kino. Komm doch mit!
ROLF	Gerne. Wann beginnt die Vorstellung?
EMIL	Gewöhnlich beginnt sie um acht.
ROLF	Gehen wir dann um halb acht?
EMIL	Ja. Was machst du jetzt?°
ROLF	Nichts.° Möchtest du° Tennis spielen?
EMIL	Gerne. Ich bin in zehn Minuten bei dir.°

FRAGEN
1 Was machen die Jungen heute abend?
2 Wann beginnt das Kino?
3 Wann ist Emil bei Rolf?

Dieter Meier spricht° mit Irmgard Fischer am Telefon.

FRÄULEIN FISCHER	Hier bei Fischer.°
HERR MEIER	Fräulein Fischer?
FRÄULEIN FISCHER	Ja, bitte?
HERR MEIER	Hier Dieter Meier.
FRÄULEIN FISCHER	Ah, guten Tag, Herr Meier! Wie geht es Ihnen?
HERR MEIER	Sehr gut, Fräulein Fischer. Und Ihnen?
FRÄULEIN FISCHER	Auch gut, danke.
HERR MEIER	Fräulein Fischer, möchten Sie heute abend mit mir ins Kino gehen? Der Film heißt „Morgen ist es zu° spät.".
FRÄULEIN FISCHER	O, das möchte ich gerne sehen.° Wann beginnt der Film?
HERR MEIER	Um acht. Können Sie° um halb acht fertig° sein?
FRÄULEIN FISCHER	Sicher.°
HERR MEIER	Also,° bis später.° Auf Wiedersehen, Fräulein Fischer!
FRÄULEIN FISCHER	Auf Wiedersehen, Herr Meier!

FRAGEN
1 Wer spricht mit Dieter Meier am Telefon?
2 Möchte Fräulein Fischer ins Kino gehen?
3 Wie heißt der Film?
4 Wann ist Herr Meier bei Fräulein Fischer?

Rolf und Dieter machen Pläne.

WORTSCHATZVERGRÖSSERUNG

Noun compounds

German has many noun compounds. Their meaning can often be deduced from their component parts: *das Haus + die Arbeit = die Hausarbeit; die Schule + das Zimmer = das Schulzimmer*. Notice that a noun compound takes the definite article of the last noun in the compound.

What do the italicized words in the following sentences mean?

1 Wann ist das *Mittagessen?*
2 Die *Abendvorstellung* beginnt um acht Uhr.
3 Hast du deine *Hausaufgaben* schon gemacht?
4 „Wo" ist ein *Fragewort.*
5 Ich mache die *Haustür* zu.
6 Mein *Schreibtisch* ist frei.
7 Wann gehen die *Schulkinder* nach Hause?
8 Heute haben wir Musik. Hast du dein *Notenheft?*
9 Morgen schreiben wir eine *Klassenarbeit.* Wo ist das *Deutschbuch?*
10 Das *Wörterbuch* ist leider auch nicht da.

Separable Prefix Verbs

zumachen to close	Er **macht** das Fenster **zu.**
aufmachen to open	Er **macht** das Fenster **auf.**

A Use the appropriate form of *aufmachen:*

▷ Wir machen das Buch auf.   *Wir machen das Buch auf.*

1 du   Du machst das Buch auf.
2 er   Er macht das Buch auf.
3 ich   Ich mache das Buch auf.
4 ihr   Ihr macht das Buch auf.
5 Karl   Karl macht das Buch auf.

B Use the appropriate form of *zumachen:*

▷ Er macht das Fenster zu.   *Er macht das Fenster zu.*

1 Herr und Frau Müller
2 ich
3 du
4 ihr
5 wir

aufstehen	to get up	Sie **steht** morgens um sieben **auf.**

C Use the appropriate form of *aufstehen:*

▷ Ich stehe früh auf.   *Ich stehe früh auf.*

1 ihr
2 Anna
3 er
4 du
5 wir

aufschreiben	to write down	Wir **schreiben** die Wörter **auf.**

D Use the appropriate form of *aufschreiben:*

▷ Wir schreiben die Sätze auf.   *Wir schreiben die Sätze auf.*

1 ihr
2 ich
3 du
4 der Schüler
5 die Brüder

mitkommen	to come along	Ich **komme** morgen nicht **mit.**
mitgehen	to go along	Ich **gehe** morgen nicht **mit.**

E Use the appropriate form of *mitkommen:*

▷ Ich komme heute nicht mit.   *Ich komme heute nicht mit.*

1 Herr Meier
2 Hans und Rolf
3 ihr
4 wir
5 du

F Use the appropriate form of *mitgehen:*

▷ Gehen wir nicht mit?   *Gehen wir nicht mit?*

1 du
2 er
3 ich
4 die Frauen
5 wir

G Restate the following sentences, using the suggested separable prefix verbs:

▷ Ich gehe heute. (mitgehen)   *Ich gehe heute mit.*

1 Ich komme heute. (mitkommen)
2 Ich stehe jetzt. (aufstehen)
3 Ich mache es jetzt. (aufmachen)
4 Ich mache es später. (zumachen)
5 Ich schreibe es später. (aufschreiben)

Inverted Word Order

Regular word order	Inverted word order
Ich **bin** heute krank.	Heute **bin** *ich* krank.
Er **bleibt** bis acht.	Bis acht **bleibt** *er*.

H Begin each of the following sentences with *jetzt:*

▷ Ich komme nach Hause.   *Jetzt komme ich nach Hause.*

1 Du bleibst hier.   Jetzt bleibst du hier.
2 Wir gehen nach Hause.   Jetzt gehen wir nach Hause.
3 Er liegt zu Hause.   Jetzt liegt er zu Hause.
4 Sie macht es nicht.   Jetzt macht sie es nicht.
5 Ich antworte nicht.   Jetzt antworte ich nicht.
6 Ihr spielt Tennis.   Jetzt spielt ihr Tennis.
7 Du verstehst die Frage.   Jetzt verstehst du die Frage.
8 Wir sind da drüben.   Jetzt sind wir da drüben.
9 Sie beginnen die Aufgabe.   Jetzt beginnen sie die Aufgabe.
10 Ich mache es falsch.   Jetzt mache ich es falsch.

I Begin each sentence with the suggested words:

▷ Wir gehen nach Hause. (heute)   *Heute gehen wir nach Hause.*
   Er geht nach Hause. (morgen abend)   *Morgen abend geht er nach Hause.*

1 Wir kommen wieder. (nachmittags)
2 Die Schwester bleibt hier. (heute abend)
3 Ich mache das Fenster auf. (gewöhnlich)
4 Er geht ins Bett. (jetzt)
5 Sie kommt nach Hause. (um vier Uhr)
6 Ich gehe ins Kino. (dann)
7 Der Mann schreibt viel. (abends)
8 Die Mutter geht mit. (morgen)
9 Ihr versteht die Frage. (jetzt)
10 Der Schüler fehlt nicht. (heute)

Nominative Case of *ein* and *kein*

Der Junge fehlt heute.	**Ein** Junge fehlt heute.
Das Kind fehlt heute.	**Ein** Kind fehlt heute.

J Substitute *ein* for *der* or *das:*

▷ Der Mann steht dort.   *Ein Mann steht dort.*

1 Das Kino steht dort.   Ein Kino steht dort.
2 Das Kind steht dort.   Ein Kind steht dort.
3 Der Tisch steht dort.   Ein Tisch steht dort.
4 Der Stuhl steht dort.   Ein Stuhl steht dort.
5 Das Haus steht dort.   Ein Haus steht dort.

K Answer the following questions, using *ein:*

▷ Wo ist der Tisch?   *Da ist ein Tisch.*

1 Wo ist das Buch?
2 Wo ist der Füller?
3 Wo ist das Heft?
4 Wo ist der Herr?
5 Wo ist das Kind?
6 Wo ist der Bleistift?
7 Wo ist das Fenster?
8 Wo ist der Wischer?
9 Wo ist das Mädchen?
10 Wo ist der Junge?

Die Frau kommt heute.	**Eine** Frau kommt heute.

L Substitute *eine* for *die:*

▷ Die Schule steht dort.   *Eine Schule steht dort.*

1 Die Schwester steht dort.   Eine Schwester steht dort.
2 Die Bank steht dort.   Eine Bank steht dort.
3 Die Mutter steht dort.   Eine Mutter steht dort.
4 Die Tafel steht dort.   Eine Tafel steht dort.
5 Die Frau steht dort.   Eine Frau steht dort.

M Answer the following questions, using *eine:*

▷ Wo ist die Frau?   *Da drüben ist eine Frau.*

1 Wo ist die Uhr?
2 Wo ist die Schülerin?
3 Wo ist die Wand?
4 Wo ist die Tür?
5 Wo ist die Lehrerin?
6 Wo ist die Tafel?
7 Wo ist die Schule?

N Form questions with the nouns given, using *ein* or *eine:*

▷ die Frage   *Was ist eine Frage?*
  der Satz   *Was ist ein Satz?*

1 der Vater
2 der Schüler
3 die Tür
4 das Fenster
5 die Klasse
6 das Bett
7 die Schule
8 der Lehrer
9 die Vorstellung

Ein Junge fehlt heute.	**Kein** Junge fehlt heute.
Eine Schülerin fehlt heute.	**Keine** Schülerin fehlt heute.
Ein Kind fehlt heute.	**Kein** Kind fehlt heute.

O Answer in the negative:

▷ Liegt da ein Wischer?   *Nein, hier liegt kein Wischer.*

1 Liegt da ein Buch?   Nein, hier liegt kein Buch.
2 Liegt da eine Uhr?   Nein, hier liegt keine Uhr.
3 Liegt da ein Heft?
4 Liegt da ein Bleistift?
5 Liegt da ein Füller?

▷ Ist da ein Schreibtisch?	*Nein, hier ist kein Schreibtisch.*
6 Ist da eine Tafel?	Nein, hier ist keine Tafel.
7 Ist da ein Heft?	Nein, hier ist kein Heft.
8 Ist da eine Tür?	
9 Ist da ein Fenster?	
10 Ist da eine Klasse?	

Jungen sind hier.	**Keine** Jungen sind hier.
Kinder sind hier.	**Keine** Kinder sind hier.
Frauen sind hier.	**Keine** Frauen sind hier.

P Answer in the negative:

▷ Sind das Bleistifte?   *Nein, das sind keine Bleistifte.*

1 Sind das Hefte?
2 Sind das Schüler?
3 Sind das Tische?
4 Sind das Schülerinnen?
5 Sind das Filme?
6 Sind das Füller?
7 Sind das Lehrer?
8 Sind das Bücher?

GRAMMATIK

Separable Prefix Verbs

Basic verb	Separable prefix verb
machen to make; to do	**aufmachen** to open up
	zumachen to close
schreiben to write	**aufschreiben** to write down
kommen to come	**mitkommen** to come along (with)
gehen to go	**mitgehen** to go along (with)
stehen to stand	**aufstehen** to get up

In German there are many verbs with separable prefixes. The prefix (**auf, zu, mit,** etc.) is part of the infinitive and changes the meaning of the basic verb.

In spoken German, separable prefixes are always stressed: **auf'machen, mit'kommen.**

Ich **mache** das Buch **zu.**	**Steht** ihr früh **auf?**
Ich **schreibe** den Satz **auf.**	**Kommst** du morgen **mit?**
Ich **komme** morgen **mit.**	**Machen** Sie die Tür **zu!**

In the present tense, the separable prefix is the last element in the sentence.

In the vocabularies of this book, separable prefix verbs will be indicated with a hyphen between the prefix and the verb: **auf-machen, mit-kommen.**

Inverted Word Order

Ich bin heute krank.	*Regular word order*
Heute **bin ich** krank.	*Inverted word order*
Er bleibt bis acht.	*Regular word order*
Bis acht **bleibt er.**	*Inverted word order*

In simple statements, the verb is always in *second position*. In regular word order, the subject precedes the verb. In inverted word order, the subject follows the verb. Inverted word order occurs when the sentence starts with a word or phrase other than the subject.

Nominative Case of *ein* and *kein*

	Singular	
Der Junge fehlt heute.	**Ein** / **Kein**	Junge fehlt heute.
Die Schülerin fehlt heute.	**Eine** / **Keine**	Schülerin fehlt heute.
Das Kind fehlt heute.	**Ein** / **Kein**	Kind fehlt heute.

Ein (the indefinite article) and **kein** do not change before a **der-** or a **das-**noun in the nominative singular. **Ein** and **kein** become **eine** and **keine** before a **die-**noun in the nominative singular.

	Plural			
Jungen			Jungen	
Schülerinnen	sind hier.	**Keine**	Schülerinnen	sind hier.
Kinder			Kinder	

Ein has no plural form. **Kein** becomes **keine** before any plural noun.

WIEDERHOLUNG

A Write sentences using the following separable prefix verbs:

1 aufstehen   4 mitgehen
2 mitkommen   5 zumachen
3 aufmachen   6 aufschreiben

B Rewrite the following sentences, using one of the suggested words in initial position:

morgen	jetzt	heute abend	nachmittags
dann	vielleicht	um drei Uhr	gewöhnlich

1 Wir gehen ins Kino.
2 Ich spiele Tennis.
3 Fräulein Fischer spricht am Telefon.
4 Rolf und Emil bleiben zu Hause.
5 Die Vorstellung beginnt.
6 Walter hat keine Zeit.

C Answer the following questions, using *ein* or *eine* in your responses:

▷ Wer kommt heute abend?   *Ein Schüler kommt heute abend.*
(Schüler)

1 Wer geht um zwei nach Hause?
(Mädchen)
2 Wer steht früh auf? (Frau)
3 Wer macht das Fenster zu?
(Lehrer)
4 Wer schreibt zwei Sätze? (Schüler)
5 Wer wartet mit dem Abendessen?
(Mutter)

D Answer in German:

1 Wie heißen Sie?
2 Wie alt sind Sie?
3 Wie geht es Ihnen?
4 Um wieviel Uhr stehen Sie gewöhnlich auf?
5 Wie heißt der Lehrer (die Lehrerin)?
6 Spielen Sie Tennis?
7 Um wieviel Uhr gehen Sie gewöhnlich nach Hause?
8 Machen Sie abends die Schulaufgaben?
9 Wann gehen Sie ins Bett?
10 Gehen Sie heute abend ins Kino?
11 Ist die Tafel schwarz oder gelb?
12 Ist das Heft rot oder blau?

E Say in German that . . .

1 he is writing the word.
2 he is answering Erik.
3 he understands the word correctly.
4 he is getting up
5 you are going home now.
6 you are going to the movies today.
7 you are going to bed this evening.
8 you stay home mornings.
9 you do your homework evenings.
10 you usually get up at 6:30.

F Ask in German . . .

1 where the movie house is.
2 what time it is.
3 what the name of the film is.
4 who is coming along.
5 when Walter is having a written test.
6 why Irmgard is staying home.
7 how old the child is.
8 what the student is doing.

Wo liegt Deutschland?

map
to the north
other

Baltic Sea

seat of
government

Hier ist eine Karte° von Europa. Deutschland liegt in Mitteleuropa. Deutschland ist ein europäisches Land. Nördlich,° südlich, westlich und östlich von Deutschland liegen andere° europäische Länder. Dänemark liegt im Norden. Die Niederlande, Belgien, Luxemburg und Frankreich liegen im Westen. Die Schweiz und Österreich liegen im Süden. Die Tschechoslowakei und Polen 5 liegen im Osten. Im Norden liegen auch die Nordsee und die Ostsee.°

Deutschland hat zwei politische Staaten. Im Westen ist Westdeutschland oder die Bundesrepublik Deutschland (BRD). Der Regierungssitz° der Bundesrepublik ist Bonn. Im Osten ist Ostdeutschland oder die Deutsche Demokratische Republik (DDR). 10

Deutschland in Europa

state-like regions
important

main product

industrial cities

shipping
rivers

Danube
flat
mountains

Die Bundesrepublik hat elf Länder.° Im Süden liegt Bayern. Die Haupt-
stadt von Bayern ist München. München ist ein wichtiges° Kulturzentrum.
Viele Amerikaner und Europäer studieren an der Universität München. Im
Westen liegt das Saarland. Es ist klein, aber wichtig. Das Hauptprodukt° des
Saarlandes ist die Kohle. Sie ist für die deutsche Industrie sehr wichtig. Die 5
Hauptindustrien finden wir in Nordrhein-Westfalen. Wichtige Industriestädte°
sind Düsseldorf, Essen und Dortmund. Bremen und Hamburg liegen im Norden.
Es sind wichtige Städte für die Schiffahrt.°

Viele deutsche Städte liegen an Flüssen.° Bonn liegt am Rhein, Hamburg
liegt an der Elbe, Bremen liegt an der Weser, Frankfurt liegt am Main, und 10
Ulm liegt an der Donau.°

Norddeutschland ist sehr flach.° Mittel- und Süddeutschland haben viele
Berge.° Die Berge in Süddeutschland heißen die Bayrischen Alpen. Die Alpen
sind ein Zentrum für den Sommer- und Wintersport.

Wählen Sie° die richtige Antwort!

1 Südlich von Deutschland liegt . . .
a/ Dänemark   *b*/ Polen   *c*/ England   *d*/ die Schweiz

2 Die Ostsee liegt . . .
a/ im Norden   *b*/ im Westen   *c*/ im Osten   *d*/ im Süden

3 Deutschland hat zwei . . . Staaten.
a/ kleine   *b*/ bayrische   *c*/ politische   *d*/ südliche

4 Bonn ist der Regierungssitz . . .
a/ der Bundesrepublik   *b*/ der DDR   *c*/ der Schweiz   *d*/ des Saarlandes

5 Ostdeutschland heißt . . .
a/ die Bundesrepublik   *b*/ die Deutsche Demokratische Republik
c/ Nordrhein-Westfalen   *d*/ die Republik

6 Die Bundesrepublik hat . . . Länder.
a/ vier   *b*/ elf   *c*/ acht   *d*/ sieben

7 München ist . . .
a/ eine Stadt   *b*/ ein Berg   *c*/ ein Fluß   *d*/ ein Land

8 Das Hauptprodukt . . . ist Kohle.
a/ Bayerns   *b*/ Münchens   *c*/ des Saarlandes   *d*/ Hamburgs

9 Eine wichtige Stadt für die Schiffahrt ist . . .
a/ Düsseldorf   *b*/ Frankfurt   *c*/ München   *d*/ Hamburg

10 Wir finden . . . sehr viel flaches Land. ✓

    a/ in Süddeutschland *b*/ in Bayern *c*/ in Österreich *d*/ in Norddeutschland

11 Der Rhein, die Elbe und die Weser sind deutsche . . .

    a/ Berge *b*/ Flüsse *c*/ Städte *d*/ Länder

12 Die Berge in Süddeutschland sind ein Zentrum für . . .

    a/ die Schiffahrt *b*/ die Kohle *c*/ den Wintersport *d*/ die Industrie

VOKABELN

Substantive

der Plan, ⸚e plan
das Telefon, –e telephone

Verben

auf-schreiben to write down
mit-gehen to go along
sehen to see
sprechen (du sprichst, er spricht)
   to speak

Andere Wörter

abends in the evening
also well, therefore
am = an + dem at the
bis till, until
ein, eine, ein (*indefinite article*) a, one
fertig ready, finished

fertish

Damit – with it

Hell – light

womit –

jetzt now
mir me (*dative form of* **ich**)
nichts nothing
oder or
sicher sure, surely, certainly
später later
vielleicht perhaps
zu too *vee lisht*
  zoo *Tsoo*

Besondere Ausdrücke

bis später till later; "see you later"
können Sie (*formal*) can you?
möchten Sie (*formal*) ⎱
möchtest du (*familiar*) ⎰ would you like
Hier bei Fischer. The Fischer residence.
in Englisch in English
bei dir at your house

GESPRÄCHE

Guten Appetit!

Ein Stück Torte

MUTTER	Emil, nimm dir noch ein Stück Torte!
EMIL	Danke, Mutti, deine Torte schmeckt immer ausgezeichnet.
MUTTER	Vielleicht ißt dein Freund Peter noch ein Stück?
	Sein Teller ist leer.
PETER	Danke, ich esse Torte gern,
	aber ich habe keinen Hunger mehr.

VARIATIONEN

1 **Ich nehme** ein Stück Torte.
Wir nehmen
Sie nehmen
Ihr nehmt
Sie nimmt
Du nimmst

2 **Deine Torte** schmeckt gut.
Seine Torte
Meine Torte
Dein Frühstück
Mein Frühstück
Sein Frühstück

3 **Ich esse** Torte gern.
Wir essen
Sie essen
Ihr eßt
Du ißt
Sie ißt

4 **Mein Freund** heißt Peter.
Dein Freund
Sein Freund
Mein Bruder
Dein Bruder
Sein Bruder

1 Wie schmeckt Muttis Torte?
2 Wie heißt Emils Freund?
3 Wer ißt Torte gern?
4 Warum möchte Peter jetzt keine Torte?

Inge muß in die Konditorei gehen.

INGE Tag, Eva! Ich muß jetzt in die Konditorei.
EVA Was willst du denn kaufen?
INGE Ich muß einen Apfelkuchen und ein Brot kaufen.
EVA Prima! Dann können wir in der Konditorei
eine Tasse Kaffee trinken.

VARIATIONEN

1 Ich muß **einen Apfelkuchen**
kaufen.
    ein Brot
    eine Torte
    einen Apfel
    einen Kuchen
    eine Schokolade

2 **Ich muß** jetzt in die Konditorei.
    Sie muß
    Wir müssen
    Ich will
    Er will
    Wir wollen

3 Was **willst du** denn kaufen?
    will er
    will sie
    wollen wir
    wollt ihr
    wollen Sie.

4 Wir können **den Kaffee trinken.**
    den Tee trinken
    das Wasser trinken
    den Kuchen essen
    die Torte essen
    das Brot essen

FRAGEN 1 Wohin muß Inge gehen?
2 Was will Inge kaufen?
3 Was möchte Inge in der Konditorei trinken?

In der Konditorei

OBER Was wünschen Sie, meine Damen?
EVA Bringen Sie bitte zwei Tassen Kaffee!
OBER Wünschen die Damen auch etwas zu essen?
INGE Nein, danke. Wir haben keinen Hunger.
Wir haben nur Durst.

Ein Straßenkaffee

VARIATIONEN

1 **Wünschen Sie** etwas zu essen?
Wünschst du
Wünscht er
Wünschen sie
Wünscht sie
Wünscht ihr

2 Bringen Sie bitte
eine Tasse Kaffee!
eine Tasse Schokolade
ein Glas Wasser
ein Stück Kuchen
ein Stück Torte
ein Stück Brot

3 Wir haben **keinen Hunger.**
keinen Durst
keinen Kaffee
keinen Appetit
kein Brot
keine Schokolade

4 **Meine Tassen** sind klein.
Deine Tassen
Seine Tassen
Meine Gläser
Deine Gläser
Seine Gläser

FRAGEN

1 Wie viele Tassen Kaffee möchten die Mädchen?
2 Warum möchten sie nichts essen?

Eva hat kein Geld.

INGE   Ich möchte die Rechnung, bitte.
OBER   Das macht zusammen zwei Mark fünfzig.
EVA   Ach, du meine Güte! Ich habe kein Geld bei mir.
INGE   Das macht nichts.
          Ich kann zahlen.
EVA   Danke, das ist nett von dir.

VARIATIONEN

1 Ich habe **kein Geld** bei mir.
      kein Papier
      kein Buch
      keinen Kuchen
      kein Brot
      keinen Apfel

2 **Das macht** nichts.
      Es macht
      Ich habe
      Du schreibst
      Ich möchte
      Er ißt

3 Ich kann **zahlen.**
      essen
      gehen
      mitkommen
      spielen
      beginnen

4 Ich möchte **die Rechnung,** bitte.
      den Teller
      das Glas
      das Brot
      die Butter
      den Salat

FRAGEN

1 Wieviel macht die Rechnung?
2 Warum kann Eva nicht zahlen?
3 Wer hat Geld?

WORTSCHATZVERGRÖSSERUNG

das Frühstück

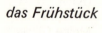

das Ei   die Milch
die Marmelade   der Kaffee
die Butter   der Tee
das Brötchen

das Mittagessen

die Suppe
das Fleisch
die Tomaten
die Kartoffeln
der Salat
die Erbsen
die Karotten

die Birne
die Apfelsine
die Erdbeeren
die Banane
die Kirschen
das Eis
der Pudding

das Abendessen oder das Abendbrot

der Käse
das Brot
die Wurst

der Kartoffelsalat
der Tee
der Apfelsaft

meals

Mahlzeiten° in Deutschland

there are / one
(people)

In Deutschland gibt es° drei Mahlzeiten. Morgens ißt man° Frühstück.

Was gibt es zum Frühstück? Zum Frühstück gibt es Brot oder Brötchen, Butter, Marmelade und ein Ei. Zu trinken gibt es Kaffee oder Tee.

usually / from
main meal
first / vegetable
dessert / fruit
on Sundays / wine
like
often

Um 12 Uhr ißt man zu Mittag. Das Mittagessen ist immer warm, und die Familie ißt meistens° zu Hause. Die Kinder kommen aus° der Schule. Das Mittagessen ist die Hauptmahlzeit.°

Was gibt es zum Mittagessen? Erst° gibt es Suppe; dann gibt es Gemüse,° Fleisch und Salat. Zum Nachtisch° gibt es Obst,° Kuchen, Pudding oder Eis. Sonntags° gibt es auch Wein° zum Mittagessen.

Abends gibt es Abendbrot. Das Abendbrot ist wie° das amerikanische "lunch". Man ißt nicht so viel zum Abendbrot. Es gibt oft° Wurst oder Käse mit Brot oder Kartoffelsalat. Zu trinken gibt es Apfelsaft oder Tee.

Sonntags gibt es vier Mahlzeiten. Um vier Uhr trinkt man Kaffee. Dann gibt es immer viel Kuchen und Torte.

FRAGEN 1 Wie viele Mahlzeiten gibt es in Deutschland?
2 Was ißt man zum Frühstück?
3 Wie heißt die Hauptmahlzeit?
4 Um wieviel Uhr ißt man zu Mittag?

5 Wann trinkt man Wein?
6 Was gibt es zum Nachtisch?
7 Was gibt es zum Abendbrot?
8 Was trinkt man zum Abendbrot?
9 Wann gibt es vier Mahlzeiten?
10 Was gibt es zum Kaffee?

AUSSPRACHE

Practice the following contrastive vowel sounds:

[a] long *a* as in *habe, Saat, Hahn*

[A] short *a* as in *dann, Kamm*

Now do the following drills:

[a]	[A]	[a]	[O]	[A]	[O]
Staat	Stadt	Bahn	Bonn	Bann	Bonn
Bahn	Bann	kam	komm	Kamm	komm
kam	Kamm	staken	stocken	Stall	Stollen
Schlaf	schlaff	Spaten	Spotten	Spalt	Spott
Maße	Masse	nach	noch	lach	Loch
Haare	harre	fahl	voll	Gassen	gossen
raten	Ratten	haken	hocken	Sacke	Socke
lahm	Lamm	stahlen	Stollen	hacken	hocken

ÜBUNGEN

Accusative Case of *der, die, das*

Nominative	Accusative
Der Saft schmeckt gut.	Ich trinke **den** Saft.
Die Torte ist groß.	Ich esse **die** Torte.
Das Brot ist dort.	Ich sehe **das** Brot.

A Say that you are eating or drinking the following:

▷ der Nachtisch   *Ich esse den Nachtisch.*

1 der Käse   Ich esse den Käse.

2 der Kuchen	Ich esse den Kuchen.
3 der Pudding	Ich esse den Pudding.
4 der Tee	Ich trinke den Tee.
5 der Saft	Ich trinke den Saft.
6 der Kaffee	Ich trinke den Kaffee.

B Say that you see the following objects:

▷ das Heft   *Ich sehe das Heft.*

1 die Schule
2 der Wischer
3 die Uhr
4 die Wand
5 das Fenster
6 die Tür
7 der Tisch
8 die Tafel
9 die Tinte
10 das Papier
11 der Schreibtisch
12 der Füller

Plural

	Nominative			Accusative	
Die	Äpfel Birnen Brote	schmecken gut.	Ich esse **die**	Äpfel. Birnen. Brote.	

C Say that you eat the following foods:

▷ die Eier   *Ich esse die Eier.*

1 die Würste
2 die Brötchen
3 die Tomaten
4 die Bananen
5 die Erdbeeren
6 die Kartoffeln

In der Konditorei kann man Kuchen und Brot kaufen.

Accusative Case of *ein* and *kein*

Nominative	Accusative
Das ist **ein** Teller.	Ich habe **einen** Teller.
Das ist **kein** Teller.	Ich habe **keinen** Teller.
Das ist **eine** Apfelsine.	Ich habe **eine** Apfelsine.
Das ist **keine** Apfelsine.	Ich habe **keine** Apfelsine.
Das ist **ein** Ei.	Ich habe **ein** Ei.
Das ist **kein** Ei.	Ich habe **kein** Ei.

D Answer the following questions in the negative:

▷ Hat sie ein Kind?　　　　　　　　*Nein, sie hat kein Kind.*

  1 Hast du einen Bruder?　　　　　Nein, ich habe keinen Bruder.
  2 Habt ihr eine Schwester?　　　　Nein, wir haben keine Schwester.
  3 Hat er einen Vater?　　　　　　Nein, er hat keinen Vater.
  4 Hat sie eine Mutter?　　　　　　Nein, sie hat keine Mutter.
  5 Haben wir einen Freund?　　　　Nein, ihr habt keinen Freund.
  6 Hast du eine Freundin?　　　　　Nein, ich habe keine Freundin.

E Use each item in a question, then answer the question negatively:

▷ die Mark　　　　　　　　　　*Hast du eine Mark?*
　　　　　　　　　　　　　　　Nein, ich habe keine Mark.

1 die Tomate	*eine*	*keine*
2 das Glas	*ein*	*kein*
3 die Tasse	*eine*	*keine*
4 das Brötchen	*ein*	*kein*
5 der Stuhl	*ein*	*kein*
6 das Bett	*ein*	*kein*
7 die Bank	*eine*	*keine*
8 der Tisch	*ein*	*kein*
9 der Käse	*ein*	*kein*
10 die Wurst	*eine*	*keine*

F Use the correct form of *kein* in your responses:

▷ Ein Mädchen fehlt.　　　　　　*Wir sehen kein Mädchen.*

  1 Eine Dame fehlt.　　　　　　Wir sehen keine Dame.
  2 Ein Mann fehlt.　　　　　　　Wir sehen keinen Mann.
  3 Ein Junge fehlt.　　　　　　　Wir sehen keinen Jungen.
  4 Eine Schülerin fehlt.　　　　　Wir sehen keine Schülerin.
  5 Ein Schüler fehlt.　　　　　　Wir sehen keinen Schüler.
  6 Ein Lehrer fehlt.　　　　　　　Wir sehen keinen Lehrer.
  7 Eine Lehrerin fehlt.　　　　　　Wir sehen keine Lehrerin.
  8 Ein Kind fehlt.　　　　　　　　Wir sehen kein Kind.
  9 Eine Freundin fehlt.　　　　　　Wir sehen keine Freundin.
10 Ein Freund fehlt.　　　　　　　Wir sehen keinen Freund.

Verbs with Stem Vowel Change *e* > *i*, *e* > *ie*

(a) e > i

	essen	geben (*to give*)
	du ißt	du gibst
	er ißt	er gibt

(handwritten, right:) Ich gebe / wir geben / Ihr gibst / sie geben

(handwritten, left of table:) D°

G Change the *du*-form of the verb to the *er*-form:

▷ Du ißt kein Frühstück.   *Er ißt kein Frühstück.*

(handwritten, left margin:) Ich esse / Du isst / Er / sie } isst / Es / Wir essen / Ihr esst / Sie essen

1	Du ißt kein Mittagessen.	Er ißt kein Mittagessen.
2	Du ißt kein Abendessen.	Er ißt kein Abendessen.
3	Du ißt den Käse.	Er ißt den Käse.
4	Du gibst das Heft.	Er gibt das Heft.
5	Du gibst den Füller.	Er gibt den Füller.
6	Du gibst die Torte.	Er gibt die Torte.
7	Du nimmst das Geld.	Er nimmt das Geld.
8	Du nimmst die Rechnung.	Er nimmt die Rechnung.
9	Du nimmst den Nachtisch.	Er nimmt den Nachtisch.
10	Du sprichst kein Englisch.	Er spricht kein Englisch.
11	Du sprichst kein Deutsch.	Er spricht kein Deutsch.
12	Du sprichst kein Wort.	Er spricht kein Wort.

H Answer in the affirmative, using the *du*-form:

▷ Esse ich um sechs Uhr?   *Ja, du ißt um sechs Uhr.*

1 Esse ich zu Hause?   *(handwritten:)* du ißt
2 Esse ich in der Konditorei?   *(handwritten:)* du ißt
3 Nehme ich etwas zu essen?   *(handwritten:)* du nimmst
4 Nehme ich das Auto?   *(handwritten:)* du nimmst
5 Gebe ich viel Geld?   *(handwritten:)* du gibst
6 Gebe ich zwei Mark?   *(handwritten:)* du gibt
7 Esse ich Gemüse?   *(handwritten:)* du isst
8 Nehme ich noch ein Stück?   *(handwritten:)* du nimmst
9 Spreche ich Englisch?   *(handwritten:)* du sprichst
10 Spreche ich Deutsch?   *(handwritten:)* du sprichst
11 Gebe ich ein Brot?   *(handwritten:)* du gibst

(b) e > ie

to see *to read*

	sehen	lesen
	du siehst	du liest
	er sieht	er liest

[handwritten: wir sehen / Ihr siehst / sie sehen]

I Change the *du*-form of the verb to the *er*-form:

▷ Du siehst den Freund.   *Er sieht den Freund.*

1 Du siehst die Schule.   Er sieht die Schule.
2 Du liest das Buch.   Er liest das Buch.
3 Du liest die Rechnung.   Er liest die Rechnung.
4 Du siehst den Kuchen.   Er sieht den Kuchen.
5 Du siehst das Abendbrot.   Er sieht das Abendbrot.
6 Du liest das Wort.   Er liest das Wort.
7 Du liest den Satz.   Er liest den Satz.

J Answer in the affirmative, using the *du*-form of the verb:

▷ Sehe ich das Haus?   *Ja, du siehst das Haus.*

1 Sehe ich die Uhr?   *[handwritten: du siehst]*
2 Sehe ich das Brot?   *[handwritten: du siehst]*
3 Lese ich das Buch?   *[handwritten: du liest]*
4 Lese ich das Lesestück?   *[handwritten: du liest]*
5 Lese ich das Wort?   *[handwritten: du liest]*
6 Sehe ich die Mutter?   *[handwritten: du siehst]*
7 Lese ich den Satz?   *[handwritten: du liest]*
8 Sehe ich den Tisch?   *[handwritten: du siehst]*

K Substitute the pronouns indicated:

▷ Wir geben Hans ein Ei. (ich)   *Ich gebe Hans ein Ei.*

1 Ihr gebt Hans ein Ei. (du)   *[handwritten: du gibst]*
2 Sie geben Hans ein Ei. (er)   *[handwritten: Er gibt]*
3 Ihr nehmt noch ein Wurstbrot. (du)   *[handwritten: du nimmst]*
4 Wir nehmen noch ein Wurstbrot. (ich)   *[handwritten: Ich nehme]*
5 Sie nehmen noch ein Wurstbrot. (er)   *[handwritten: er nehmen]*
6 Sie essen Nachtisch. (wir)   *[handwritten: wir essen]*
7 Ihr eßt Nachtisch. (du)   *[handwritten: du isst]*
8 Wir essen Nachtisch. (ihr)   *[handwritten: Ihr esst]*

Possessive Adjectives *mein, dein, sein*

<table>
<tr><td></td><td colspan="2">Nominative</td></tr>
<tr><td>Ein Teller ist leer.</td><td>**Mein**
Dein
Sein</td><td>Teller ist leer.</td></tr>
<tr><td>Eine Tasse ist leer.</td><td>**Meine**
Deine
Seine</td><td>Tasse ist leer.</td></tr>
<tr><td>Ein Glas ist leer.</td><td>**Mein**
Dein
Sein</td><td>Glas ist leer.</td></tr>
</table>

L Substitute *mein* or *meine* for the indefinite article:

▷ Ein Bleistift liegt dort.   *Mein Bleistift liegt dort.*

Die —1 Eine Uhr liegt dort.   Meine Uhr liegt dort.
2 Ein Heft liegt dort.   Mein Heft liegt dort.
3 Ein Füller liegt dort.   Mein Füller liegt dort.
4 Ein Ei liegt dort.   Mein Ei liegt dort.
Die —5 Eine Apfelsine liegt dort.   Meine Apfelsine liegt dort.
6 Ein Kuchen liegt dort.   Mein Kuchen liegt dort.

M Substitute *mein* or *meine* for the definite article:

▷ Der Mann heißt Hans.   *Mein Mann heißt Hans.*

1 Der Junge heißt Peter.   Mein Junge heißt Peter.
2 Die Mutter heißt Rosa.   Meine Mutter heißt Rosa.
3 Der Vater heißt Karl.   Mein Vater heißt Karl.
4 Das Kind heißt Christa.   Mein Kind heißt Christa.
5 Die Frau heißt Lotte.   Meine Frau heißt Lotte.
6 Der Schüler heißt Joseph.   Mein Schüler heißt Joseph.

N Answer in the affirmative:

▷ Ist das mein Brot?   *Ja, das ist dein Brot.*

1 Ist das mein Auto?   das ist dein
2 Ist das meine Tasse?   das ist deine
3 Ist das meine Mark?   das ist deine

In Wien heißen Würstchen „Frankfurter",
und in Frankfurt heißen sie „Wiener".

Viele Hausfrauen gehen jeden Tag vor dem Mittagessen einkaufen. Auf dem
Markt kann man immer frisches Obst, Gemüse und frische Blumen kaufen.

R Indicate the *du/dein* relationship:

▷ Du hast ein Brötchen.   *Du hast dein Brötchen.*

1 Du hast eine Wurst.   *deine*
2 Du hast einen Nachtisch.   *deinen*
3 Du hast einen Pudding.   *deinen*
4 Du hast ein Frühstück.   *dein*

S Indicate the *er/sein* relationship:

▷ Er hat ein Glas.   *Er hat sein Glas.*

1 Er hat ein Haus.   *sein*
2 Er hat ein Bett.   *sein*
3 Er hat eine Uhr.   *seine*
4 Er hat einen Tisch.   *seinen*

T Answer in the affirmative:

▷ Hat der Schüler ein Buch?   *Ja, der Schüler hat sein Buch.*

1 Hat der Junge ein Heft?   *sein*
2 Hat der Lehrer einen Wischer?   *seinen*
3 Hat Herr Lehmann ein Abendbrot?   *sein*
4 Hat der Mann eine Suppe?   *seine*
5 Hat Emil ein Stück Papier?   *sein*
6 Hat der Vater ein Auto?   *sein*

U Answer in the negative:

▷ Hat das Kind mein Brötchen?   *Nein, es hat sein Brötchen.*

1 Hat das Kind meine Milch?
2 Hat das Kind meine Butter?
3 Hat das Mädchen mein Zimmer?
4 Hat das Mädchen meinen Bleistift?
5 Hat das Baby mein Bett?
6 Hat das Baby mein Buch?
7 Hat das Baby meinen Pudding?
8 Hat das Baby mein Eis?

4 Ist das mein Kuchen?　　*das ist dein*

5 Ist das meine Banane?　　*das ist deine*

6 Ist das meine Apfelsine?　　*deine*

O　Answer in the negative:

▷　Ist das dein Brot?　　　　*Nein, das ist sein Brot.*

1 Ist das dein Auto?　　　*das ist sein*

2 Ist das deine Tasse?　　*seine*

3 Ist das deine Mark?　　*seine*

4 Ist das dein Kuchen?　　*sein*

5 Ist das deine Banane?　　*seine*

6 Ist das deine Apfelsine?　　*seine*

P　Answer the following questions, using *sein* or *seine*:　　*Die – add e*

▷　Wo ist Peters Füller?　　　　*Sein Füller ist hier.*

1 Wo ist Peters Uhr?　　　Seine Uhr ist hier.

2 Wo ist Peters Heft?　　　Sein Heft ist hier.

3 Wo ist Emils Vater?　　　Sein Vater ist hier.

4 Wo ist Emils Mutter?　　　Seine Mutter ist hier.

5 Wo ist Emils Schwester?　　　Seine Schwester ist hier.

6 Wo ist Ludwigs Kaffee?　　　Sein Kaffee ist hier.

7 Wo ist Ludwigs Milch?　　　Seine Milch ist hier.

8 Wo ist Ludwigs Tee?　　　Sein Tee ist hier.

Accusative

Ich esse **einen** Apfel.	Ich esse **meinen** Apfel.
Du ißt **eine** Banane.	Du ißt **deine** Banane.
Er ißt **ein** Brötchen.	Er ißt **sein** Brötchen.

Q　Indicate the *ich/mein* relationship:

▷　Ich habe ein Brot.　　　　*Ich habe mein Brot.*

1 Ich habe ein Auto.　　　*mein*

2 Ich habe eine Tasse. *Die*　　*meine*

3 Ich habe eine Mark. *Die*　　*meine*

4 Ich habe ein Ei.　　　*mein*

R Indicate the *du/dein* relationship:

▷ Du hast ein Brötchen.   *Du hast dein Brötchen.*

1 Du hast eine Wurst.   *deine*
2 Du hast einen Nachtisch.   *deinen*
3 Du hast einen Pudding.   *deinen*
4 Du hast ein Frühstück.   *dein*

S Indicate the *er/sein* relationship:

▷ Er hat ein Glas.   *Er hat sein Glas.*

1 Er hat ein Haus.   *sein*
2 Er hat ein Bett.   *sein*
3 Er hat eine Uhr.   *seine*
4 Er hat einen Tisch.   *seinen*

T Answer in the affirmative:

▷ Hat der Schüler ein Buch?   *Ja, der Schüler hat sein Buch.*

1 Hat der Junge ein Heft?   *sein*
2 Hat der Lehrer einen Wischer?   *seinen*
3 Hat Herr Lehmann ein Abendbrot?   *sein*
4 Hat der Mann eine Suppe?   *seine*
5 Hat Emil ein Stück Papier?   *sein*
6 Hat der Vater ein Auto?   *sein*

U Answer in the negative:

▷ Hat das Kind mein Brötchen?   *Nein, es hat sein Brötchen.*

1 Hat das Kind meine Milch?
2 Hat das Kind meine Butter?
3 Hat das Mädchen mein Zimmer?
4 Hat das Mädchen meinen Bleistift?
5 Hat das Baby mein Bett?
6 Hat das Baby mein Buch?
7 Hat das Baby meinen Pudding?
8 Hat das Baby mein Eis?

An der Litfaßsäule kann man immer lesen, was los ist . . .

In Berlin gibt die Philharmonie ein Konzert
in ihrer modernen Konzerthalle.

Auf dem Oktoberfest
in München amüsieren
sich alte und junge Leute.

Alte Restaurants haben oft ein Symbol für ihren Namen. Dieses Gasthaus heißt sicher „Zum schwarzen Hahn".

Fußball neben Gräbern in einer alten Kirche

In Wien heißen Würstchen „Frankfurter",
und in Frankfurt heißen sie „Wiener".

Viele Hausfrauen gehen jeden Tag vor dem Mittagessen einkaufen. Auf dem
Markt kann man immer frisches Obst, Gemüse und frische Blumen kaufen.

Moderne,elegante Viertel stehen
abrupt neben sehr alten Häusern.
Junge Leute sehen sich gerne
moderne Geschäfte an.

Plural	
Nominative	Accusative
Meine Bleistifte sind hier.	Ich habe **meine** Bleistifte.
Deine Aufgaben sind hier.	Du hast **deine** Aufgaben.
Seine Bücher sind hier.	Er hat **seine** Bücher.

V Pluralize the nouns in the following sentences:

▷ Wo ist dein Bruder? *Wo sind deine Brüder?*

1 Wo ist mein Freund? Wo sind meine Freunde?
2 Wo ist sein Lehrer? Wo sind seine Lehrer?
3 Wo ist deine Schwester? Wo sind deine Schwestern?
4 Hat er sein Buch? Hat er seine Bücher?
5 Hat er meine Schulaufgabe? Hat er meine Schulaufgaben?
6 Hat er deinen Bleistift? Hat er deine Bleistifte?

Am Sonntag beim Mittagessen

Expressions of Quantity

eine Tasse Kaffee	a cup *of* coffee
ein Stück Kuchen	a piece *of* cake

W Say that you would like the following:

▷ ein Stück Wurst   *Ich möchte ein Stück Wurst.*

1 ein Stück Käse
2 ein Glas Milch
3 ein Glas Wein
4 einen Teller Suppe
5 keine Tasse Tee
6 ein Stück Torte

GRAMMATIK

Accusative Case of *der, die, das*

In German, the direct object of a verb is in the accusative case.

Singular

Nominative	Accusative
Der Stuhl ist hier.	Ich sehe **den** Stuhl.
Die Uhr ist hier.	Ich sehe **die** Uhr.
Das Buch ist hier.	Ich sehe **das** Buch.

The definite article **der** changes to **den** before a singular noun in the accusative; **die** and **das** have identical nominative and accusative forms.

Plural

Die	Stühle	sind hier.	Ich sehe **die**	Stühle.	
	Uhren			Uhren.	
	Bücher			Bücher.	

The plural definite article **die** has identical nominative and accusative forms.

Accusative Case of *ein* and *kein*

(a) ein

Singular

Nominative	Accusative
Ein Stuhl ist hier.	Ich sehe **einen** Stuhl.
Eine Uhr ist hier.	Ich sehe **eine** Uhr.
Ein Buch ist hier.	Ich sehe **ein** Buch.

Ein changes to **einen** before a singular **der**-noun in the accusative. There are no plural forms.

(b) kein

Singular

Nominative	Accusative
Kein Stuhl ist hier.	Ich sehe **keinen** Stuhl.
Keine Uhr ist hier.	Ich sehe **keine** Uhr.
Kein Buch ist hier.	Ich sehe **kein** Buch.

Plural

Keine	Stühle / Uhren / Bücher	sind hier.	Ich sehe **keine**	Stühle. / Uhren / Bücher.

Kein follows the pattern of **ein**. In the plural, the nominative and accusative forms are identical.

Verbs with Stem Vowel Change *e > i* and *e > ie*

(a) e > i

essen	to eat		**geben**	to give
ich esse	wir essen		ich gebe	wir geben
du ißt	ihr eßt		**du gibst**	ihr gebt
er ißt	sie essen		**er gibt**	sie geben

nehmen	to take		**sprechen**	to speak
ich nehme	wir nehmen		ich spreche	wir sprechen
du nimmst	ihr nehmt		**du sprichst**	ihr sprecht
er nimmt	sie nehmen		**er spricht**	sie sprechen

Essen, geben, nehmen and **sprechen** change stem vowel **e > i** in the **du** and **er**

(sie, es)-forms. Notice also the consonant change for **nehmen** and **essen** in the **du** and **er** (sie, es)-forms.

(b) e > ie

sehen	to see		**lesen**	to read
ich sehe	wir sehen		ich lese	wir lesen
du siehst	ihr seht		**du liest**	ihr lest
er sieht	sie sehen		**er liest**	sie lesen

Sehen and **lesen** change stem vowel **e > ie** in the **du** and **er** (sie, es)-forms.

In the vocabularies of this book, the stem vowel change of the **du** and **er** (sie, es)-form is indicated in parentheses directly after the infinitive: **essen (i)**; **sehen (ie)**.

Possessive Adjectives *mein, dein, sein*

Singular

Nominative | Accusative

| **Ein** / **Mein** | Stuhl ist hier. | Ich sehe | **einen** / **meinen** | Stuhl. |

| **Eine** / **Meine** | Uhr ist hier. | Ich sehe | **eine** / **meine** | Uhr. |

| **Ein** / **Mein** | Buch ist hier. | Ich sehe | **ein** / **mein** | Buch. |

Plural

| **Keine** / **Meine** | Stühle sind hier. | Ich sehe | **keine** / **meine** | Stühle. |

The possessive adjectives **mein, dein,** and **sein** take the same endings as **ein** and **kein.**

Expressions of Quantity

Ich möchte **ein Stück Kuchen.**	I'd like *a piece* **of** *cake.*
Ich möchte **ein Glas Milch.**	I'd like *a glass* of *milk.*
Ich möchte **eine Tasse Kaffee.**	I'd like *a cup* of *coffee.*

In German, expressions of quantity nouns are not separated by a preposition.

WIEDERHOLUNG

A   Say that you see the following objects:

▷   der Tisch   *Ich sehe den Tisch.*

   1 der Stuhl   4 das Glas
   2 die Bank   5 der Schreibtisch
   3 das Auto   6 der Bleistift

B   Say that he eats the following:

▷   eine Banane   *Er ißt eine Banane.*

   1 ein Apfel   4 ein Pudding
   2 eine Tomate   5 ein Ei
   3 ein Stück Apfelkuchen   6 eine Birne

C   Change the verbs in the following sentences to the *du*-form:

▷   Wir essen um zwölf Uhr zu Mittag.   *Du ißt um zwölf Uhr zu Mittag.*

   1 Ich gebe Hans Geld.   4 Seht ihr das Haus?
   2 Ihr nehmt ein Stück Torte.   5 Wir lesen gern Bücher.
   3 Wann eßt ihr gewöhnlich?   6 Ich spreche viel Deutsch.

D   Use the appropriate possessive adjective in your responses:

▷   Ich habe einen Bleistift.   *Das ist mein Bleistift.*

   1 Das Kind hat ein Brötchen.   4 Du hast einen Bruder.
   2 Hans hat einen Apfel.   5 Ich habe eine Mutter.
   3 Du hast ein Zimmer.   6 Herr Müller hat ein Haus.

E   You are in a German restaurant. Answer the waiter's questions:

Frühstück

   1 Was wünschen Sie zum Frühstück?
   2 Wünscht die Dame auch ein Ei?
   3 Wünschen Sie Kaffee oder Tee?
   4 Wünschen Sie Kaffee mit Milch?

Mittagessen

   5 Möchten Sie Tomatensuppe oder Erbsensuppe?
   6 Wünschen Sie auch Salat?
   7 Wünschen Sie Kartoffeln oder Karotten?
   8 Was möchten Sie zum Nachtisch?

Abendessen

9 Möchten Sie Kartoffelsalat oder Suppe?
10 Wünschen Sie auch etwas zu trinken?
11 Möchten Sie Käse oder Wurst?
12 Wünschen Sie Brot oder Brötchen?

F Express in German:

1 He is thirsty. He is drinking coffee.
2 I am thirsty. I am drinking milk.
3 We are thirsty. We are drinking water.
4 She is hungry. She is eating sausage.
5 We are hungry. We are eating cake.
6 You are hungry. You are eating meat.
7 Is there tea for breakfast?
8 Is there salad for lunch?
9 Is there ice cream for dessert?

VOKABELN

Substantive

das Abendbrot evening meal, supper
der Apfel, –̈ apple
der Apfelkuchen, – single-layered pastry made with apples
der Apfelsaft apple juice
die Apfelsine, –n orange
der Appetit appetite
das Baby baby
die Banane, –n banana
die Birne, –n pear
das Brot, –e bread
das Brötchen, – roll
die Butter butter
die Dame, –n lady
Deutschland Germany
der Durst thirst
das Ei, –er egg
das Eis ice cream
die Erbse, –n pea
die Erdbeere, –n strawberry

die Familie, –n family
das Fleisch meat
der Freund, –e (boy) friend
die Freundin, –nen (girl) friend
das Geld money
das Gemüse vegetable
die Hauptmahlzeit, –en main meal
der Hunger hunger
der Kaffee coffee
die Karotte, –n carrot
die Kartoffel, –n potato
der Kartoffelsalat potato salad
der Käse cheese
die Kirsche, –n cherry
die Konditorei, –en coffee and pastry shop
der Kuchen, – cake
die Mahlzeit, –en meal
die Mark mark (German monetary unit)
die Marmelade, –n jam
die Milch milk
das Mittagessen noon meal
(die) Mutti Mom

der **Nachtisch** dessert
der **Ober** waiter
das **Obst** fruit
der **Pudding** pudding
die **Rechnung, –en** bill
der **Salat, –e** salad
die **Schokolade, –n** chocolate
das **Stück, –e** piece
   ein **Stück Kuchen** a piece of cake
die **Suppe, –n** soup
der **Tee** tea
der **Teller, –** plate
die **Tomate, –n** tomato
die **Torte, –n** layer cake
das **Wasser** water
der **Wein, –e** wine
die **Wurst, ⸚e** sausage, frankfurter

Verben

bringen to bring
essen (i) to eat
geben (i) to give
   es **gibt** there is, there are
kaufen to buy
können to be able to, can
müssen to have to, must
nehmen (nimmt) to take
schmecken to taste
trinken to drink
wollen to wish, want
wünschen to wish, desire
zahlen to pay (for)

Adjektive

amerikanisch American
leer empty
prima great

nett nice
warm warm

Andere Wörter

aus out, out of, from
ausgezeichnet great, excellent
erst first, first of all
etwas something
immer always
man one (*impersonal subject form*), they, you, people
mehr more
meistens mostly, most of the time
nur only
oft often
prima! great!
sein his
sonntags on Sundays
wie (*conj.*) as, like
zusammen together, altogether

Besondere Ausdrücke

Ich esse Torte gern. I like to eat cake.
Ach, du meine Güte! Oh, my goodness!
bei mir with me
Das macht nichts. That doesn't matter (never mind).
Das ist nett von dir. That's nice of you.
noch ein another (one), one more
Das macht zusammen zwei Mark fünfzig. That will be two marks fifty.
Ich habe Hunger. I am hungry.
Ich habe Durst. I am thirsty.
Ich habe keinen Hunger mehr. I'm not hungry any more.
Es gibt Milch zu trinken. There is milk to drink.
zum Nachtisch for dessert

LESESTÜCKE

Was ißt du gern?

Franz und Renate haben Hunger.

Franz und Renate sind Geschwister°. Sie kommen aus der Schule und gehen nach Hause. Ihre° Mutter ist nicht zu Hause. Die Geschwister haben großen Hunger. Sie wollen etwas essen, aber der Kühlschrank° ist leer. Es gibt nichts zu essen. Zu trinken gibt es nur Wasser. Franz und Renate warten auf° ihre Mutter. Franz sagt: „Hier ist es wie bei Hänsel und Gretel!"

FRAGEN 1 Wer hat großen Hunger?
2 Was gibt es zu essen?
3 Was gibt es zu trinken?
4 Warum sagt Franz: „Hier ist es wie bei Hänsel und Gretel!"?

Frau Stadler hat ein Problem.

Herr Stadler kommt immer spät nach Hause und seine Frau hat also viel Zeit. Nachmittags geht sie gewöhnlich in die Konditorei. Frau Stadler ißt Erdbeertorte mit Schlagsahne° sehr gern. Aber Kuchen mit Schlagsahne macht dick. Herr Stadler ist sehr dünn. Er arbeitet von° acht Uhr morgens bis spät abends und hat keine Zeit für° die Konditorei.

Abends sagt Herr Stadler zu° seiner Frau: „Du bist zu dick. Ißt du vielleicht zu viel Erdbeertorte?"

Frau Stadler hat also ein Problem. Frau Stadler ist aber sehr gescheit: ihr Mann ißt Apfelkuchen mit Eis sehr gerne. Sie macht also Apfelkuchen und kauft sehr viel Eis. Jetzt ißt Herr Stadler abends immer Apfelkuchen mit Eis und er ist nicht mehr° dünn.

FRAGEN
1 Warum hat Frau Stadler immer viel Zeit?
2 Was ißt Frau Stadler sehr gerne?
3 Warum hat Frau Stadler ein Problem?
4 Was ißt Herr Stadler jetzt immer abends?

Nach dem Einkaufen°

FRAU STEIN Ich habe eine gute Torte zu Hause. Möchten Sie mitkommen? Wir trinken dann zusammen eine Tasse Kaffee und essen ein Stück Torte.

FRAU ROTH Gerne. Ihre Torten sind immer ausgezeichnet. Ich bring' nur schnell° mein Eis nach Hause. Dann komme ich.

FRAU STEIN Gut. Dann ist unser° Kaffee fertig.

FRAGEN
1 Was hat Frau Stein zu Hause?
2 Wie sind Frau Steins Torten?
3 Warum geht Frau Roth noch schnell nach Hause?

Was gibt es heute zum Nachtisch?

MUTTER Warum kommst du denn so früh aus der Schule?

KLAUS Es geht mir gar nicht° gut. Ich glaube, ich bin krank.

MUTTER Dann aber schnell ins Bett! Nimm drei Aspirin! Möchtest du auch eine Tasse Tee?

KLAUS Nein, danke. Was gibt es denn heute zum Nachtisch?

MUTTER Frische Erdbeeren mit Schlagsahne. Aber du bist ja krank.

KLAUS Also, Mutti, so krank bin ich wirklich° nicht.

FRAGEN
1 Warum kommt Klaus so früh aus der Schule?
2 Möchte Klaus auch eine Tasse Tee?
3 Warum kann Klaus keinen Nachtisch essen?
4 Ist Klaus wirklich krank?

ÜBUNGEN

Possessive Adjectives: *unser, euer, ihr, Ihr*

(a) **unser**   our

	Nominative	Accusative
(**der** Vater)	**Unser** Vater ist zu Hause.	Wir sehen **unsren** Vater.
(**die** Mutter)	**Unsre** Mutter ist zu Hause.	Wir sehen **unsre** Mutter.
(**das** Auto)	**Unser** Auto ist da drüben.	Wir sehen **unser** Auto.

Unser usually drops **e** before **r** when used with an ending.

A   Replace *der*, *die*, and *das* with the appropriate form of *unser:*

▷ Der Kuchen macht dick.   *Unser Kuchen macht dick.*

1 Das Haus ist groß.   Unser Haus ist groß.
2 Der Apfel ist rot.   Unser Apfel ist rot.
3 Das Gemüse schmeckt gut.   Unser Gemüse schmeckt gut.
4 Der Kühlschrank ist leer.   Unser Kühlschrank ist leer.
5 Die Schule ist dort drüben.   Unsre Schule ist dort drüben.
6 Die Schwester geht nach Hause.   Unsre Schwester geht nach Hause.
7 Der Bruder ist dünn.   Unser Bruder ist dünn.
8 Das Abendessen ist fertig.   Unser Abendessen ist fertig.
9 Das Zimmer ist klein.   Unser Zimmer ist klein.

B   Respond to the questions, using the appropriate form of *unser:*

▷ Wo kaufen Sie das Brot?   *Dort kaufen wir unser Brot.*

1 Wo kaufen Sie den Käse?   Dort kaufen wir unsren Käse.
2 Wo kaufen Sie die Torte?   Dort kaufen wir unsre Torte.
3 Wo kaufen Sie den Kaffee?   Dort kaufen wir unsren Kaffee.
4 Wo kaufen Sie das Eis?   Dort kaufen wir unser Eis.
5 Wo kaufen Sie die Wurst?   Dort kaufen wir unsre Wurst.
6 Wo kaufen Sie den Apfelsaft?   Dort kaufen wir unsren Apfelsaft.
7 Wo kaufen Sie die Schokolade?   Dort kaufen wir unsre Schokolade.
8 Wo kaufen Sie das Obst?   Dort kaufen wir unser Obst.
9 Wo kaufen Sie den Salat?   Dort kaufen wir unsren Salat.

(b) **euer**   your (*plural*)

	Nominative	Accusative
(**der** Saft)	**Euer** Saft schmeckt gut.	Ihr trinkt **euren** Saft.
(**die** Torte)	**Eure** Torte schmeckt gut.	Ihr eßt **eure** Torte.
(**das** Obst)	**Euer** Obst schmeckt gut.	Ihr eßt **euer** Obst.

Euer usually drops **e** before **r** when used with an ending.

C   Answer in the affirmative as in the model:

▷ Ist das unsre Tasse?   *Ja, das ist eure Tasse.*

1 Ist das unser Auto?   Ja, das ist euer Auto.
2 Ist das unsre Bank?   Ja, das ist eure Bank.
3 Ist das unser Kino?   Ja, das ist euer Kino.
4 Ist das unsre Schule?   Ja, das ist eure Schule.
5 Ist das unser Zimmer?   Ja, das ist euer Zimmer.
6 Ist das unser Hotel?   Ja, das ist euer Hotel.
7 Ist das unser Restaurant?   Ja, das ist euer Restaurant.

D   Indicate the *ihr/euer* relationship as in the model:

▷ Ihr habt eine Frage.   *Das ist eure Frage.*

1 Ihr habt eine Aufgabe.   *eure*
2 Ihr habt ein Haus.   *euer*
3 Ihr habt eine Rechnung.   *eure*
4 Ihr habt eine Mutter.   *eure*
5 Ihr habt ein Heft.   *euer*

E   Replace *ein* or *eine* with the possessive adjective which corresponds to the subject:

▷ Ihr braucht ein Auto.   *Ihr braucht euer Auto.*
  Wir brauchen ein Auto.   *Wir brauchen unser Auto.*

1 Ihr schreibt eine Aufgabe.   Ihr schreibt eure Aufgabe.
2 Wir schreiben eine Aufgabe. Wir schreiben unsre Aufgabe.
3 Ihr zahlt eine Rechnung.   Ihr zahlt eure Rechnung.
4 Wir zahlen eine Rechnung.   Wir zahlen unsre Rechnung.
5 Ihr trinkt einen Kaffee.   Ihr trinkt euren Kaffee.
6 Wir trinken einen Kaffee.   Wir trinken unsren Kaffee.
7 Ihr geht in eine Konditorei. Ihr geht in eure Konditorei.

8 Wir gehen in eine Konditorei.   Wir gehen in unsre Konditorei.
9 Ihr eßt ein Eis.   Ihr eßt euer Eis.
10 Wir essen ein Eis.   Wir essen unser Eis.

(c) **ihr** their, her;   **Ihr** your (*formal*)

	Nominative	Accusative
(**der** Salat)	**Ihr** Salat ist frisch.	Sie essen **ihren** Salat. Sie ißt **ihren** Salat. Sie essen **Ihren** Salat.
(**die** Butter)	**Ihre** Butter ist frisch.	Sie essen **ihre** Butter. Sie ißt **ihre** Butter. Sie essen **Ihre** Butter.
(**das** Brot)	**Ihr** Brot ist frisch.	Sie essen **ihr** Brot. Sie ißt **ihr** Brot. Sie essen **Ihr** Brot.

F Answer the questions in the affirmative:

▷ Nimmt sie den Apfel?   *Ja, sie nimmt ihren Apfel.*
  Nehmen sie die Butter?   *Ja, sie nehmen ihre Butter.*

1 Nimmt sie den Wischer?   *Ihren*
2 Nehmen sie den Bleistift?   *ihren*
3 Nehmen sie das Heft?   *ihr*
4 Nimmt sie das Buch?   *ihr*
5 Nehmen sie die Mark?   *ihre*
6 Nimmt sie den Pfennig?   *ihren*
7 Nehmen sie die Uhr?   *ihre*

G Answer in the affirmative:

▷ Hat sie einen Bruder?   *Ja, das ist ihr Bruder.*

1 Haben sie eine Mutter?   Ja, das ist ihre Mutter.
2 Haben sie ein Haus?   Ja, das ist ihr Haus.
3 Hat sie eine Schwester?   Ja, das ist ihre Schwester.
4 Haben sie einen Vater?   Ja, das ist ihr Vater.
5 Hat sie eine Lehrerin?   Ja, das ist ihre Lehrerin.
6 Haben sie einen Lehrer?   Ja, das ist ihr Lehrer.

Frau Stadler kauft Äpfel für einen Apfelkuchen.

7 Haben sie einen Ober?	Ja, das ist ihr Ober.
8 Hat sie einen Freund?	Ja, das ist ihr Freund.
9 Haben sie ein Auto?	Ja, das ist ihr Auto.

H Make questions of the following statements:

▷ Frau Lehmann hat ein Auto. *Frau Lehmann, ist das Ihr Auto?*

1 Herr Meier hat ein Haus.	Herr Meier, ist das Ihr Haus?
2 Fräulein Müller hat ein Zimmer.	Fräulein Müller, ist das Ihr Zimmer?
3 Herr Schneider hat eine Frau.	Herr Schneider, ist das Ihre Frau?
4 Frau Schneider hat einen Mann.	Frau Schneider, ist das Ihr Mann?
5 Fräulein Schmidt hat eine Schwester.	Fräulein Schmidt, ist das Ihre Schwester?
6 Frau Stadler hat einen Bruder.	Frau Stadler, ist das Ihr Bruder?

Nominative				Accusative	
Unsre				**unsre**	
Eure	Äpfel sind frisch.		Er kauft	**eure**	Äpfel.
Ihre				**ihre**	
Ihre				**Ihre**	

I Pluralize the objects in the following sentences:

▷ Wo ist unser Brot?   *Wo sind unsre Brote?*

1 Wo ist eure Mutter?   Wo sind eure Mütter?
2 Wo ist ihre Rechnung?   Wo sind ihre Rechnungen?
3 Wo ist Ihr Kind?   Wo sind Ihre Kinder?
4 Wo ist unser Zimmer?   Wo sind unsre Zimmer?
5 Wo ist ihr Vater?   Wo sind ihre Väter?
6 Wo ist euer Auto?   Wo sind eure Autos?

Modal Auxiliaries: *müssen, wollen, können*

(a) **müssen**   must, to have to

Ich **muß arbeiten.**	Wir **müssen arbeiten.**
Du **mußt arbeiten.**	Ihr **müßt arbeiten.**
Er **muß arbeiten.**	Sie **müssen arbeiten.**

Modal auxiliaries are irregular in the present tense. They are usually used with a dependent infinitive.

J In the following sentences, change the subject as indicated:

▷ Wir müssen spielen. (ich)   *Ich muß spielen.*

1 Sie müssen spielen. (er)   Er muß spielen.
2 Wir müssen trinken. (ich)   Ich muß trinken.
3 Sie müssen warten. (er)   Er muß warten.
4 Wir müssen zahlen. (ich)   Ich muß zahlen.
5 Sie müssen kommen. (er)   Er muß kommen.
6 Wir müssen essen. (ich)   Ich muß essen.

Ich **muß** gehen.	Ihr **müßt** essen.
Ich **muß** nach Hause **gehen.**	Ihr **müßt** die Torte **essen.**

In normal word order, the dependent infinitive of a modal auxiliary is the last element in a sentence.

K Change *ihr* to *du:*

▷ Ihr müßt essen.   *Du mußt essen.*

1 Ihr müßt heute essen.
2 Ihr müßt heute abend essen.
3 Ihr müßt heute um sieben Uhr
   essen.
4 Ihr müßt gehen.
5 Ihr müßt jetzt gehen.
6 Ihr müßt jetzt nach Hause gehen.

L Add *müssen* to the following questions:

▷ Zahlen sie immer?   *Müssen sie immer zahlen?*

1 Spielen wir morgens?
2 Bleiben sie zu Hause?
3 Kommst du heute?
4 Beginnt er die Aufgaben?
5 Lernt sie viel?
6 Nehmt ihr etwas?
7 Trinke ich den Apfelsaft?
8 Sprechen Sie mit Emil?

Ich muß arbeiten.	I have to (must) work.
Ich muß nicht arbeiten.	I don't have to (need not) work.

M Give the German equivalents:

▷ I don't have to drink coffee.   *Ich muß keinen Kaffee trinken.*

1 You don't have to go to school.   Du mußt nicht in die Schule gehen.
2 He doesn't have to work.   Er muß nicht arbeiten.
3 We don't need to eat.   Wir müssen nicht essen.

4 They don't need to pay.	Sie müssen nicht zahlen.
5 You don't have to stay.	Du mußt nicht bleiben.
6 I don't need to do homework.	Ich muß keine Hausarbeiten machen.

(b) wollen   to want, wish, intend to

Ich **will spielen.**	Wir **wollen spielen.**
Du **willst spielen.**	Ihr **wollt spielen.**
Er **will spielen.**	Sie **wollen spielen.**

N   Change the subject as indicated:

▷ Wir wollen jetzt trinken. (ich)   *Ich will jetzt trinken.*

1 Sie wollen jetzt trinken. (er)	Er will jetzt trinken.
2 Ihr wollt jetzt essen. (du)	Du willst jetzt essen.
3 Sie wollen jetzt essen. (er)	Er will jetzt essen.
4 Wir wollen jetzt spielen. (ich)	Ich will jetzt spielen.
5 Ihr wollt nichts kaufen. (du)	Du willst nichts kaufen.
6 Sie wollen zahlen. (er)	Er will zahlen.
7 Wir wollen morgen beginnen. (ich)	Ich will morgen beginnen.
8 Ihr wollt heute ins Kino gehen. (du)	Du willst heute ins Kino gehen.

O   Use the correct form of **wollen** in your responses:

▷ Er schreibt seine Aufgabe.   *Er will seine Aufgabe schreiben.*

1 Barbara ißt Kuchen.
2 Sie bringt ihren Kuchen.
3 Du antwortest nicht.
4 Ihr macht eure Schulaufgaben.
5 Das Mädchen sieht den Film.
6 Wir geben eine Mark.
7 Ich lerne nichts.
8 Du bist dünn.

(c) können   can, to be able

Ich **kann lesen.**	Wir **können lesen.**
Du **kannst lesen.**	Ihr **könnt lesen.**
Er **kann lesen.**	Sie **können lesen.**

P In the following sentences, change the subjects as indicated:

▷ Wir können es machen. (ich)　　　*Ich kann es machen.*

1 Sie können es machen. (er)　　　Er kann es machen.
2 Du kannst es lesen. (ihr)　　　Ihr könnt es lesen.
3 Ihr könnt es schreiben. (du)　　　Du kannst es schreiben.
4 Ich kann es bringen. (wir)　　　Wir können es bringen.
5 Er kann es sagen. (sie, *pl.*)　　　Sie können es sagen.
6 Wir können es nehmen. (ich)　　　Ich kann es nehmen.
7 Ihr könnt es lesen. (du)　　　Du kannst es lesen.
8 Ich kann es kaufen. (wir)　　　Wir können es kaufen.

Ich **stehe** früh **auf.**　　　Ich muß früh **aufstehen.**
Er **kommt** nicht **mit.**　　　Er will nicht **mitkommen.**
Sie **schreibt** das Wort **auf.**　　　Sie kann das Wort **aufschreiben.**

When used with a modal auxiliary, a separable prefix joins the infinitive at the end of a sentence.

Q Add the appropriate forms of *müssen* to the following sentences:

▷ Wir gehen morgen mit.　　　*Wir müssen morgen mitgehen.*

1 Er schreibt es auf.　　　Er muß es aufschreiben.
2 Sie schreibt es auf.　　　Sie muß es aufschreiben.
3 Sie gehen heute mit.　　　Sie müssen heute mitgehen.
4 Ich mache es vielleicht zu.　　　Ich muß es vielleicht zumachen.
5 Er macht es vielleicht zu.　　　Er muß es vielleicht zumachen.
6 Ihr macht das Fenster auf.　　　Ihr müßt das Fenster aufmachen.

R Add the appropriate forms of *wollen* to the following sentences:

▷ Er steht früh auf.　　　*Er will früh aufstehen.*

1 Ich stehe morgen auf.
2 Du gehst nicht mit.
3 Wir kommen jetzt mit.
4 Wir gehen jetzt nicht mit.
5 Sie machen das Fenster zu.

S Add the appropriate forms of *können* to the following sentences:

▷ Geht er jetzt mit?   *Kann er jetzt mitgehen?*

1 Kommt sie jetzt mit?
2 Kommen sie jetzt mit?
3 Stehst du früh auf?
4 Macht ihr das Fenster zu?
5 Bringen sie das Brot mit?

GRAMMATIK

Possessive Adjectives: *unser, euer, ihr, Ihr*

Singular

	Nominative			Accusative	
Hier ist	unser / euer / ihr / Ihr	Freund.	Wir sehen	unsren / euren / ihren / Ihren	Freund.
Hier ist	unsre / eure / ihre / Ihre	Freundin.	Wir sehen	unsre / eure / ihre / Ihre	Freundin.
Hier ist	unser / euer / ihr / Ihr	Kind.	Wir sehen	unser / euer / ihr / Ihr	Kind.

Plural

Hier sind	unsre / eure / ihre / Ihre	Kinder.	Wir sehen	unsre / eure / ihre / Ihre	Kinder.

Unser, euer, ihr (*her, their*), and **Ihr** (*your, formal*), like **mein, dein,** and **sein,** take the same endings as **ein** and **kein.** For that reason **ein, kein,** and the possessive adjectives are often called **ein**-words.

To facilitate pronounciation, the syllable **er** in **unser** and **euer** usually contracts to **r** when an ending is added.

The difference between the possessive adjectives **ihr** (*her, their*) and **Ihr** (*your, formal*) is a matter of writing. In written German, **Ihr** is capitalized. Context usually makes the meaning clear.

Modal Auxiliaries: *müssen, wollen, können*

müssen	wollen	können
ich muß	ich will	ich kann
du mußt	du willst	du kannst
er muß	er will	er kann
wir müssen	wir wollen	wir können
ihr müßt	ihr wollt	ihr könnt
sie müssen	sie wollen	sie können

Ich **muß** ein Brot **kaufen.**
Wir **wollen** morgen abend **gehen.**
Du **kannst** später **mitkommen.**

Müssen, wollen, and **können** are modal auxiliaries (verbs which express the possibility, probability, necessity, etc. of an action, not the action itself). Modal auxiliaries are usually used with a dependent infinitive. In normal word order, the infinitive is the last element in the sentence. Separable prefixes join the infinitive at the end of the sentence.

The meaning of the modal auxiliary varies according to the context of the sentence in which it is used. In general,

müssen expresses compulsion	**Ich muß jetzt gehen.** I have to go now.
wollen expresses wishing, wanting, intention	**Ich will jetzt gehen.** I want to go now.
können expresses ability	**Ich kann jetzt gehen.** I can go now.

Notice the meaning of **müssen** in the negative:

Ich muß nicht arbeiten.	I don't have to work (if I don't want to).

Ich **muß** in die Konditorei **gehen.**	Ich **muß** in die Konditorei.
Ich **kann** es **machen.**	Ich **kann** es.

The infinitive may be omitted when the idea of "going" or "doing" is clear.

WIEDERHOLUNG

A   Answer the questions, using the possessive adjectives which correspond to the subject pronouns indicated:

▷ Hast du eine Tasse? (ich)   *Ja, ich habe meine Tasse.*

1 Ißt er das Frühstück? (er)   4 Habe ich den Pudding? (du)
2 Nehmt ihr das Geld? (wir)   5 Hat das Kind ein Heft? (es)
3 Haben wir den Füller? (ihr)   6 Eßt ihr das Brot? (wir)

B   Use the possessive adjective which corresponds to the subject:

▷ Sie hat ein Buch.   *Sie hat ihr Buch.*

1 Jetzt essen Sie das Eis.
2 Seine Schwester macht die
   Schulaufgaben.
3 Morgen bringen sie die Bücher.
4 Sie trinkt den Kaffee.
5 Dort kaufen sie das Brot.

C   Substitute the corresponding forms of *können* and *wollen:*

▷ Ich muß jetzt arbeiten.   *Ich kann jetzt arbeiten.*
                              Ich will jetzt arbeiten.

1 Er muß immer zahlen.
2 Ihr müßt den Kuchen kaufen.
3 Sie müssen in die Konditorei
   gehen.
4 Du mußt ein Stück Torte nehmen.
5 Ich muß Abendbrot essen.
6 Wir müssen eine Tasse Kaffee
   trinken.

D   True or false. If the statement is false rewrite it to make it correct:

1 Birnen sind Gemüse.
2 Ein Apfelkuchen schmeckt ausgezeichnet.
3 Zum Frühstück ißt man gewöhnlich Suppe.
4 Karl hat Durst; er trinkt ein Glas Wasser.
5 Milch ist grün und rot.
6 Torte macht dünn.
7 Zum Nachtisch ißt man Kartoffeln.
8 Frischer Salat ist braun.

E Answer in German:

1 Um wieviel Uhr stehst du auf?

2 Was trinkst du zum Frühstück?

3 Wann beginnt die Schule?

4 Um wieviel Uhr ißt du zu Mittag?

5 Wann gehst du nach Hause?

6 Wann bist du zu Hause?

7 Wann machst du die Schulaufgaben?

F Make up a dialogue based on the following situation:

Peter, Franz, and Detlev are in a coffee and pastry shop. They are hungry and thirsty. The waiter asks what the boys would like. Peter orders cake and milk, the other two order coffee and ice cream. Franz asks the waiter how much that will be altogether. The waiter says three marks twenty-five. Franz says he doesn't have any money. Detlev says that doesn't matter, because he will pay. Franz says that is very nice of Detlev.

KULTURLESESTÜCK

different

In Deutschland ist es anders.°

every / own

similar

worth / approximately

Jedes° Land hat sein eigenes° politisches System. Jedes Land hat auch sein eigenes Geldsystem. Das deutsche und das amerikanische Geldsystem sind ähnlich.° Wir zahlen mit Dollar und Cent. Ein Dollar hat hundert Cent. Der Deutsche zahlt mit Mark und Pfennig. Eine Mark hat hundert Pfennig. Aber eine Mark ist nicht so viel wert° wie ein Dollar. Eine Mark ist nur ungefähr° fünfundzwanzig Cent wert. 5

measure

foot / says

far

Centigrade
between

differences /
it says (is printed)

hour

Die Deutschen messen° auch anders als die Amerikaner. Deutschland hat das Dezimalsystem. Wir fragen einen Deutschen: „Wie groß sind Sie?" Seine Antwort ist nicht: „Sechs Fuß°." Nein, er sagt°: „Ein Meter zweiundachtzig (1,82 m)." Oder wir sehen auf einer Karte die deutschen Städte Hamburg und Bremen. Wir fragen einen Amerikaner: „Wie weit° ist es von Hamburg nach 5 Bremen?" Er antwortet: „Sechzig Meilen." Wir fragen jetzt einen Deutschen. Er antwortet: „Hundert Kilometer."

Die Deutschen messen die Temperatur in Celsius° und nicht in Fahrenheit. Die Temperatur liegt im Sommer gewöhnlich zwischen° 20 und 25 Grad Celsius. Das ist mildes Wetter, ungefähr siebenundsiebzig (77) Grad Fahrenheit. 10

Es gibt noch mehr Unterschiede.° Auf einem Theaterprogramm steht:° „Die Vorstellung beginnt um 19 Uhr." Ein Deutscher weiß: Das ist sieben Uhr. Eine Stunde° nach 12 ist für einen Deutschen 13 Uhr oder 1 Uhr. In Deutschland sehen wir oft die Zahlen 13 bis 24 für die Nachmittags- und Abendstunden.

Wählen Sie die richtige Antwort!

1 Zweihundert Pfennig sind . . .
a/ zwanzig Mark *b*/ zwei Mark *c*/ zehn Mark *d*/ eine Mark

2 Fünf Dollar sind ungefähr . . . wert.
a/ zwanzig Mark *b*/ zwei Mark *c*/ zehn Mark *d*/ eine Mark

3 Mein deutscher Freund ist zwei Meter groß. Das ist . . .
a/ mehr als 6 Fuß *b*/ mehr als 8 Fuß *c*/ 6 Fuß *d*/ 8 Fuß

4 Es sind 60 Kilometer von Mainz nach Mannheim. Das sind ungefähr . . .
a/ 15 Meilen *b*/ 63 Meilen *c*/ 36 Meilen *d*/ 240 Meilen

5 Celsius Grade messen wir mit . . .
a/ der Uhr *b*/ dem Thermometer *c*/ dem Tachometer
d/ der Landkarte

6 35 Grad Celsius ist . . .
a/ warmes Wetter *b*/ mildes Wetter *c*/ sehr warmes Wetter
d/ sehr kaltes Wetter

7 Das Konzert beginnt um 21 Uhr. Das ist . . .
a/ 7 Uhr vormittags *b*/ 8 Uhr abends *c*/ 9 Uhr abends
d/ 11 Uhr abends

German Today, One

12.00	**Internationaler Frühschoppen**
13.15	**Magazin der Woche**
14.35	**Ratereise mit Kasperle und René**
15.10	**Fernfahrer**
15.45	**Preis von Europa** Das 250 000-Mark-Galopp-rennen in Köln-Weidenpesch
16.00	**Berliner Modejournal**
16.45	**Eislaufmeister**
17.30	**Das ist doch alles Sozialklimbim . . .**

München: 9.30–11.00 Telekolleg: 9.30 Englisch. 10.00 Geschichte. 10.30 Biologie.

18.15	**Die Sportschau**
19.00	**Weltspiegel**
19.30	**Die Sportschau**
20.00	**Tagesschau, Wetter**
	IN FARBE
20.15	**Ein Goldfisch an der Leine** Ein amerikanischer Spielfilm
22.10	**Römische Skizzen**
22.55	**Tagesschau**

VOKABELN

Substantive

das Aspirin aspirin
das Einkaufen shopping
die Erdbeertorte strawberry torte
die Geschwister (*pl. only*) brother(s) and sister(s)
der Kühlschrank, ⸚e refrigerator
das Problem, –e problem
die Schlagsahne whipped cream

ihr their, her
nach after
schnell fast, quick(ly)
unser our
von of
wirklich real(ly)
zu to (a person or a place which is not a city or a country)

Andere Wörter

für for
frisch fresh
gar "*flavoring word*" *used to emphasize negative quality*
  gar nicht not at all

Besondere Ausdrücke

Das macht dick. This is fattening.
nicht mehr no longer
warten auf to wait for

Aufgabe 9

GESPRÄCHE

Sport und Freizeit

Walter wird Fußball spielen.

GÜNTHER   Willst du dieses Jahr Sport treiben?
WALTER   Klar! Das heißt nicht jetzt, sondern im Frühling.
GÜNTHER   Wirst du Fußball oder Korbball spielen?
WALTER   Ich werde Fußball spielen.

VARIATIONEN

1 **Willst du** dieses Jahr Sport
    treiben?
    Will er
    Will sie
    Wollen wir
    Wollt ihr
    Wollen Sie

2 **Ich werde** Fußball spielen.
    Wir werden
    Ihr werdet
    Du wirst
    Er wird
    Sie werden
    Walter wird

3 Nicht jetzt, sondern **im Frühling.**
    im Herbst°
    im Sommer°
    im Winter°

4 Wirst du **Korbball** spielen?
    Fußball
    Ball
    Tennis

FRAGEN

1 Wer will dieses Jahr Sport treiben?
2 Spielt Walter Fußball oder Korbball?
3 Wann treibt Walter Sport?

Ein Fußballspiel am Sonntagnachmittag

Halbzeit im Stadion

KÄTHE   Entschuldige, bitte, daß ich so spät komme!
Wie steht das Spiel?

THOMAS   Es steht sehr schlecht, null zu fünf.

KÄTHE   Warum spielt unsre Mannschaft so schlecht?

THOMAS   Walter Schneider fehlt.
Aber paß auf! Es geht wieder los.

KÄTHE   Hoffentlich geht's jetzt besser.

VARIATIONEN   1 Das Spiel steht **null zu fünf.**
            zwei zu drei
            vier zu sechs
            neun zu zwei
            drei zu sieben
            eins zu null
            null zu null

2 Warum **spielen wir** heute so
schlecht?
            spiele ich
            spielst du
            spielt er
            spielt ihr
            spielen Sie

3 **Paß auf,** es geht wieder los!
Paßt auf
Passen Sie auf
Komm schnell
Kommen Sie schnell

FRAGEN
1 Wer kommt zu spät?
2 Wie steht das Spiel?
3 Warum spielt die Mannschaft so schlecht?

Peter muß Trompete üben.

FRANZ   Komm doch heute abend kegeln!

PETER   Ich möchte schon, darf aber leider nicht.
Ich soll Trompete üben.

FRANZ   Schade, aber das macht nichts.
Wir gehen jede Woche kegeln.

PETER   Gut, dann werde ich nächstes Mal mitkommen.

VARIATIONEN

1 **Ich darf** leider nicht.
Du darfst
Er darf
Wir dürfen
Sie dürfen
Ihr dürft

2 **Ich soll** Trompete üben.
Du sollst
Er soll
Wir sollen
Sie sollen
Ihr sollt

3 Wir gehen **jede Woche** kegeln.
     nächste Woche
     jedesmal
     nächstes Mal
     jeden Abend
     jeden Tag

FRAGEN
1 Wer geht heute abend kegeln?
2 Warum kann Peter nicht mitgehen?
3 Wie oft geht Franz kegeln?

Bei Helene

BRUNO   Sag mal, Helene, was ist denn los?

HELENE   Es gibt nichts zu tun.

BRUNO   Dürfen wir vielleicht fernsehen?

HELENE   Nein, unser Apparat ist leider kaputt.

BRUNO	Und wie wäre es mit Tanzen?
HELENE	Das geht auch nicht.
	Mein Plattenspieler ist bei der Reparatur.

VARIATIONEN

1 **Sag** mal, Helene!
Sieh
Wart
Geh
Komm
Tanz

2 Es gibt nichts zu **tun.**
essen
trinken
lesen
schreiben
üben

3 Dürfen wir vielleicht **fernsehen?**
lesen
tanzen
spielen
kegeln
mitgehen

4 **Unser Apparat** ist kaputt.
Unser Radio
Unser Plattenspieler
Unser Auto
Unser Kühlschrank
Unsre Trompete

FRAGEN

1 Was möchte Bruno tun?
2 Warum können Bruno und Helene nicht fernsehen?
3 Warum können sie nicht tanzen?

AUSSPRACHE

Practice the following contrastive vowel combinations (diphthongs):

[æ] as in *mein, Hain*
[ɔ∅] as in *heute, Häuser*
[aɔ] as in *braun*

Now do the following drill. Practice the pairs both horizontally and vertically.

[æ]	[ɔ∅]	[aɔ]	[ɔ∅]	[i]	[æ]
nein	*neun*	*Haus*	*Häuser*	*Miene*	*meine*
leite	*Leute*	*Baume*	*Bäume*	*riechen*	*reichen*
freien	*freuen*	*Haufen*	*häufen*	*viel*	*feil*
heiser	*Häuser*	*Laute*	*Leute*	*Riemen*	*Reimen*
Seile	*Säule*	*Bauch*	*Bäuche*	*Liebe*	*Leibe*
Eile	*Eule*	*Maul*	*Mäuler*	*Riese*	*Reise*
Seifer	*Säufer*	*saure*	*Säure*		

WORTSCHATZVERGRÖSSERUNG

Die Jahreszeiten

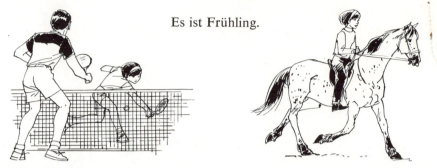

Es ist Frühling.

Im Frühling spielen Wolf und Ilse Tennis. Wolf ist ein Tennisspieler. Manchmal (*sometimes*) geht Ilse reiten, aber Wolf reitet nicht. Ilse ist eine Reiterin.

Es ist Sommer.

Im Sommer geht Heinz schwimmen. Er schwimmt den ganzen Tag. Er ist ein Schwimmer. Manchmal geht er mit seinen Freunden segeln. Ilse segelt nicht. Heinz ist ein Segler.

Es ist Herbst.

Im Herbst geht Walter wandern. Er wandert gerne allein (*alone*). Er ist ein Wanderer. Manchmal geht er mit seinen Freunden bergsteigen. Sie sind Bergsteiger.

Es ist Winter.

Im Winter geht Wolf skilaufen. Wolf ist ein Skiläufer. Seine Schwester Ilse geht schlittschuhlaufen. Sie ist eine Schlittschuhläuferin.

FRAGEN
1 Wie heißen die Jahreszeiten?
2 Wann spielen Wolf und Ilse Tennis?
3 Reitet Wolf?
4 Wer schwimmt den ganzen Tag?
5 Ist Ilse eine Seglerin?
6 Was macht Walter im Herbst?
7 Sind seine Freunde Bergsteiger?
8 Wer ist eine Schlittschuhläuferin?
9 Wann kann man skilaufen?

ÜBUNGEN

The Future Tense

Ich **werde**			Wir **werden**		
Du **wirst**	Fußball **spielen.**		Ihr **werdet**	Fußball **spielen.**	
Er **wird**			Sie **werden**		

The future tense is composed of **werden** and an infinitive. The infinitive is the last element in the sentence.

A Change the subject pronoun *sie* to *er:*

▷ Sie werden reiten gehen.   *Er wird reiten gehen.*

1 Sie werden oft reiten gehen.   Er wird oft reiten gehen.
2 Sie werden sehr oft reiten gehen.   Er wird sehr oft reiten gehen.
3 Sie werden nächstes Jahr sehr oft reiten gehen.   Er wird nächstes Jahr sehr oft reiten gehen.

B Change the subject pronoun *ihr* to *du:*

▷ Werdet ihr spielen?   *Wirst du spielen?*

1 Werdet ihr Klavier spielen?   Wirst du Klavier spielen?
2 Werdet ihr morgen Klavier   Wirst du morgen Klavier spielen?
  spielen?
3 Werdet ihr morgen abend Klavier   Wirst du morgen abend Klavier
  spielen?   spielen?

C Restate in the future tense:

▷ Er nimmt den Kuchen.   *Er wird den Kuchen nehmen.*

1 Sie essen den Apfel.
2 Wir kaufen Gemüse.
3 Ihr trinkt ein Glas Wasser.
4 Sie zahlt die Rechnung.
5 Ich mache nichts.
6 Du bringst das Obst.
7 Sie tanzt gern.
8 Er ißt Nachtisch.
9 Du übst Trompete.
10 Wir spielen Tennis.

Ich **komme** morgen **mit.**   Ich werde morgen **mitkommen.**
Machst du die Tür **zu?**   Wirst du die Tür **zumachen?**

The prefix of separable prefix verbs joins the infinitive in the future tense.

D Restate in the future tense:

▷ Machst du das Fenster auf?   *Wirst du das Fenster aufmachen?*

1 Schreibt er das Wort auf?   Wird er das Wort aufschreiben?
2 Steht das Kind wieder auf?   Wird das Kind wieder aufstehen?
3 Nehmen wir den Ball mit?   Werden wir den Ball mitnehmen?
4 Bringen Sie das Radio mit?   Werden Sie das Radio mitbringen?
5 Machst du die Tür zu?   Wirst du die Tür zumachen?
6 Kommt ihr morgen mit?   Werdet ihr morgen mitkommen?
7 Geht sie jetzt mit?   Wird sie jetzt mitgehen?
8 Bringst du deinen Plattenspieler   Wirst du deinen Plattenspieler
  mit?   mitbringen?

Modal Auxiliaries: *dürfen, sollen, mögen*

(a) **dürfen**   may, to be permitted to

Ich **darf**			Wir **dürfen**	
Du **darfst**	hier bleiben.		Ihr **dürft**	hier bleiben.
Er **darf**			Sie **dürfen**	

E   Use the subject pronoun indicated:

▷ Wir dürfen gehen. (ich)   *Ich darf gehen.*

1 Ihr dürft antworten. (du)   Du darfst antworten.
2 Sie dürfen beginnen. (ich)   Ich darf beginnen.
3 Ihr dürft schreiben. (du)   Du darfst schreiben.
4 Sie dürfen spielen. (er)   Er darf spielen.
5 Sie dürfen üben. (sie, *sing.*)   Sie darf üben.

F   Form questions with *dürfen:*

▷ Ich schwimme im Sommer.   *Darf ich im Sommer schwimmen?*

1 Sie wandert mit Ilse.
2 Sie tanzen jeden Abend.
3 Heinz reitet jede Woche.
4 Wir spielen Fußball.
5 Er segelt mit Günther.
6 Ihr spielt heute Tennis.
7 Ich gehe ins Kino.
8 Du spielst Korbball.

Ich darf gehen.	I may (I am permitted to) go.
Ich darf nicht gehen.	I must not (I am not allowed to) go.

G   Give the German equivalents:

▷ I may stay.   *Ich darf bleiben.*
   I mustn't stay.   *Ich darf nicht bleiben.*

1 You may go home.   Du darfst nach Hause gehen.
2 You mustn't go home.   Du darfst nicht nach Hause gehen.

3 He may work.　　　　　　　　Er darf arbeiten.
4 He mustn't work.　　　　　　Er darf nicht arbeiten.
5 They may eat whipped cream.　　Sie dürfen Schlagsahne essen.
6 They mustn't eat whipped cream.　Sie dürfen keine Schlagsahne essen.

(b) **sollen**　should, to be supposed to

Ich **soll**			Wir **sollen**		
Du **sollst**	Trompete üben.		Ihr **sollt**	Trompete üben.	
Er **soll**			Sie **sollen**		

H　Use the subject pronouns indicated:

▷　Wir sollen es verstehen.　(ich)　　　*Ich soll es verstehen.*

1 Sie sollen es haben.　(er)　　　　Er soll es haben.
2 Ihr sollt es essen.　(du)　　　　　Du sollst es essen.
3 Wir sollen es nehmen.　(ich)　　　Ich soll es nehmen.
4 Sie sollen es sagen.　(er)　　　　Er soll es sagen.
5 Ihr sollt es machen.　(du)　　　　Du sollst es machen.
6 Wir sollen es sehen.　(ich)　　　　Ich soll es sehen.
7 Sie sollen es bringen.　(er)　　　　Er soll es bringen.
8 Ihr sollt es lesen.　(du)　　　　　Du sollst es lesen.
9 Du sollst es nicht schreiben.　(ihr)　Ihr sollt es nicht schreiben.
10 Sie soll es nicht geben. (du)　　　Du sollst es nicht geben.

I　Add *sollen* to the following statements:

▷　Er geht jetzt.　　　　　　*Er soll jetzt gehen.*

1 Sie versteht viel.
2 Ich arbeite heute.
3 Sie sind zu Hause.
4 Es schmeckt gut.
5 Du tanzt mit Hans.
6 Ihr kegelt im Winter.
7 Du ißt nicht so viel.
8 Wir kommen nicht.
9 Er ist sehr gescheit.
10 Du ißt viel Obst.

Schwimmen und Sonnenbäder an der Nordsee ▶

(c) **mögen**   to like

Ich **möchte**		Wir **möchten**	
Du **möchtest**	Fußball spielen.	Ihr **möchtet**	Fußball spielen.
Er **möchte**		Sie **möchten**	

Möchte, möchtest, etc. comes from **mögen** and is equivalent to "would like." It is used with a direct object as well as with a dependent infinitive.

J   Use the appropriate form of *mögen* in your responses:

▷   Ich spiele Tennis.   *Ich möchte Tennis spielen.*

1 Wir gehen nach Hause.   Wir möchten nach Hause gehen.
2 Du treibst Sport.   Du möchtest Sport treiben.
3 Ihr bringt einen Ball.   Ihr möchtet einen Ball bringen.
4 Sie zahlen die Rechnung.   Sie möchten die Rechnung zahlen.
5 Ich nehme ein Stück.   Ich möchte ein Stück nehmen.
6 Er kommt um acht Uhr.   Er möchte um acht Uhr kommen.
7 Wir bleiben nicht.   Wir möchten nicht bleiben.

K   Answer in the negative:

▷   Möchten Sie eine Tasse Kaffee?   *Nein, ich möchte keine Tasse Kaffee.*

1 Möchte er ein Stück Kuchen?
2 Möchtet ihr Nachtisch?
3 Möchtest du ein Glas Milch?
4 Möchte sie eine Tasse Tee?
5 Möchten Sie ein Stück Käse?

The Imperative Forms: *du, ihr, Sie*

(a) **du**-imperative

	geh an die Tafel!
Peter,	**schreib** den Satz!
	nimm das Buch!

The **du**-imperative is formed by dropping the **-st** ending from the **du**-form of the present tense.

L Restate in the *du*-imperative form:

▷ Kommst du jetzt?   *Komm jetzt!*

1 Zahlst du jetzt?   Zahl jetzt!
2 Gehst du jetzt?   Geh jetzt!
3 Bleibst du jetzt?   Bleib jetzt!
4 Schreibst du jetzt?   Schreib jetzt!
5 Ißt du jetzt?   Iß jetzt!
6 Trinkst du jetzt?   Trink jetzt!
7 Sprichst du jetzt?   Sprich jetzt!

M Restate in the *du*-imperative form:

▷ Du nimmst die Torte.   *Nimm die Torte!*

1 Du gibst das Geld.
2 Du ißt das Brot.
3 Du nimmst das Papier.
4 Du gibst Eva die Tassen.
5 Du ißt das Fleisch.
6 Du nimmst ein Brötchen.

(b) **ihr**-imperative

Hans und Inge, | **schreibt** den Satz!
               | **nehmt** noch ein Stück Kuchen!
               | **wartet** einen Augenblick!

The **ihr**-imperative is identical to the **ihr**-form of the present tense.

N Restate in the *ihr*-imperative form:

▷ Lernt ihr die Aufgabe?   *Lernt die Aufgabe!*

1 Bringt ihr die Teller?
2 Macht ihr die Aufgaben?
3 Geht ihr an die Tafel?
4 Kauft ihr die Gläser?
5 Eßt ihr den Nachtisch?
6 Nehmt ihr die Brötchen?
7 Gebt ihr Karl Geld?

(c) **Sie**-imperative

Herr und Frau Schmidt, | **antworten Sie!**
bleiben Sie hier!
kommen Sie jetzt!
wandern Sie viel!

The **Sie**-imperative is identical to the **Sie**-form of the present tense. The pronoun **Sie** is always stated and follows the verb.

O Restate in the *Sie*-imperative form:

▷ Bleiben Sie hier?   *Bleiben Sie hier!*

1 Spielen Sie Tennis?
2 Schwimmen Sie viel?
3 Wandern Sie oft?
4 Reiten Sie nicht?
5 Gehen Sie bergsteigen?
6 Üben Sie viel?

Geh nicht **mit!**
Steht jetzt **auf!**
Machen Sie das Buch **zu!**

The separable prefix is the last element in an imperative sentence.

P Restate as *du-*, *ihr-*, or *Sie*-imperatives:

▷ Du kommst heute mit.   *Komm heute mit!*

1 Ihr kommt heute mit.   Kommt heute mit!
2 Sie kommen heute mit.   Kommen Sie heute mit!
3 Du machst die Tür zu.   Mach die Tür zu!
4 Ihr macht die Tür zu.   Macht die Tür zu!
5 Sie machen die Tür zu.   Machen Sie die Tür zu!
6 Du schreibst das Wort auf.   Schreib das Wort auf!
7 Ihr schreibt das Wort auf.   Schreibt das Wort auf!
8 Sie schreiben das Wort auf.   Schreiben Sie das Wort auf!

GRAMMATIK

The Future Tense

Ich **werde** Fußball **spielen.**
Du **wirst** Sport **treiben.**

Werden wir bei Schmidt **essen?**
Werdet ihr die Aufgabe gut **verstehen?**

The future tense is composed of **werden** and an infinitive. The infinitive is the last element in the sentence.

Er **wird** morgen **mitkommen.**
Werdet ihr die Fenster **zumachen?**

The separable prefix joins the infinitive in the future tense.

werden

ich **werde**	wir **werden**
du **wirst**	ihr **werdet**
er **wird**	sie **werden**

The **du-, er-,** and **ihr-**forms of **werden** are irregular.

Modal Auxiliaries: *dürfen, sollen, mögen*

dürfen	**sollen**	**mögen**
ich darf	ich soll	ich möchte
du darfst	du sollst	du möchtest
er darf	er soll	er möchte
wir dürfen	wir sollen	wir möchten
ihr dürft	ihr sollt	ihr möchtet
sie dürfen	sie sollen	sie möchten

dürfen expresses permission

Ich darf jetzt tanzen.
I am allowed to dance now.

sollen expresses obligation

Ich soll jetzt tanzen.
I am supposed to dance now.

mögen expresses liking

Ich möchte jetzt tanzen.
I would like to dance now.

Dürfen, sollen, and **mögen** are modal auxiliaries and function like **müssen, wollen,** and **können. Mögen** is used with a direct object as well as with a dependent infinitive; it is rarely used now except in the special forms **möchte, möchtest,** etc.

Compare the meanings of **müssen** and **dürfen** in the negative:

Ich muß nicht gehen.   I don't have to go (if I don't want to).
Ich darf nicht gehen.   I mustn't go.

The Imperative Forms: *du, ihr, Sie*

Peter, **komm** jetzt, bitte!
Peter und Maria, **kommt** jetzt, bitte!

Herr Schneider,
Herr und Frau Schneider, | **kommen Sie** jetzt, bitte!

The imperative forms are used to express commands. In German, there are three imperatives that correspond to the **du-, ihr-,** and **Sie-**forms of the present tense.

(a) **du**-imperative

Schreib den Brief!	**Antworte** nicht!	**Gib** mir Geld!
Komm morgen!	**Warte** auf Peter!	**Nimm** den Ball!

The **du**-imperative is formed by dropping **-st** of the **du**-form of the present tense. Verbs whose stem ends in **d** or **t** add **e** in the **du**-imperative.

(b) **ihr**-imperative

Schreibt den Brief!	**Antwortet** nicht!	**Gebt** mir Geld!
Kommt morgen!	**Wartet** auf Peter!	**Nehmt** den Ball!

The **ihr**-imperative is identical to the **ihr**-form of the present tense.

(c) **Sie**-imperative

Schreiben Sie den Brief!	**Antworten Sie** nicht!	**Geben Sie** mir Geld!
Kommen Sie morgen!	**Warten Sie** auf Peter!	**Nehmen Sie** den Ball!

The **Sie**-imperative is identical to the **Sie**-form of the present tense. The pronoun **Sie** is always stated and follows the verb.

Komm heute **mit!**
Macht die Fenster **zu!**
Schreiben Sie das Wort **auf!**

The separable prefix stands last in an imperative sentence. Note that in German an exclamation mark is used after a command.

(d) The imperative forms of **sein**:

Sei ruhig!
Seid ruhig! | Be quiet!
Seien Sie ruhig!

The **du-** and **Sie-**imperative forms of **sein** are irregular.

WIEDERHOLUNG

A Answer in German:

1 Haben Sie eine gute Fußballmannschaft?
2 Wo spielt man Fußball?
3 Wann spielen Sie Korbball?
4 Sind Sie ein Schwimmer?
5 Spielen Sie Klavier oder Trompete?

6 Tanzen Sie gern?
7 Haben Sie einen Plattenspieler?
8 Können Sie schlittschuhlaufen?
9 Sind Sie ein Bergsteiger?
10 Gehen Sie oft kegeln?

B Write sentences from the parts given:

1 Karl / aufstehen / um fünf Uhr
2 Er / sollen / lange / üben
3 Wir / mögen / heute / mitgehen
4 Jetzt / er / zumachen / die Tür
5 Wer / dürfen / aufschreiben / das Wort

C Change as many words as possible to the plural:

▷ Der Junge macht seine Schulaufgabe fertig.
Die Jungen machen ihre Schulaufgaben fertig.

1 Das Kind ißt sein Brötchen.
2 Das Mädchen nimmt sein Buch.
3 Die Schülerin macht ihr Heft zu.
4 Die Frau soll ein Brot kaufen.

5 Der Schüler darf tanzen gehen.
6 Unsere Mannschaft soll heute gut
spielen.

D Make up appropriate questions for the following pictures:

Hans und Günther spielen jeden Tag Fußball.

1 Wer . . . ?
2 Was . . . ?
3 Wann . . . ?

Peter und Hans gehen im Winter kegeln.

1 Wer . . . ?
2 Was . . . ?
3 Wann . . . ?

E Give German equivalents:

1 Would you like to play tennis?
2 Would you like to go swimming?
3 Would you (*pl.*) like to play soccer?
4 Would you like to eat ice cream?
5 Wouldn't you like to work?
6 You shouldn't eat so much.
7 You shouldn't stay so long.
8 You mustn't sleep so long.
9 You mustn't bowl so much.
10 He should practice today.

F Write a five-line conversation based on the following situation:

A soccer match is going on. Anna arrives late and excuses herself. She asks what the score is. Inge replies that the score is four to two. When Anna asks why the game is going so badly, Inge tells her that Peter Schmidt is sick and cannot play today.

VOKABELN

Substantive

der Apparat, –e apparatus, machine, instrument
der Bergsteiger, – (male) mountain climber
die Bergsteigerin (female) mountain climber

der Frühling spring
der Fußball soccer
die Halbzeit half time
der Herbst fall, autumn
die Jahreszeit, –en season
der Korbball basketball

die **Mannschaft, –en** team
der **Plattenspieler, –** record player
das **Radio, –s** radio
der **Reiter** horseback rider
die **Reparatur, –en** repair
der **Schlittschuhläufer, –** skater
der **Schwimmer, –** swimmer
der **Segler, –** a person who sails
der **Skiläufer, –** skier
der **Sommer** summer
das **Spiel, –e** game
der **Sport** sports
das **Stadion** stadium
der **Tennisspieler, –** tennis player
die **Trompete** trumpet
der **Wanderer, –** hiker
der **Winter** winter
die **Woche, –n** week

Verben

auf-passen to pay attention, watch
bergsteigen to climb (mountains)
dürfen may, to be permitted to
entschuldigen to pardon, excuse
fern-sehen to watch TV
kegeln to bowl
los-gehen to begin; to set out
mit-bringen to bring along
mit-nehmen to take along
mögen to like
reiten to ride, go on horseback
sagen to say, tell, speak
schlittschuh-laufen to skate, go iceskating
schwimmen to swim
segeln to sail
ski-laufen to ski
sollen to be supposed to, should
stehen to stand
steigen to climb
tanzen to dance
üben to exercise, practice

wandern to hike, wander, ramble
werden (*aux. of future tense*) shall, will

Andere Wörter

allein alone
besser (*comp. of* **gut**) better
daß (*conj.*) that
dieser, diese, dieses this, that
ganz whole, entire
im = **in** + **dem** in the
jeder, jede, jedes each, every (one)
kaputt broken, out of order
mal *"flavoring word" which implies urging by the speaker*
manchmal sometimes
nächster, nächste, nächstes next, nearest
null zero, nothing
ruhig quiet
schlecht bad, badly
schon *"flavoring word" implying possibility and certainty*
sondern but, on the contrary

Besondere Ausdrücke

Entschuldige bitte!
Entschuldigt bitte! } Excuse me, please.
Entschuldigen Sie bitte!
das heißt that is (to say)
Das geht nicht. That's impossible. That doesn't work.
Es geht los. The game is starting.
Was ist denn los? What's the matter?
Klar! Certainly, of course!
Ich möchte schon. I surely would like to.
nächstes Mal = **das nächste Mal** next time
sag mal now, just tell me
Sport treiben to participate in sports
Wie steht das Spiel? What's the score?
fünf zu null five to nothing
Wie wäre es mit Tanzen? How about dancing?

Heute ist Samstag.

Auf dem Markt

Samstag° ist von acht bis ein Uhr Markt. Frau Neubert wird auf° den Markt gehen und Obst und Gemüse kaufen.

MARKTFRAU	Guten Morgen, was darf es heute sein?°
FRAU NEUBERT	Wieviel kosten diese Erdbeeren?
MARKTFRAU	Zwei Mark das Pfund.° Jene Erdbeeren kosten nur eine Mark fünfzig. Sie sind nicht so groß.
FRAU NEUBERT	Geben Sie mir diese Erdbeeren zu zwei Mark! Zwei Pfund, bitte.
MARKTFRAU	Gerne. Wie wär's mit Tomaten? Wir haben Tomaten zu fünfundsiebzig Pfennig. Und dann noch solchen° schönen Salat° zu fünfunddreißig Pfennig.
FRAU NEUBERT	Geben Sie mir diesen Salatkopf!° Haben Sie auch Apfelsinen?
MARKTFRAU	Jawohl. Jede Apfelsine kostet fünfzig Pfennig.
FRAU NEUBERT	Geben Sie mir fünf! Was macht das zusammen?
MARKTFRAU	Das macht zusammen sechs Mark fünfundachtzig.

Frau Neubert zahlt und geht nach Hause. Heute nachmittag wird sie eine Erdbeertorte backen, denn ihr Mann und ihre Kinder essen Erdbeertorte besonders° gerne.

Samstags ist von acht
bis ein Uhr Markt.

FRAGEN

1 Welche Erdbeeren kauft Frau Neubert?
2 Möchte Frau Neubert auch Salat?
3 Wieviel kostet jede Apfelsine?
4 Was macht Frau Neubert mit den Erdbeeren?
5 Wer ißt gern Erdbeertorte?

Nach der Schule

Emil und Ilse sind Freunde. Nach der Schule gehen sie immer zusammen nach
Hause. Manchmal essen sie ein Eis oder trinken eine Cola. Aber heute hat
Ilse keine Zeit für° ein Eis. Morgen um vier hat sie Klavierstunde° und muß
noch üben.

EMIL	Und wie wär's mit morgen abend?
ILSE	Morgen abend habe ich Tanzstunde.° Es tut mir leid, Emil, aber diese Woche habe ich leider keine Zeit.
EMIL	Also schön.° Möchtest du am Samstag ins Kino gehen?
ILSE	Warum nicht? Samstags° gehe ich sehr gerne ins Kino. Wird der Film auch interessant sein?
EMIL	Das weiß ich noch nicht. Morgen werde ich dir sagen, wie er heißt.
ILSE	Also tschüß,° bis morgen!

FRAGEN
1 Warum hat Ilse keine Zeit für ein Eis?
2 Was macht Ilse morgen abend?
3 Wann geht Ilse gerne ins Kino?
4 Weiß Emil, wie der Film heißt?

Der Fernsehapparat

Jeden Samstag spielt Herr Lehmann ganz begeistert° Fußball. Um vier Uhr sieht er immer das Fußballspiel im Fernsehen.° Aber diese Woche ist der Apparat kaputt und Frau Lehmann bringt ihn zur° Reparatur. Am Samstagmorgen soll sie ihn abholen.°

ELEKTRIKER	Guten Tag, Frau Lehmann!
FRAU LEHMANN	Guten Tag! Ich möchte unsren Fernsehapparat abholen.
ELEKTRIKER	Jawohl. Er geht wieder ausgezeichnet.
FRAU LEHMANN	Schön. Mein Mann will um vier Uhr das Fußballspiel sehen.
ELEKTRIKER	Das kann er. Hören Sie° nur, wie gut der Apparat jetzt geht.
FRAU LEHMANN	Ich höre ausgezeichnet. Aber wo bleibt das Bild?°
ELEKTRIKER	Das Bild? Hat der Apparat kein Bild? Ach so° . . . , kein Bild. Ja, was ist denn da los?
FRAU LEHMANN	Jetzt ist das auch noch kaputt.
ELEKTRIKER	Na,° Frau Lehmann, ich kann den Apparat schon reparieren.°
FRAU LEHMANN	Das seh' ich. So viel kann mein Mann auch. Und für weniger Geld.

FRAGEN
1 Wann spielt Herr Lehmann immer ganz begeistert Fußball?
2 Warum bringt Frau Lehmann den Apparat zur Reparatur?

3 Wann soll Frau Lehmann den Apparat abholen?

4 Was ist heute mit dem Apparat los?

ÜBUNGEN

Der– words in the Nominative and Accusative

(a) **dieser** this

Nominative	Accusative
Dieser Apparat ist kaputt.	Ich repariere **diesen** Apparat.
Diese Uhr ist kaputt.	Ich repariere **diese** Uhr.
Dieses Auto ist kaputt.	Ich repariere **dieses** Auto.

Dieser takes the same case endings as the definite articles **der, die,** and **das.**

A Substitute the appropriate form of *dieser* for *der, die,* and *das:*

▷ Der Mann ist alt. *Dieser Mann ist alt.*

1 Die Frau ist jung. Diese Frau ist jung.
2 Das Mädchen ist blaß. Dieses Mädchen ist blaß.
3 Der Junge ist groß. Dieser Junge ist groß.
4 Das Kind ist krank. Dieses Kind ist krank.
5 Der Stuhl ist schwarz. Dieser Stuhl ist schwarz.
6 Die Tür ist braun. Diese Tür ist braun.
7 Das Papier ist weiß. Dieses Papier ist weiß.
8 Der Bleistift ist gelb. Dieser Bleistift ist gelb.

B Use the appropriate form of *dieser:*

▷ Dieser Salat schmeckt gut. *Iß diesen Salat!*

1 Diese Tomate schmeckt gut. Iß diese Tomate!
2 Diese Birne schmeckt gut. Iß diese Birne!
3 Dieser Apfel schmeckt gut. Iß diesen Apfel!
4 Diese Apfelsine schmeckt gut. Iß diese Apfelsine!
5 Dieser Pudding schmeckt gut. Iß diesen Pudding!
6 Dieser Käse schmeckt gut. Iß diesen Käse!

	Plural	
Nominative		Accusative
Diese Apparate **Diese** Uhren **Diese** Autos	sind kaputt.	Ich repariere **diese** Apparate. **diese** Uhren. **diese** Autos.

C   Use the appropriate plural form of *dieser:*

▷   Die Birnen kosten eine Mark.   *Kaufen Sie diese Birnen!*

1   Die Tomaten kosten vierzig Pfennig.
2   Die Kartoffeln kosten dreißig Pfennig.
3   Die Kirschen kosten eine Mark.
4   Die Erdbeeren kosten zwei Mark.
5   Die Äpfel kosten sechzig Pfennig.
6   Die Erbsen kosten fünfzig Pfennig.

(b)   **jeder** (*each, every*), **welcher?** (*which?*), **mancher** (*many a, some*), **solcher** (*such*)

> **Jede** Birne kostet eine Mark.
> **Welchen** Salatkopf möchten Sie?
> **Manche** Bananen sind grün.
> **Solche** Kirschen kaufe ich nicht.

Jeder, welcher?, mancher, and **solcher** take the same case endings as **dieser** and the definite articles.

D   Form questions with the appropriate form of *welcher:*

▷   Dieses Buch liegt drüben.   *Welches Buch liegt drüben?*

1   Dieser Ball ist bunt.
2   Dieses Heft liegt hier.
3   Dieses Papier ist dünn.
4   Dieses Glas ist sehr groß.
5   Diese Tür ist braun.

E   Form questions with the appropriate form of *welcher:*

▷   Ich darf diesen Kuchen essen.   *Welchen Kuchen darf ich essen?*

1 Ich darf diese Suppe essen.

2 Ich darf diesen Salat essen.

3 Ich darf diesen Käse essen.

4 Ich darf diesen Saft trinken.

5 Ich darf diesen Tee trinken.

6 Ich darf dieses Eis essen.

F Restate in the plural, using the appropriate form of *mancher:*

▷ Das Buch ist rot.   *Manche Bücher sind rot.*

1 Der Film ist lang.   Manche Filme sind lang.

2 Das Kind hat Hunger.   Manche Kinder haben Hunger.

3 Die Mutter hat keine Zeit.   Manche Mütter haben keine Zeit.

4 Der Schüler hat kein Geld.   Manche Schüler haben kein Geld.

5 Die Banane ist schon gelb.   Manche Bananen sind schon gelb.

6 Die Schülerin paßt auf.   Manche Schülerinnen passen auf.

7 Der Reiter ist schnell.   Manche Reiter sind schnell.

G Use the appropriate form of *solcher:*

▷ Möchten Sie diese Kartoffeln?   *Nein, solche Kartoffeln kaufe ich nicht.*

1 Möchten Sie diese Kirschen?

2 Möchten Sie diese Erbsen?

3 Möchten Sie diese Eier?

4 Möchten Sie diese Tomaten?

5 Möchten Sie diese Wurst?

6 Möchten Sie dieses Brot?

H Form sentences with the appropriate form of *jeder:*

▷ das Haus   *Jedes Haus kostet viel.*

1 der Fernsehapparat

2 das Bild

3 der Plattenspieler

4 die Bank

5 das Radio

6 der Kühlschrank

7 die Klavierstunde

Wir-imperative

Gehen wir jetzt! Let's go now!
Schwimmen wir morgen! Let's swim tomorrow.

Wir-imperative is identical to the **wir**-form of the present tense. The pronoun **wir** is always stated and follows the verb.

I Restate in the *wir*-imperative form:

▷ Reiten wir morgen? *Ja, reiten wir morgen!*

1 Segeln wir heute?
2 Tanzen wir heute abend?
3 Kegeln wir heute nachmittag?
4 Gehen wir später schlittschuhlaufen?
5 Gehen wir bergsteigen?
6 Sehen wir heute fern?
7 Bringen wir unsren Freund mit?
8 Geben wir ihm Geld?
9 Kaufen wir Erdbeeren?

Expressions of Quantity

Erbsen kosten eine Mark *das* Pfund. Peas cost one mark *a* pound.
Kuchen kostet 50 Pfennig *das* Stück. Cake costs 50 pennies *a* piece.

J Restate the cost of the following things:

▷ Ein Pfund Kirschen kostet 40 Pf. *Kirschen kosten 40 Pf das Pfund.*

1 Ein Glas Cola kostet 60 Pf.	Cola kostet 60 Pf das Glas.
2 Ein Stück Torte kostet 50 Pf.	Torte kostet 50 Pf das Stück.
3 Eine Tasse Kaffee kostet 30 Pf.	Kaffee kostet 30 Pf die Tasse.
4 Ein Pfund Fleisch kostet 2 Mark.	Fleisch kostet 2 Mark das Pfund.
5 Ein Glas Milch kostet 30 Pf.	Milch kostet 30 Pf das Glas.
6 Eine Tasse Tee kostet 40 Pf.	Tee kostet 40 Pf die Tasse.
7 Ein Stück Käse kostet 90 Pf.	Käse kostet 90 Pf das Stück.
8 Ein Pfund Butter kostet 2 Mark.	Butter kostet 2 Mark das Pfund.

Nouns like *Junge* in the Accusative Singular

Nominative	Accusative
Das ist **der Junge.**	Ich sehe **den Jungen.**
Das ist **der Herr.**	Ich sehe **den Herrn.**
Das ist **der Student.**	Ich sehe **den Studenten.**

Some irregular **der**-nouns add **–n** or **–en** in the accusative singular.

K Restate as *du-*, *ihr-*, and *Sie*-imperatives:

▷ Ich hole den Herrn ab.

Hole den Herrn ab!
Holt den Herrn ab!
Holen Sie den Herrn ab!

1 Ich hole den Jungen.
2 Ich hole den Studenten.

GRAMMATIK

Der-words in the Nominative and Accusative

Singular

	Nominative	Accusative
(**der** Apparat)	**Dieser** Apparat ist kaputt.	Hans repariert **diesen** Apparat.
(**die** Uhr)	**Diese** Uhr ist kaputt.	Hans repariert **diese** Uhr.
(**das** Auto)	**Dieses** Auto ist kaputt.	Hans repariert **dieses** Auto.

Plural

Diese	Apparate Uhren Autos	sind kaputt.	Hans repariert **diese**	Apparate. Uhren. Autos.	

Dieser, jeder, jener (*that*), **welcher?, mancher,** and **solcher** take the same case endings as **der**; for that reason they are often grouped together as **der**-words.

Welcher? is an interrogative adjective and is always used at the beginning of a question.

Mancher and **solcher** are more frequently used in the plural form.

Jeder has no plural form.

Jener is rarely used in modern German.

The Imperative *wir*-form

Spielen wir Tennis!   Let's play tennis.
Gehen wir schlittschuhlaufen!   Let's go skating.

Wir-imperative is identical to the **wir**-form of the present tense. The pronoun **wir** is always stated and follows the verb.

Expressions of Quantity

Fleisch kostet *2 Mark das Pfund*.   Meat costs *2 marks a pound*.
Kuchen kostet *50 Pfennig das Stück*.   Cake costs *50 pennies a piece*.

German uses the definite article in expressions of quantity where English uses the indefinite article.

German also uses the singular of the monetary unit in stating prices.

Nouns like *Junge* in the Accusative Singular

Most nouns have the same form in the nominative and accusative cases. A few irregular **der**-nouns like **Junge**, however, add **–n** or **–en** in the accusative singular:

Nominative	Accusative
der Junge	den Junge**n**
der Herr	den Herr**n**
der Student	den Studen**ten**

WIEDERHOLUNG

A   Make the required changes:

1 Der Mann ist zu Hause.

Jeder . . . .
. . . Frau . . . .
Diese . . . .
. . . Mädchen . . . .
. . . Jungen . . . .
Manche . . . .
. . . Kinder . . . .
Welches . . . ?
. . . Schüler . . . ?
. . . Schülerin . . . ?

2 Das Fleisch kostet viel.

Dieses . . . .
. . . Apfel . . . .
. . . Äpfel . . . .
Jene . . . .
Jeder . . . .
Welcher . . . ?
. . . Brötchen . . . ?
. . . Käse . . . ?
Dieser . . . .
. . . Obst . . . .

B Write a six-line dialog based on the following picture:

C Answer in German:

   1 Haben Sie einen Fernsehapparat?
   2 Hat Ihre Schwester ein Radio?
   3 Hat Ihr Vater ein Auto?
   4 Hat Ihre Mutter einen Kühlschrank?
   5 Spielen Sie Klavier oder Trompete?
   6 Wie oft üben Sie Klavier?
   7 Welchen Sport treiben Sie?
   8 Wann spielt Ihre Fußballmannschaft?
   9 Können Sie segeln oder schwimmen?
10 Sind Sie ein Skiläufer?

D Say that . . .

   1 you will buy tomatoes.   6 you will play soccer.
   2 he can buy milk.   7 they want to play basketball.
   3 they want to eat bread.   8 we are allowed to swim.
   4 we may drink coffee.   9 you have to practice piano.
   5 she is supposed to drink juice. 10 he can play the trumpet.

Der deutsche Nationalsport

people

because

similar

of the world

most popular sport

knows

next to

spectators

a few / both

kick / head / goal

goal keeper

weder . . . noch:
  neither nor

touch

lasts / one and a
  half

injured /

without

In der Fußballsaison gehen viele Leute° am Sonntagnachmittag zu einem Fußballspiel, denn° Fußball ist der deutsche Nationalsport. Der deutsche Fußball
ist aber dem amerikanischen „football" gar nicht ähnlich.° Nur in Amerika
und Kanada spielt man „football" mit den Händen. In allen anderen Ländern
der Welt° ist Fußball ein Spiel für die Füße. Dieses Spiel ist wohl die beliebteste 5
Sportart° der Welt. In Deutschland hat jede Stadt ihre eigene Mannschaft, und
jedes Kind kennt° die Namen der Spieler seiner Stadt.

Viele deutsche Schulen haben ihre eigenen Schulmannschaften. Sie spielen
auf einem Platz neben° der Schule. Die Schüler trainieren nicht so viel wie in
Amerika. In der Pause gibt es keine „cheerleaders" und keine Musik. Zu- 10
schauer° gibt es auch nicht viele, nur einige° Schüler von beiden° Schulen.

Eine Fußballmannschaft hat elf Spieler. Der Fußball ist rund. Die Spieler
schießen° den Ball mit den Füßen oder mit dem Kopf.° Sie wollen ihn ins Tor°
der anderen Mannschaft schießen. Nur der Torwart° darf den Ball in die
Hände nehmen. Alle anderen Spieler dürfen den Ball weder° mit den Händen, 15
noch mit den Armen berühren.°

Ein Fußballspiel dauert° anderthalb° Stunden. Nach den ersten 45 Minuten
gibt es eine Pause von 15 Minuten. Alle Spieler sollen die ganzen anderthalb
Stunden spielen. Manchmal wird ein Spieler verletzt,° und die Mannschaft muß
ohne° ihn weiterspielen.   20

Wählen Sie die richtige Antwort!

1 In der Fußballsaison gehen viele Deutsche am . . . zu einem Fußballspiel.
a/ Sonntagvormittag *b*/ Sonntagnachmittag *c*/ Samstagvormittag
d/ Samstagabend

2 Eine Fußballmannschaft hat . . . Spieler.
a/ acht *b*/ zehn *c*/ elf *d*/ fünfzehn

3 Beim Fußballspiel schießen die Spieler den Ball mit den Füßen oder mit . . .
a/ dem Kopf *b*/ den Händen *c*/ den Armen *d*/ den Fingern

Die Spieler dürfen den Ball weder mit den Händen noch mit den Armen berühren.

4 Nur der Torwart darf den Ball . . .
   a/ ins Tor schießen   **b/** mit dem Kopf schießen
   c/ mit dem Fuß schießen   (**d/**) in die Hände nehmen

5 Ein Spiel dauert . . .
   a/ 75 Minuten   **b/** 60 Minuten   (**c/**) 90 Minuten   **d/** 45 Minuten

Richtig oder falsch?

1 Der amerikanische Nationalsport ist „football".
2 Das deutsche Fußballspiel ist die beliebteste Sportart der Welt.
3 Viele deutsche Schulen haben ihre eigenen Fußballmannschaften.
4 Die Schulmannschaften spielen in großen Stadien und vor Tausenden von Menschen.
5 Wenn ein Fußballspieler verletzt ist und nicht weiterspielen kann, muß seine Mannschaft mit zehn Mann weiterspielen.

VOKABELN

Substantive

das Bild, –er picture
die Cola cola
der Elektriker, – electrician
der Fernsehapparat, –e television set
das Fernsehen television
das Fußballspiel, –e soccer
das Klavier piano
die Klavierstunde, –n piano lesson
der Markt, ⸚e market (place)
die Marktfrau, –en market woman
der Pfennig, –e penny (smallest German
   monetary unit)
das Pfund, –e pound
der Salat lettuce
   der Salatkopf, ⸚e head of lettuce
der Samstag, –e Saturday
die Tanzstunde, –n dancing lesson

Verben

ab-holen to go get; to collect
backen to bake
hören to hear; to listen to

kosten to cost
reparieren to repair

Andere Wörter

auf to
begeistert enthused, inspired, animated
besonders especially
interessant interesting
jawohl yes, indeed
jener, jene, jenes that, those
mancher, manche, manches many a, some
samstags on Saturdays
solcher, solche, solches such a
tschüß so long
welcher, welche, welches which
zur = zu + der to the

Besondere Ausdrücke

Was darf es sein? May I help you?
Erdbeeren zu zwei Mark das Pfund straw-
   berries at two marks a pound
also schön well, OK then
ach so oh, I see
na (*interject.*) well

GESPRÄCHE

Unser Wagen ist kaputt.

Balkes Kindermädchen am Telefon

KINDERMÄDCHEN	Hier bei Balke.
HERR BALKE	Ah, Sie sind es, Erika!
	Ist meine Frau zu sprechen?
KINDERMÄDCHEN	Ja, sie ist gerade im Wohnzimmer.
	Soll ich sie holen?
HERR BALKE	Ja, bitte, holen Sie sie schnell!

VARIATIONEN

1 **Sie sind** es!
Du bist
Ihr seid
Er ist
Sie ist
Ich bin

2 Ist **meine Frau** zu sprechen?
mein Mann
dein Vater
unser Kindermädchen
Ihre Mutter
seine Schwester

3 Ihre Frau ist gerade **im Wohnzimmer.**
im Eßzimmer
im Schlafzimmer
im Park
im Kino
in der Konditorei

4 Bitte, holen Sie **meine Frau!**
sie
mein Kind
es
meinen Mann
ihn

FRAGEN 1 Wer antwortet bei Balkes?
2 Wo ist Frau Balke?
3 Was soll Erika tun?

Balkes Wagen ist kaputt.

HERR BALKE   Anni, hör mal! Ich bin in der Bergstraße.
Unser Wagen läuft nicht.

FRAU BALKE   Und was soll ich machen?

HERR BALKE   Ruf bitte unsre Werkstatt an!
Dann nimm ein Taxi
und warte hier auf den Abschleppwagen!

VARIATIONEN

1 Unser **Wagen** ist kaputt.
   Auto
   Plattenspieler
   Radio
   Fernsehapparat
   Kühlschrank

2 Was **soll** ich machen?
   kann
   muß
   darf
   werde
   will

3 Ruf **unsre Werkstatt** an!
   sie
   unsren Vater
   ihn
   unser Kindermädchen
   es

4 Dann nimm **ein Taxi!**
   ein Auto
   einen Wagen
   einen Abschleppwagen
   einen Bus
   einen Autobus

FRAGEN 1 Wo ist Herr Balke?
2 Was ist mit dem Wagen los?
3 Was soll Frau Balke tun?
4 Wie soll Frau Balke in die Bergstraße fahren?

Frau Balke wird sofort in die Stadt fahren.

FRAU BALKE   Warum soll denn ich unsren Wagen abholen?

HERR BALKE   Ich hab's eilig.
Man erwartet mich schon im Büro.

FRAU BALKE   Dann komme ich sofort.
Frau Lehmann fährt mich sicher in die Stadt.

HERR BALKE   Gut. Tschüß, Anni! Hier kommt meine Straßenbahn.
Und vergiß deinen Führerschein nicht!

Der Bus fährt nach Köln.

VARIATIONEN **1** Man erwartet **mich** im Büro.
     sie
     ihn
     sie
     es
     uns

2 **Sie fährt** sicher in die Stadt.
     Du fährst
     Er fährt
     Ihr fahrt
     Wir fahren
     Sie fahren

3 Hier kommt **meine Straßenbahn**.
     sie
     mein Bus
     er
     mein Auto
     es

4 Vergiß **deinen Führerschein** nicht!
     deinen Ball
     deine Trompete
     deinen Apparat
     deine Platten
     dein Geld

FRAGEN **1** Warum kann Herr Balke nicht auf den Abschleppwagen warten?
2 Wo erwartet man Herrn Balke?
3 Wer wird Frau Balke in die Stadt fahren?
4 Was soll Frau Balke nicht vergessen?

Aufgabe 11

AUSSPRACHE

In German, several distinct sounds are represented by the spelling **r**.

In initial position, between vowels, and after a consonant, **r** may represent either a uvular or a tongue-trilled **r**. The symbol [R] is used to represent the uvular **r**.

Initial *r*: [R]	*r* between vowels: [R]	*r* after a consonant: [R]
*R*ing	da*r*in	b*r*ing
*r*ufen	füh*r*en	t*r*ugen
*R*ock	ba*r*ock	*K*rokodil
*r*iechen	gie*r*ig	k*r*iechen
*r*ühmen	schnü*r*en	g*r*ünen
*r*ächen	Mä*r*e	sp*r*echen
*r*aunen	Mau*r*er	b*r*aun
*r*agt	wa*r*um	f*r*agt

The vowel sound [ʌ], occurs in unstressed final position: *fahr, Paar, fuhr.*
The vowel sound [ʌ], occurs in –*er* endings: *Vater, Mutter, Bruder.*

Practice the following drills, first vertically, then horizontally.

[ʌ]	[R]·	[ʌ]
fah*r*	fah*r*en	Vat*er*
Paa*r*	Paa*r*e	Pat*er*
fuh*r*	füh*r*en	Brud*er*
schnü*r*	schnü*r*en	bess*er*
Tü*r*	Tü*r*e	Mutt*er*
Tie*r*	Tie*r*e	Bau*er*
Tou*r*	Tou*r*en	Tell*er*
Bä*r*	Bee*r*e	Pet*er*

ÜBUNGEN

Accusative Case of Personal Pronouns

Nom.	Acc.
Ich verstehe Hans.	Hans versteht *mich.*
Du verstehst Hans.	Hans versteht *dich.*

A Use *mich* in your responses:

▷ du verstehst   *Du verstehst mich.*

1 du hörst
2 du holst
3 du siehst
4 du erwartest

B Use *dich* in your responses:

▷ ich verstehe   *Ich verstehe dich.*

1 ich höre
2 ich hole
3 ich sehe
4 ich erwarte

C Respond as indicated, using *auch:*

▷ Ich verstehe dich.   *Du verstehst mich auch.*

1 Ich höre dich.
2 Ich hole dich.
3 Ich sehe dich.
4 Ich erwarte dich.

	Nom.	Acc.
	Wir sehen Hans.	Hans sieht ***uns.***
	Ihr seht Hans.	Hans sieht ***euch.***

D Use *euch* in your responses:

▷ wir verstehen   *Wir verstehen euch.*

1 wir hören
2 wir holen
3 wir sehen
4 wir erwarten

E Use *uns* in your responses:

▷ ihr versteht   *Ihr versteht uns.*

1 ihr hört
2 ihr holt
3 ihr seht
4 ihr erwartet

F Respond as indicated, using *auch:*

  ▷ Ihr hört uns.   *Wir hören euch auch.*

  1 Ihr versteht uns.
  2 Ihr seht uns.
  3 Ihr erwartet uns.
  4 Ihr holt uns.

Nom.	Acc.
Er sieht Hans.	Hans sieht *ihn.*
Sie sieht Hans.	Hans sieht *sie.*
Es (das Kind) sieht Hans.	Hans sieht *es.*

G Use *ihn* in your responses:

  ▷ sie versteht   *Sie versteht ihn.*

  1 sie hört
  2 sie holt
  3 sie sieht
  4 sie erwartet

H Use *sie* in your responses:

  ▷ er versteht   *Er versteht sie.*

  1 er hört
  2 er holt
  3 er sieht
  4 er erwartet

I Respond as indicated, using *auch:*

  ▷ Er hört sie.   *Sie hört ihn auch.*

  1 Er versteht sie.
  2 Er sieht sie.
  3 Er erwartet sie.
  4 Er holt sie.

	Nom.		Acc.
Sie	(die Brüder) (die Schwestern) (die Kinder)	hören Hans.	Hans hört *sie*.

J Replace the direct object nouns with the corresponding pronouns:

▷ Ihr erwartet die Frauen.   *Ihr erwartet sie.*

1 Ihr erwartet die Männer.
2 Ihr erwartet die Schüler.
3 Ihr erwartet die Schülerinnen.
4 Ihr erwartet die Lehrer.
5 Ihr erwartet die Jungen.
6 Ihr erwartet die Mädchen.

K Replace the direct object nouns with the corresponding pronouns:

▷ Ich sehe eine Frau.   *Ich sehe sie.*

1 Du hörst die Mutter.   Du hörst sie.
2 Ich sehe jenen Jungen.   Ich sehe ihn.
3 Wir holen den Vater ab.   Wir holen ihn ab.
4 Ich sehe drei Kinder.   Ich sehe sie.
5 Er sieht das Mädchen.   Er sieht es.
6 Ihr holt den Ober.   Ihr holt ihn.
7 Ihr ruft die Frau an.   Ihr ruft sie an.
8 Ihr vergeßt seine Brüder.   Ihr vergeßt sie.

L Form questions with the appropriate direct object pronoun:

▷ Er ist jetzt hier.   *Siehst du ihn?*

1 Ich bin jetzt hier.   Siehst du mich?
2 Sie ist jetzt hier.   Siehst du sie?
3 Wir sind jetzt hier.   Siehst du uns?
4 Sie sind jetzt hier.   Siehst du sie?
5 Es ist jetzt hier.   Siehst du es?
6 Werner ist jetzt hier.   Siehst du ihn?
7 Ilse ist jetzt hier.   Siehst du sie?

Kinder bitte an
die Hand nehmen!

M   Use the appropriate personal pronoun:

▷ ich   *Holen Sie mich schnell!*

1 er
2 es
3 wir
4 sie (*sg.*)
5 sie (*pl.*)

	Nom.	Acc.
	Der Teller ist da drüben.	Ich brauche *ihn*.
	Die Tasse ist da drüben.	Ich brauche *sie*.
	Das Glas ist da drüben.	Ich brauche *es*.

Die	**Teller** **Tassen** **Gläser**	sind da drüben.	Ich brauche *sie*.

N Replace the direct object nouns with the corresponding pronouns:

▷ Möchten Sie diesen Stuhl? *Ja, ich möchte ihn.*

1 Möchten Sie diese Bank?
2 Möchten Sie diesen Tisch?
3 Möchten Sie dieses Auto?
4 Möchten Sie diesen Fußball?
5 Möchten Sie diese Uhr?
6 Möchten Sie dieses Bett?
7 Möchten Sie dieses Radio?
8 Möchten Sie diesen Apparat?

O Replace the direct object nouns with the corresponding pronouns:

▷ Kauf viele Apfelsinen! *Kauf sie!*

1 Kauf diese Birnen!
2 Kauf dreizehn Äpfel!
3 Kauf solche Kartoffeln!
4 Kauf die Erdbeeren!
5 Kauf diese Erbsen!

Man

Man erwartet mich.
Man trinkt morgens Kaffee.

P Use *man* in your responses and make necessary changes:

▷ Ich habe es eilig. *Man erwartet mich.*

1 Er hat es eilig.
2 Wir haben es eilig.

3 Sie haben es eilig.

4 Du hast es eilig.

5 Ihr habt es eilig.

6 Sie hat es eilig.

GRAMMATIK

Accusative Case of Personal Pronouns

The nominative and accusative forms of the personal pronouns correspond as follows:

	Nominative	Accusative
Sg.	ich	mich
	du	dich
	er	ihn
	sie	sie
	es	es
Pl.	wir	uns
	ihr	euch
	sie	sie
	Sie (*formal*)	Sie (*formal*)

The third person accusative forms **ihn, sie,** and **es** are used when the pronouns refer to objects as well as to persons:

Sg.

Ich habe | den Teller. / die Tasse. / das Glas.   Ich habe | **ihn.** / **sie.** / **es.**

Pl.

Ich habe die | Teller. / Tassen. / Gläser.   Ich habe **sie.**

Man

| **Man erwartet mich.** | They (one, you, people) are waiting for me. |
| **Man trinkt morgens Kaffee.** | They (one, you, people) drink coffee in the morning. |

Man (equivalent to English "they," "one," "you," "people") is always used with the **er (sie, es)**-form of the verb.

WIEDERHOLUNG

A Answer in German:

  1 Haben Sie einen Wagen? Ist es ein Volkswagen?
  2 Wie ist Ihr Wagen? (rot, grün, groß, klein, . . .)
  3 Wie alt sind Sie? Haben Sie einen Führerschein?
  4 Läuft Ihr Wagen immer? Ist er oft in der Werkstatt?
  5 Rufen Sie gern Ihre Freunde an?
  6 Wann rufen Sie an? Abends? Mittags? Morgens?
  7 Wie viele Zimmer hat Ihr Haus?
  8 Haben Sie ein Wohnzimmer? Ein Eßzimmer? Ein Schlafzimmer?
  9 Wo essen Sie? Im Eßzimmer oder im Wohnzimmer?
 10 Wo steht das Bett?

B Replace each noun with the corresponding pronoun:

  1 Unser Vater kauft ein Auto.
  2 Deine Mutter kauft Obst.
  3 Meine Schwester sieht einen Film.
  4 Sein Lehrer bringt die Klassenarbeit.
  5 Euer Kindermädchen bringt den Apfelkuchen.
  6 Ihre Freundin kauft das Gemüse.

C Substitute *man* for the subjects of the following sentences:

  1 Morgens trinkt *Herr Balke* immer Saft.
  2 Mittags ißt *Frau Balke* immer Gemüse.
  3 Im Frühling spielst *du* Tennis.
  4 Im Herbst geht *Franz* wandern.
  5 Samstags gehen *wir* ins Kino.

D Substitute a form of *dieser* for the italicized words:

  1 Möchte *das* Kind ein Stück Kuchen essen?
  2 Wer bringt *die* Rechnung?
  3 *Die* Tasse Kaffee ist nicht warm.
  4 *Der* Mann zahlt immer.
  5 *Der* Wagen läuft nicht.
  6 Kaufen Sie *die* Tomaten?
  7 *Die* Geschwister haben großen Hunger.
  8 Warum ißt du *das* Brot?

Aufgabe 11   **149**

E Say in German that . . .

1 you are in a hurry.
2 he is in a hurry.
3 we are in a hurry.
4 you are taking a taxi.
5 he is taking that street car.
6 we are taking our car.

7 you will pick up the car at 10 a.m.
8 he will pick up the radio at 5:30.
9 we will pick up the clock tomorrow.
10 they (*man*) are waiting at home.
11 they are waiting at the office.
12 they are waiting in the park.

VOKABELN

Substantive

der Abschleppwagen,– tow truck
der Autobus, -se bus
das Büro, –s office
der Bus, –se bus
das Eßzimmer, – dining room
der Führerschein, –e driver's license
das Kindermädchen, – girl employed to take care of children
die Platte, –n record
das Schlafzimmer, – bedroom
die Stadt, ̈e town, city
die Straße, –n street
  Bergstraße Mountain Street
die Straßenbahn, –en streetcar
das Taxi, –s taxicab
der Wagen, – car
die Werkstatt, ̈en workshop
das Wohnzimmer, – living room

Verben

an-rufen to call (up), telephone

erwarten to wait for, expect
fahren (du fährst, er fährt) to drive; to travel
holen to get, fetch
laufen (du läufst, er läuft) to run; to go
vergessen (i) to forget

Andere Wörter

gerade just now, right now
sofort at once, immediately
dich (*acc. of* **du**) you (*sg.*)
euch (*acc. of* **ihr**) you (*pl.*)
ihn (*acc. of* **er**) him
mich (*acc. of* **ich**) me
uns (*acc. of* **wir**) us

Besondere Ausdrücke

Ist meine Frau zu sprechen? Could I talk to my wife?
Sie sind es! It's you!
in der Bergstraße on Mountain Street
Ich habe es eilig! I'm in a hurry!

LESESTÜCKE

Probleme

Inge muß zweimal abwaschen.°

Es ist schon sieben Uhr und Inge ist in der Küche.° Sie muß heute abwaschen.
Um halb acht möchte sie mit ihrer Freundin ins Kino gehen. Der Film fängt
um acht Uhr an.° Inges Bruder Peter ist im Wohnzimmer und sieht fern.

INGE	Peter, kannst du für mich abwaschen?
PETER	Und warum kannst du nicht abwaschen?
INGE	Ich hab's eilig. Ich möchte um halb acht ins Kino gehen.
PETER	Aber ich bin heute nicht dran,° ich bin erst morgen dran.
INGE	Das weiß ich. Aber hör mal: wenn° du heute für mich abwäschst, dann wasche ich morgen für dich ab.
PETER	Und übermorgen° auch?
INGE	Also schön, übermorgen auch.

FRAGEN
1 Was möchte Inge heute abend machen?
2 Was macht Peter im Wohnzimmer?
3 Warum hat es Inge eilig?
4 Wie oft muß Inge für Peter abwaschen?

Herr Braun ruft die Reparaturwerkstatt° an.

MECHANIKER	Hallo! Hier Müller-Reparaturwerkstatt.
HERR BRAUN	Hier spricht Hugo Braun. Ist der Chef° zu sprechen?
MECHANIKER	Es tut mir leid, Herr Braun. Es ist schon nach halb sieben. Der Chef ist nicht mehr hier.
HERR BRAUN	Mein Wagen läuft nicht. Er steht in der Gartenstraße. Können Sie ihn abholen?
MECHANIKER	Unmöglich,° Herr Braun, ich kann hier nicht weg.° Ich bin allein.
HERR BRAUN	Was soll ich dann machen?
MECHANIKER	Warten Sie, bis ich fertig bin! Dann fahre ich in die Gartenstraße. Ich bin in dreißig Minuten bei Ihnen.
HERR BRAUN	Danke sehr. Ich werde warten.

FRAGEN
1 Wen (*with whom*) möchte Herr Braun sprechen?
2 Warum ruft Herr Braun die Reparaturwerkstatt an?
3 Wo steht sein Wagen?
4 Wie lange soll Herr Braun auf den Mechaniker warten?

Herr Fischer vergißt seinen Führerschein.

Heute hat Frau Fischer Besuch.° Frau Stein und Frau Roth kommen zum Kaffee.° Jetzt ist Frau Fischer gerade im Garten. Sie schneidet° Blumen.° Sie möchte nämlich° alles° sehr hübsch° haben, wenn ihre Freundinnen kommen. Das Telefon klingelt.° Frau Fischer geht an den Apparat.

FRAU FISCHER	Hier bei Fischer.
HERR FISCHER	Trude, hör mal! Mein Führerschein liegt noch zu Hause. Kannst du ein Taxi nehmen und den Führerschein ins Büro bringen?
FRAU FISCHER	Unmöglich. Du weißt doch, Frau Stein und Frau Roth kommen bald° zum Kaffee. Sie können jeden Augenblick° kommen. Und ich muß noch Blumen schneiden, den Kaffee machen und den Kuchen schneiden.
HERR FISCHER	Also, dann muß ich selber° ein Taxi nehmen. Laß mir bitte ein Stück Kuchen übrig!°

FRAGEN
1 Für wen macht Frau Fischer alles hübsch?
2 Was hat Herr Fischer vergessen?
3 Warum hat Frau Fischer jetzt keine Zeit?
4 Was soll Frau Fischer übriglassen?

Um fünf Uhr ist Hauptverkehrszeit.

ÜBUNGEN

Verbs with Stem Vowel Change *a* > *ä* and *au* > *äu*

fahren	**laufen**	**ab-waschen**	**an-fangen**	**schlafen**
du fährst	du läufst	du wäschst ab	du fängst an	du schläfst
er fährt	er läuft	er wäscht ab	er fängt an	er schläft

A Substitute *du* for *ich:*

▷ Ich fahre nach Hause.   *Fährst du nach Hause?*

1 Ich fahre in die Stadt.   Fährst du in die Stadt?
2 Ich laufe in den Park.   Läufst du in den Park?
3 Ich laufe auf die Straße.   Läufst du auf die Straße?
4 Ich wasche das Auto.   Wäschst du das Auto?
5 Ich wasche die Teller.   Wäschst du die Teller?
6 Ich fange die Arbeit an.   Fängst du die Arbeit an?
7 Ich fange das Spiel an.   Fängst du das Spiel an?
8 Ich schlafe gern lange.   Schläfst du gern lange?

B Answer in the affirmative:

▷ Wird er um zehn fahren? *Ja, er fährt um zehn.*

1 Wird er nach Hause fahren?
2 Wird er in den Garten laufen?
3 Wird er dann abwaschen?
4 Wird er ins Haus laufen?
5 Wird er bald anfangen?
6 Wird er heute abwaschen?
7 Wird er morgen anfangen?
8 Wird er bei uns schlafen?

C Ask questions using the *du*-form of the verb:

▷ Darf ich Auto fahren? *Fährst du Auto?*

1 Darf ich in den Garten laufen?
2 Darf ich morgen anfangen?
3 Darf ich nach Hause laufen?
4 Darf ich ins Büro fahren?
5 Darf ich abwaschen?
6 Darf ich das Auto waschen?
7 Darf ich das Spiel anfangen?
8 Darf ich hier schlafen?

Du **fährst** in die Stadt.	**Fahr** in die Stadt!
Du **läufst** in den Park.	**Lauf** in den Park!
Du **wäschst** die Teller ab.	**Wasch** die Teller ab!
Du **fängst** die Arbeit an.	**Fang** die Arbeit an!

There is no stem vowel change in the **du**-imperative.

D Change to the *du*-imperative:

▷ Du fährst nach Berlin. *Fahr nach Berlin!*

1 Du läufst in den Garten.
2 Du wäschst jetzt ab.
3 Du fängst morgen an.
4 Du läufst nach Hause.
5 Du wäschst den Wagen.
6 Du schläfst jetzt.

Word Order with Adverbial Expressions of Time and Place

Ich gehe **morgen** *nach Hause.*
Wir gehen **um acht** *in die Stadt.*

When both time and place expressions are used after the verb, time precedes place.

E Add the suggested place expressions to the model sentence:

▷ Er kommt bald.
nach Hause

Er kommt bald nach Hause.

1 in die Stadt
2 ins Haus
3 ins Büro
4 in den Garten
5 in die Werkstatt

F Begin each sentence with *ich:*

▷ Morgen gehe ich nach Hause.

Ich gehe morgen nach Hause.

1 Jetzt gehe ich in die Schule.
2 Dann gehe ich in den Park.
3 Heute abend bin ich zu Hause.
4 Übermorgen gehe ich ins Kino.
5 Jeden Nachmittag fahre ich in
die Stadt.
6 Im Frühling fahre ich nach Bonn.

Ich gehe jetzt in die Schule.
Ich gehe dann in den Park.
Ich bin heute abend zu Hause.
Ich gehe übermorgen ins Kino.
Ich fahre jeden Nachmittag in die
Stadt.
Ich fahre im Frühling nach Bonn.

Accusative Case of *wer?* and *was?*

Karl sieht	den Mann. die Frau. das Kind. die Schüler.	**Wen** sieht Karl?
Karl sieht	den Ball. die Uhr. das Auto. die Bücher.	**Was** sieht Karl?

G Form questions with either *wen?* or *was?*

▷ Paul sieht seine Frau.   *Wen sieht er?*
    Paul sieht das Bild.   *Was sieht er?*

1 Paul sieht den Abschleppwagen.
2 Paul sieht diese Schülerin.
3 Paul sieht ein Kind.
4 Paul sieht unsren Sportwagen.
5 Paul sieht viele Schüler.
6 Paul sieht die Blumen.

GRAMMATIK

Verbs with Stem Vowel Change *a* > *ä* and *au* > *äu*

Fahren, laufen, abwaschen, anfangen, and **schlafen** make the following stem vowel changes in the **du-** and **er (sie, es)**-forms:

$$a > ä$$
$$a > äu$$

---

fahren to drive		**laufen** to run	
ich fahre	wir fahren	ich laufe	wir laufen
du fährst	ihr fahrt	du läufst	ihr lauft
er fährt	sie fahren	er läuft	sie laufen

abwaschen to wash dishes		**anfangen** to start	
ich wasche ab	wir waschen ab	ich fange an	wir fangen an
du wäschst ab	ihr wascht ab	du fängst an	ihr fangt an
er wäscht ab	sie waschen ab	er fängt an	sie fangen an

schlafen to sleep	
ich schlafe	wir schlafen
du schläfst	ihr schlaft
er schläft	sie schlafen

Fahr in die Stadt!   **Fang** bald an!
Lauf nach Hause!   **Schlaf** jetzt!
Wasch jetzt ab!

There is no stem vowel change in the **du–** imperative form.

Autorennen auf dem Nürburgring

Word Order with Adverbs of Time and Place

Ich gehe **morgen** *nach Hause.*
Wir gehen **um acht** *in die Stadt.*

When both time and place expressions are used after the verb, time precedes place.

Accusative of *wer?* and *was?*

Karl sieht	den Mann. die Frau. das Kind. die Kinder.	**Wen** sieht Karl?
Karl sieht	den Ball. die Tasse. das Auto. die Autos.	**Was** sieht Karl?

The accusative case of *wer?* is *wen?*
The accusative case of *was?* is *was?*

WIEDERHOLUNG

A Make up three questions based on each of the following statements:

Peter wäscht heute für seine Schwester Ilse ab.
1 Wer . . . ?
2 Wann . . . ?
3 Für wen . . . ?

Morgen fährt Frau Lehmann das Auto in die Werkstatt.
1 Wer . . . ?
2 Was . . ?
3 Wann . . . ?

Mein Wagen läuft nicht; der Motor ist kaputt.
1 Was . . . ?
2 Warum . . . ?
3 Wie . . . ?

B Rewrite the following statements, starting each sentence with the italicized part:

1 Um sieben Uhr geht *Ilse* ins Kino.
2 Übermorgen sind *wir* bei Helene.
3 Im Park sieht man im Frühling *viele Blumen*.
4 Morgens ißt *mein Vater* im Eßzimmer.
5 Sie kommt *oft* nach Hause.
6 In fünf Minuten bin *ich* in der Bergstraße.

C Replace each noun with the corresponding pronoun:

▷ Meine Tante trinkt Saft.   *Sie trinkt ihn.*

1 Unsere Mutter schneidet Blumen.
2 Ihr Vater vergißt seinen Führerschein.
3 Sein Freund hat den Fußball.
4 Ihre Kinder essen Apfelkuchen.
5 Die Schüler schreiben eine Klassenarbeit.
6 Deine Schwester macht ihren Führerschein.

D Change the *ihr*-imperative to the *du*-imperative:

▷ Fahrt nicht so schnell!   *Fahr nicht so schnell!*

1 Eßt euren Apfel!
2 Lauft nach Hause!

3 Gebt mehr Geld!

4 Wascht den Wagen!

5 Nehmt das Buch!

6 Fangt die Arbeit an!

E Complete the following dialog:

PETER   Ich habe heute nichts zu tun. Wie wär's mit Kegeln?

KARL   Leider habe ich heute keine Zeit. Ich soll meine Mutter in die Stadt fahren.

PETER   Wann fährst du sie in die Stadt?
Continue the dialog for 4 to 5 lines.

KULTURLESESTÜCK

language

Die deutsche Sprache°

similar / Isn't he right?

„Deutsch ist doch so ähnlich° wie Englisch", sagt John. Hat er nicht recht?°
Wir sagen *It is cold,* das ist auf deutsch *Es ist kalt.* Wir sagen *My father drinks water,* das ist auf deutsch *Mein Vater trinkt Wasser.*

Wie kommt das?

belong

Deutsch und Englisch gehören° zu einer Sprachfamilie. Zur Familie der 5
germanischen Sprachen gehören auch Sprachen wie Holländisch, Dänisch und
Schwedisch. Die germanischen Sprachen haben nicht nur ähnliche Wörter,

different

sondern auch eine ähnliche Grammatik. Im Deutschen gibt es verschiedene°
Endungen für den Artikel, das Verb, die Adjektive und die Substantive. Weil
die englische Sprache nicht so viele grammatische Endungen hat, ist Deutsch so 10

difficult

schwer° für englische und amerikanische Schüler.

Sie lernen jetzt Hochdeutsch. Das ist die offizielle Sprache Deutschlands,
Österreichs und der Schweiz. Auch im Hochdeutschen gibt es kleine Unter-

differences

schiede.° Der Deutsche sagt *Straße* und *Apfelsine* und der Österreicher sagt
Gasse und *Orange.* 15

besides

Es gibt neben° dem Hochdeutschen noch viele Dialekte. In Norddeutschland

almost

hört man zum Beispiel noch das Plattdeutsche. Das ist fast° wie Englisch. Im

Hochdeutschen sagt man *Da ist das Schiff* und die Hamburger sagen *Da is dat Schipp*. Was heißt das wohl auf Englisch?

Man findet im Englischen viele deutsche Wörter. Kleine Kinder gehen in den *Kindergarten*. Im Sommer bekommt man oft *Wanderlust*. Wenn jemand° niest,° wünscht man „*Gesundheit!*". Nach dem Zweiten Weltkrieg° sind viele 5 englische Wörter in die deutsche Sprache gekommen.° Man sagt jetzt in Deutschland *Teenager, Party, Make-Up, Manager* und *Hit, Song, Band* und *Fan*.

Wählen Sie die richtige Antwort!

1 Englisch und Deutsch sind . . . Sprachen.
a/ österreichische   *b*/ germanische   *c*/ gemeinsame
d/ amerikanische

2 Sprachen mit ähnlichen Wörtern und einer ähnlichen Grammatik gehören zu . . .
a/ einem Land   *b*/ einer Grammatik   *c*/ einer Sprachfamilie
d/ einer Familie

3 Die deutsche Sprache hat . . . grammatische Endungen als die englische Sprache.
a/ viele   *b*/ gute   *c*/ mehr   *d*/ weniger

4 Die offizielle Sprache in Deutschland, Österreich und der Schweiz ist . . .
a/ Plattdeutsch   *b*/ Niederdeutsch   *c*/ Hochdeutsch   *d*/ ein Dialekt

5 Ein Hamburger ist ein Mann aus . . .
a/ Frankfurt   *b*/ Süddeutschland   *c*/ Fleisch   *d*/ Hamburg

6 Ein Österreicher sagt *Gasse*. Für einen Deutschen ist das . . .
a/ ein Geldstück   *b*/ ein Geschenk   *c*/ eine Straße   *d*/ eine Freundin

7 Nach . . . sind viele englische Wörter in die deutsche Sprache gekommen.
a/ Weihnachten   *b*/ dem Zweiten Weltkrieg   *c*/ den Politikern
d/ dem letzten Winter

VOKABELN

Substantive

der Augenblick moment

der Besuch (*no pl.*) visitor, visitors, company

die Blume, –n flower

der Chef, –s chief, principal, boss

der Garten, ⁼ garden

die Küche, –n kitchen

der Mechaniker, – mechanic

der Motor, –en motor

die Reparaturwerkstatt repair shop

der Sportwagen, – sports car

Verben

ab-waschen (ä) to wash dishes
an-fangen (ä) to start
klingeln to ring
schneiden to cut
übrig-lassen (ä) to leave, leave over
waschen (ä) to wash

Andere Wörter

alles everything
bald soon
hübsch pretty
nämlich namely, that is (to say), you see
selber oneself; **ich selber** I myself
übermorgen (the) day after tomorrow

unmöglich impossible
weg away
wen? (*acc. of* **wer?**) whom?
wenn if
zweimal twice

Besondere Ausdrücke

Ich bin dran. It's my turn.
Du bist nicht dran. It's not your turn.
den Führerschein machen to get a driver's license
Ich kann hier nicht weg. I can't get away.
Sie hat Besuch. She has company.
zum Kaffee for coffee
jeden Augenblick any moment

GESPRÄCHE

Herzlichen Glückwunsch zum Geburtstag!

Sonntag hat Ursulas Bruder Geburtstag.

URSULA	Den wievielten haben wir heute?
INGE	Heute haben wir den ersten Februar.
	Warum fragst du?
URSULA	Sonntag hat mein Bruder Geburtstag.
	Ich muß noch ein Geschenk für ihn kaufen.

VARIATIONEN　　1　Heute haben wir den **ersten** Februar.
　　　　　　　　　　　　　　　zweiten
　　　　　　　　　　　　　　　dritten
　　　　　　　　　　　　　　　vierten
　　　　　　　　　　　　　　　fünften
　　　　　　　　　　　　　　　sechsten

　　　　　　　　　2　Sonntag hat **mein Bruder** Geburtstag.
　　　　　　　　　　　　mein Vater
　　　　　　　　　　　　meine Mutter
　　　　　　　　　　　　meine Schwester
　　　　　　　　　　　　mein Freund
　　　　　　　　　　　　meine Freundin

◀ *Tante Gerda und Onkel Rudi kommen auf Besuch.*

3 Ich muß ein Geschenk für **meinen Bruder** kaufen.

                                       ihn
                                       meine Schwester
                                       sie
                                       mein Kind
                                       es

FRAGEN   1 Wie heißen die Mädchen?
              2 Wann hat Ursulas Bruder Geburtstag?
              3 Hat Ursula ein Geschenk für ihren Bruder?

Geburtstagspläne

INGE   Bekommt ihr am Sonntag Besuch?
URSULA Ja, Tante Gerda und Onkel Rudi kommen.
           Sie werden den ganzen Tag bleiben.
INGE   Kommt auch dein Vetter Peter?
URSULA Nein, sie kommen leider ohne ihn.
           Er bleibt zu Hause, um zu lernen.

VARIATIONEN 1 Bekommt ihr **am Sonntag** Besuch?
                           heute
                           morgen
                           übermorgen
                           am Samstag
                           am Sonntag

              2 Sie werden **den ganzen Tag** bleiben.
                           den ganzen Sonntag
                           den ganzen Herbst
                           den ganzen Winter
                           den ganzen Frühling
                           den ganzen Sommer

              3 Sie kommen leider ohne **Peter.**   4 Er bleibt zu Hause, um zu **lernen.**
                           ihn   üben
                           Inge   spielen
                           sie   lesen
                           ihr Kind   schreiben
                           es   arbeiten

FRAGEN 1 Wer wird am Sonntag auf Besuch kommen?
2 Wie lange werden Tante Gerda und Onkel Rudi bleiben?
3 Warum kommt Peter nicht?

Herzlichen Glückwunsch!

ONKEL RUDI	Herzlichen Glückwunsch zum Geburtstag, Albert!
ALBERT	Danke schön. Und vielen Dank für das Fahrrad!
ONKEL RUDI	Leider ist das Wetter heute schlecht.
	Es ist zu kalt, um zu fahren.
ALBERT	Ja, es regnet und der Wind bläst.
	Aber morgen scheint vielleicht die Sonne.

VARIATIONEN

1 Vielen Dank für **das Fahrrad.**
    das Buch
    den Ball
    den Füller
    die Uhr
    die Trompete

2 Es ist zu kalt, um zu **fahren.**
    spielen
    laufen
    schwimmen
    segeln
    wandern

3 Heute **regnet es.**
    bläst der Wind
    ist es kalt
    ist es warm
    ist es sehr warm
    scheint die Sonne

FRAGEN 1 Was bekommt Albert von Onkel Rudi?
2 Wie ist das Wetter heute?
3 Wann wird die Sonne vielleicht scheinen?

Eine Radtour in die Schweiz

ALBERT	Nächsten Sommer machen Hans und ich eine Radtour.
	Wir fahren durch die Berge in die Schweiz.
TANTE GERDA	Wo werdet ihr denn schlafen?
ALBERT	Wir werden zelten, um Geld zu sparen.
TANTE GERDA	Wie lange werdet ihr wegbleiben?
ALBERT	Nur drei Wochen.

1 **Nächsten Sommer** mache ich eine Radtour.
Diesen Sommer
Nächsten Herbst
Diesen Herbst
Nächstes Jahr
Dieses Jahr

2 Wir fahren durch **die Schweiz.**
die Berge
die Stadt
die Straßen
den Park
das Stadion

3 **Wir werden** zelten, um Geld zu sparen.
Ihr werdet
Ich werde
Sie werden
Er wird
Du wirst

4 Wir bleiben **drei Wochen** weg.
drei Tage
zwei Jahre
vier Jahre
fünf Wochen
einen Tag

1 Was wollen Hans und Albert nächsten Sommer machen?
2 Wo werden sie schlafen?
3 Warum wollen sie zelten?
4 Wie lange werden sie wegbleiben?

AUSSPRACHE

Practice the following vowel sound:

[ə] as in *bitte, Söhne, kommen*
The [ə] sound occurs in unstressed *–e* and *–en* endings.

Do the following drill. Practice the pairs both vertically and horizontally.

[ə]	[ən]
bitte	bitten
beste	besten
braune	braunen
denke	denken
enge	engen
fahre	fahren
fehle	fehlen
frische	frischen

Now constrast [ə] with [ʌ]:

[ə]	[ʌ]
bitte	bitter
beste	bester
braune	brauner
denke	Denker
enge	enger
fehle	Fehler
frische	frischer

WORTSCHATZVERGRÖSSERUNG

Der Kalender

FEBRUAR

MONTAG	DIENSTAG	MITTWOCH	DONNERSTAG	FREITAG	SAMSTAG (Sonnabend)	SONNTAG
	1	2	3	4	5	6
7	8	9	10	11	12	13
14	15	16	17	18	19	20
21	22	23	24	25	26	27
28						

Wetterbericht (weather report)

MONTAG	Es schneit (snows).
	Es ist sehr kalt.
DIENSTAG	Der Wind bläst.
	Die Sonne scheint.
MITTWOCH	Der Wind bläst nicht mehr.
	Es ist warm.
DONNERSTAG	Die Sonne scheint,
	aber es ist sehr kühl (cool).
FREITAG	Die Sonne scheint nicht.
	Es ist kalt.
SAMSTAG	Es ist kühl.
	Es regnet den ganzen Tag.
SONNTAG	Es regnet morgens.
	Nachmittags scheint die Sonne.

FRAGEN

1 Wie heißen die Wochentage?
2 Was ist heute? Was ist morgen? Was ist übermorgen?
3 Haben Sie einen Kalender im Klassenzimmer?
4 Wie viele Tage hat der Februar?
5 Wie viele Sonntage hat der Februar?

ERZÄHLEN SIE! (*Tell Me!*)

1 Was machen Sie samstags?
  Gehen Sie reiten, schwimmen, segeln, schlittschuhlaufen, skifahren?
2 Gehen Sie samstags einkaufen?
  Müssen Sie in die Stadt fahren? Haben Sie ein Auto?
3 Was machen Sie Samstag abends?
  Gehen Sie vielleicht ins Kino? Gehen Sie tanzen? Kegeln Sie?

ÜBUNGEN

Prepositions that Take the Accusative Case

Das Kind läuft **durch** den Garten.
Mutti kauft Obst **für** mich.
Der Wind bläst **gegen** (*against*) das Fenster.
Hans kommt **ohne** seinen Bruder.
Ich gehe **um** (*around*) den Markt.

A   Use *durch* in your responses:

▷   Da ist das Zimmer.   *Gehen Sie durch das Zimmer?*

1 Da ist das Haus.   Gehen Sie durch das Haus?
2 Da ist der Garten.   Gehen Sie durch den Garten?
3 Da ist der Park.   Gehen Sie durch den Park?
4 Da ist die Stadt.   Gehen Sie durch die Stadt?
5 Da ist das Büro.   Gehen Sie durch das Büro?
6 Da ist die Werkstatt.   Gehen Sie durch die Werkstatt?

B   Use *für* in your responses:

▷   Mein Vater hat Geburtstag.   *Dieses Geschenk ist für meinen Vater.*

1 Eure Mutter hat Geburtstag.   Dieses Geschenk ist für eure Mutter.
2 Ihr Mann hat Geburtstag.   Dieses Geschenk ist für ihren Mann.
3 Meine Lehrerin hat Geburtstag.   Dieses Geschenk ist für meine Lehrerin.
4 Unser Bruder hat Geburtstag.   Dieses Geschenk ist für unsren Bruder.
5 Deine Tante hat Geburtstag.   Dieses Geschenk ist für deine Tante.
6 Sein Onkel hat Geburtstag.   Dieses Geschenk ist für seinen Onkel.

C   Use *für* in your responses:

▷   Ich habe kein Geld.   *Er zahlt für mich.*

1 Du hast kein Geld.   Er zahlt für dich.
2 Wir haben kein Geld.   Er zahlt für uns.
3 Anna und Ilse haben kein Geld.   Er zahlt für sie.
4 Sie hat kein Geld.   Er zahlt für sie.
5 Hans hat kein Geld.   Er zahlt für ihn.
6 Ihr habt kein Geld.   Er zahlt für euch.
7 Klaus und ich haben kein Geld.   Er zahlt für uns.

D   Use *gegen* in your responses:

▷   Haus   *Der Wind bläst gegen das Haus.*

1 Bank
2 Park
3 Auto
4 Straßenbahn
5 Berg
6 Stadion
7 Stadt

E   Use *gegen* and a pronoun in your responses:

> ▷   Er ist nicht für Klaus.   *Er ist gegen ihn.*

     1   Er ist nicht für den Lehrer.
     2   Wir sind nicht für die Lehrerin.
     3   Wir sind nicht für Barbara.
     4   Ihr seid nicht für Inge und Peter.
     5   Emil ist nicht für mich.
     6   Sie ist nicht für euch.
     7   Du bist nicht für uns.

F   Use *ohne* in your responses:

> ▷   Bleistift   *Hans kommt ohne seinen Bleistift.*

     1   Onkel
     2   Trompete
     3   Fahrrad
     4   Tante
     5   Buch
     6   Uhr
     7   Freund
     8   Schulaufgabe

G   Use *ohne* in your responses:

> ▷   Ich komme spät.   *Gehen Sie ohne mich!*

     1   Er kommt spät.
     2   Sie kommt spät.
     3   Das Kind kommt spät.
     4   Wir kommen spät.
     5   Die Jungen kommen spät.
     6   Die Mädchen kommen spät.
     7   Die Kinder kommen spät.
     8   Anna und ich kommen spät.

H   Use *um* in your responses:

> ▷   Haus   *Warum läuft er um das Haus?*

     1   Schule
     2   Tisch
     3   Markt

4 Auto
5 Garten
6 Park
7 Stadion
8 Schreibtisch

| Pluralize all objects of prepositions:

▷ Sie geht durch das Zimmer.   *Sie geht durch die Zimmer.*

1 Er kommt ohne seinen Bruder.
2 Ich kaufe Geschenke für ihn.
3 Du bist gegen den Film.
4 Wir laufen um den Tisch.
5 Ihr geht ohne meine Schwester.
6 Sie spricht für ihren Bruder.
7 Ich fahre um die Stadt.
8 Sie holen Blumen für ihren Lehrer.

Heute ist es sehr kalt. Es schneit.

Accusative Prepositional Contractions

Er läuft **durchs** Haus.
Ich kaufe Stühle **fürs** Wohnzimmer.
Wir gehen **ums** Kino.

J Restate, using contractions wherever possible:

▷ Ich kaufe einen Ball für das
Fußballspiel.   *Ich kaufe einen Ball fürs Fußballspiel.*

1 Wir kaufen einen Tisch für das Eßzimmer.
2 Sie kauft Bleistifte für das Büro.
3 Er kauft Bananen für das Kind.
4 Sie geht durch das Zimmer.
5 Sie gehen durch das Haus.
6 Ich laufe um das Stadion.
7 Du läufst um das Auto.
8 Sie läuft um das Klavier.

Ohne (. . .) *zu, um* (. . .) *zu* + infinitive

Er kommt, um zu lernen.	He comes in order to study.
Er geht, ohne zu sprechen.	He leaves without speaking.
Er kommt, um Bücher zu kaufen.	He comes in order to buy books.
Er geht, ohne Bücher zu kaufen.	He goes without buying (any) books.

Ohne (. . .) **zu** and **um** (. . .) **zu** are always followed by the infinitive.

K Substitute the infinitives given:

▷ Er macht es, ohne zu denken.
üben   *Er macht es, ohne zu üben.*

1 fragen
2 sprechen
3 schreiben
4 lesen

▷ Sie geht nach Hause, um zu essen.
trinken   *Sie geht nach Hause, um zu trinken.*

1 schlafen
2 lernen

3 arbeiten

4 üben

L Combine the two sentences, using *ohne zu:*

▷ Er arbeitet. Er spricht nicht.   *Er arbeitet, ohne zu sprechen.*

1 Er arbeitet. Er spricht nicht.

2 Er arbeitet. Er schläft nicht.

3 Er geht. Er ißt nicht.

4 Er geht. Er trinkt nicht.

5 Er geht. Er zahlt nicht.

6 Er geht. Er antwortet nicht.

M Combine the two sentences, using *um zu:*

▷ Wir kommen.
Wir wollen Bücher kaufen.   *Wir kommen, um Bücher zu kaufen.*

1 Wir kommen. Wir wollen heute tanzen.

2 Wir kommen. Wir wollen etwas lernen.

3 Wir kommen. Wir wollen schwimmen gehen.

4 Wir kommen. Wir wollen dich sehen.

5 Wir kommen. Wir wollen gut essen.

6 Wir kommen. Wir wollen Peter sprechen.

Sie geht, **ohne** den Wagen **abzuholen.**
Er schläft jetzt, **um** früh **aufzustehen.**

When **ohne** (...) **zu** and **um** (...) **zu** are used with separable prefix verbs, **zu** comes between the prefix and the basic verb.

N Combine the two sentences, using *um zu:*

▷ Sie kommt jetzt. Sie will mitfahren.

    Sie kommt jetzt, um mitzufahren.

1 Sie geht jetzt. Sie will abwaschen.   Sie geht jetzt, um abzuwaschen.

2 Sie geht jetzt. Sie will bald anfangen.   Sie geht jetzt, um bald anzufangen.

3 Sie schläft jetzt. Sie will früh aufstehen.   Sie schläft jetzt, um früh aufzustehen.

4 Sie geht jetzt. Sie will dich abholen.   Sie geht jetzt, um dich abzuholen.

5 Sie bleibt jetzt. Sie will ihn anrufen.   Sie bleibt jetzt, um ihn anzurufen.

O Complete with either *kaufen* or *zu kaufen:*

▷ Wir wollen etwas . . .   Wir wollen etwas kaufen.
   Wir kommen, um etwas . . .   Wir kommen, um etwas zu kaufen.

1 Wir sollen etwas . . .
2 Wir gehen, ohne etwas . . .
3 Wir müssen etwas . . .
4 Wir gehen, um etwas
5 Wir dürfen etwas . . .
6 Wir kommen, ohne etwas . . .
7 Wir sparen, um etwas . . .

GRAMMATIK

Prepositions that Take the Accusative Case

Ich laufe **durch**	**den** Garten. **das** Haus. **die** Stadt.	Der Wind bläst **gegen**	**diesen** Wagen. **dieses** Fenster. **diese** Tür.
Er tut es **für**	**jeden** Mann. **jedes** Kind. **jede** Frau.	Sie kommt **ohne**	**ihren** Bruder. **ihr** Kind. **ihre** Schwester.
Wir fahren **um**	**einen** Park. **ein** Haus. **eine** Stadt.		

The prepositions **durch, für, gegen, ohne,** and **um** take the accusative case.

Accusative Prepositional Contractions

Er läuft **durchs** Haus.
Ich kaufe Stühle **fürs** Wohnzimmer.
Wir gehen **ums** Kino.

The prepositions **durch, für** and **um** often contract with the accusative form of the **das**-word.

durch das > durchs   für das > fürs   um das > ums

Ohne (...) zu, um (...) zu + infinitive

Er kommt, **um zu** lernen.
Er geht, **ohne zu** sprechen.

Er kommt, **um** Bücher **zu** kaufen.
Er geht, **ohne** Bücher **zu** kaufen.

Ohne (...) zu and **um (...) zu** are always followed by the infinitive.

Sie geht, **ohne** den Wagen **ab**zu**holen**.
Er schläft jetzt, **um** früh **auf**zu**stehen**.

When **ohne (...) zu** and **um (...) zu** are used with separable prefix verbs, **zu** comes between the prefix and the basic verb.

Im Sommer werden wir wandern gehen.

WIEDERHOLUNG

A   Substitute the appropriate pronoun for the italicized words:

1 *Die Schüler* fahren durch die Stadt.
2 Meine Tante Gerda hat Erdbeeren für *meine Mutter*.
3 Gustav kommt leider ohne *seinen Vetter Heinz*.
4 Warum läuft *der Junge* um das Haus?
5 Was hast du gegen *diesen Jungen?*
6 Durch dieses Fenster sieht man *den Park*.
7 Ich arbeite für *meinen Vater*.
8 Wir sind gegen *Peter*.
9 Ohne *seine Mutter* kann er nichts machen.
10 *Die Mannschaft* läuft um das Stadion.

B   Complete the following sentences with an appropriate infinitive:

1 Er bleibt zu Hause, um Schulaufgaben zu . . .
2 Sie arbeitet die ganze Nacht, ohne zu . . .
3 Wir fahren in die Stadt, um den Wagen . . .
4 Sie geht ins Kino, ohne zu . . .
5 Du gehst in den Garten, um Blumen zu . . .
6 Ihr geht auf den Markt, ohne etwas zu . . .

C   Pluralize as many words as possible:

1 Dieses Haus ist braun, jenes Haus ist rot.
2 Welchen Film will sie sehen?
3 Dieser Mann ist sehr dick, diese Frau ist sehr dünn.
4 Ist das Auto schwarz oder weiß?
5 Fahr nicht so schnell!

Singularize as many words as possible:

1 Wünschen die Damen etwas zu essen?
2 Fahrt ihr diesen Sommer in die Schweiz?
3 Habt ihr eure Räder hier?
4 Macht die Fenster auf!
5 Wir kaufen Geschenke für unsre Brüder.

D Make up questions based on the following sentences, using appropriate interrogative expressions for the italicized words:

1 Ich mache *meine Schulaufgabe* fertig.
2 *Mein Onkel Walter* trinkt gern Kaffee.
3 Wir kaufen ein Pfund Erdbeeren *für Günther*.
4 *In drei Tagen* machen wir eine Radtour.
5 Wir zelten, *um Geld zu sparen*.
6 Peters Rad ist *grün und weiß*.
7 Karl wird *Dienstag* achtzehn Jahre alt.
8 Morgen haben wir *den ersten Februar*.
9 Meine Tante ist gerade *im Wohnzimmer*.

E Write a paragraph based on the following situation:

Ilse is eighteen years old. She already has her driver's license. Today she is going to drive to the city to buy a cake. Tomorrow is Peter's birthday. Peter is Ilse's brother.

She goes into the coffee shop and buys the cake. Her friend Käthe is in the coffee shop, and the two girls drink a cup of coffee together. Then Ilse goes home.

VOKABELN

Substantive

der Berg, –e mountain
der Bericht, –e report
der Dienstag, –e Tuesday
der Donnerstag, –e Thursday
das Fahrrad, ⸚er bicycle
der Februar February
der Freitag, –e Friday
der Geburtstag, –e birthday
Geburtstagspläne plans for a birthday party
das Geschenk, –e gift, present
der Glückwunsch, ⸚e congratulations
der Kalender, – calendar

der Mittwoch, –e Wednesday
der Montag, –e Monday
der Onkel, – uncle
das Rad, ⸚er bike
die Radtour, –en bicycle trip
die Schweiz Switzerland
der Sonnabend, –e Saturday
die Sonne, –n sun
der Sonntag, –e Sunday
die Tante, –n aunt
die Tour, –en tour
der Vetter, –n (male) cousin
das Wetter weather
der Wind, –e wind
der Wochentag, –e day of the week

Verben

bekommen to get, receive

blasen (ä) to blow

ein-kaufen to shop

erzählen to tell, narrate

fragen to ask, question

lernen to learn; to study

regnen to rain

scheinen to shine; **die Sonne scheint** the sun is shining

schneien to snow

sparen to save; to economize, cut down expenses

zelten to camp (in a tent)

Andere Wörter

dritt(en) third

durch (+ *acc.*) through

gegen (+ *acc.*) against

herzlich cordial(ly), affectionate, hearty

kalt cold

kühl cool

ohne (+ *acc.*) without

ohne . . . zu + *inf.* without . . . ing

um (+ *acc.*) about, round, around

um . . . zu + *inf.* in order to

Besondere Ausdrücke

Herzlichen Glückwunsch! Congratulations!

Herzlichen Glückwunsch zum Geburtstag! Happy birthday!

Den wievielten haben wir heute? What's the date today?

Vielen Dank. Many thanks.

Danke schön. Thank you.

am Sonntag on Sunday

Viele kleine Städte sind so hübsch, daß sie im Sommer viel Besuch bekommen. Zelte stehen am Fluß und die Feriengäste können fischen, wandern, mit dem Boot fahren oder schwimmen.

Bei gutem Wetter ist es schön, in den Bergen zu wandern. Schulen haben jeden Monat einen Wandertag.

Hier erholen sich Schüler auf
einem Ausflug in
einem Gartenrestaurant.

Diese Mannschaft möchte
gerne gewinnen.

Manche Familien brauchen nicht
erst an einen See zu fahren, sie
haben ihr Schwimmbad
im Garten.

Es steht zwei zu drei!

An deutschen Schulen wird viel Gymnastik getrieben.

Begeisterte Segler warten auf guten Wind.

Skifahrer fahren im Winter gerne in die Schweiz oder nach Österreich, denn dort gibt es viele ideale Abfahrten.

Man kann mit der Bahn auf den Berg fahren, aber gute Bergsteiger gehen lieber zu Fuß.

LESESTÜCKE

Ferien und Feste

Ferienpläne°

PETER   Na, hast du einen schönen Geburtstag gehabt?

ALBERT   Ja, danke. Leider hat es den ganzen Tag geregnet. Aber es war° trotzdem° großartig.°

PETER   Was für Geschenke hast du denn bekommen?

ALBERT   Meine Tante und mein Onkel haben mir ein Fahrrad geschenkt.° Und meine Schwester Käthe hat mir einen Campingkocher° gekauft.

PETER   Was willst du denn mit dem Campingkocher machen?

ALBERT   Hans und ich wollen doch diesen Sommer in die Schweiz fahren. Wir wollen zelten und Hans hat gesagt, er kann kochen.

PETER   Das ist eine gute Idee. Zelten ist nicht so teuer.°

ALBERT   Das stimmt.° Hans und ich haben auch schon viel gespart. Außerdem° haben mir meine Eltern° für die Reise° vierzig Mark geschenkt.

PETER   Na, dir geht's gut°. Schreib mir eine Karte°, wenn du in die Schweiz fährst!

FRAGEN   1 Was hat Albert zum Geburtstag bekommen?
            2 Warum braucht er einen Campingkocher?
            3 Warum hat er Geld gespart?
            4 Wird Peter auch in die Schweiz fahren?

Ferienbericht in der Klasse

In den Ferien haben Hans und ich eine Radtour gemacht. Wir sind nach Österreich gefahren.

Wir haben meistens schönes Wetter gehabt. Zweimal hat es in den Bergen geregnet. Da sind wir im Zelt geblieben und haben den ganzen Tag Karten gespielt.

Hans hat gekocht. Zuerst° hat es jeden Abend Bratkartoffeln° und Würstchen° gegeben. Dann haben wir zwei nette Wienerinnen° kennengelernt.° Sie haben auch ein Zelt gehabt und haben manchmal für uns gekocht. Es hat immer ausgezeichnet geschmeckt.

Wir waren auch zwei Tage in Wien. Dort haben wir in einer Jugendherberge° geschlafen. Die Mädchen haben uns die Stadt gezeigt.° Abends haben wir getanzt. In Wien habe ich auch ein Geschenk für meine Schwester Käthe gekauft.

Dann sind wir wieder nach Hause gefahren. Die Wienerinnen haben gesagt, sie wollen uns nächstes Jahr besuchen.

FRAGEN
1 Wohin (in welches Land) sind die Jungen gefahren?
2 Wie war das Wetter?
3 Was hat Hans jeden Abend gekocht?
4 Wen haben die Jungen kennengelernt?
5 Wo haben Hans und Albert in Wien geschlafen?
6 Für wen hat Albert ein Geschenk gekauft?
7 Wann werden die Wienerinnen die Jungen besuchen?

WORTSCHATZVERGRÖSSERUNG

Die Monate

der Winter	der Frühling	der Sommer	der Herbst
Januar	April	Juli	Oktober
Februar	Mai	August	November
März	Juni	September	Dezember

FRAGEN
1 Wie viele Monate hat das Jahr?
2 Wie viele Tage hat der Monat?
3 Wann hast du Geburtstag?

180

Winter   *Frühling*   *Sommer*   *Herbst*

4 Wie heißen die Wintermonate?
5 Wie ist das Wetter im Frühling?
6 Wann gibt es viele Blumen?
7 Was für Sport treibst du im Herbst?
8 Wann regnet es oft?
9 Wie ist das Wetter im Winter?

ÜBUNGEN

The Compound Past

Ich **habe** es gemacht.	Wir **haben** es gemacht.
Du **hast** es gemacht.	Ihr **habt** es gemacht.
Er **hat** es gemacht.	Sie **haben** es gemacht.

A Restate in the present tense:

▷ Er hat eine Reise gemacht.   *Er macht eine Reise.*

1 Sie hat gern getanzt.
2 Er hat mir ein Rad geschenkt.

3 Wir haben unsre Betten gemacht.

4 Es hat den ganzen Tag geregnet.

5 Wir haben Gemüse gekauft.

6 Sie hat Suppe gekocht.

7 Du hast gut gespielt.

8 Ihr habt mir nichts gesagt.

B Restate in the compound past:

▷ Er lernt seine Aufgaben.   *Er hat seine Aufgaben gelernt.*

1 Sie zeigt mir die Stadt.   Sie hat mir die Stadt gezeigt.

2 Wir haben gutes Wetter.   Wir haben gutes Wetter gehabt.

3 Ihr spart für die Reise.   Ihr habt für die Reise gespart.

4 Er schenkt mir einen Camping-   Er hat mir einen Campingkocher
  kocher.   geschenkt.

5 Du sagst nichts.   Du hast nichts gesagt.

6 Sie lernen Deutsch.   Sie haben Deutsch gelernt.

7 Es schneit in den Bergen.   Es hat in den Bergen geschneit.

8 Ich kaufe drei Bücher.   Ich habe drei Bücher gekauft.

C Answer affirmatively in the present tense:

▷ Hat Klaus gekegelt?   *Ja, er kegelt immer.*

1 Hat der Kuchen geschmeckt?

2 Habe ich schon gezahlt?

3 Hat Maria wieder gefehlt?

4 Haben Sie am Sonntag getanzt?

5 Hast du gekocht?

6 Habt ihr ihn geholt?

7 Haben sie Trompete geübt?

Wir **haben** den Wagen **gewaschen**.   Er **hat** immer **geschlafen**.

Er **hat** das Buch **gelesen**.   Es **hat** Kartoffeln **gegeben**.

Sie **haben** den Mann **gesehen**.

D Restate in the compound past:

▷ Ich schlafe bis neun.   *Ich habe bis neun geschlafen.*

1 Er liest das Buch.   Er hat das Buch gelesen.

2 Sie sieht ihn oft.   Sie hat ihn oft gesehen.

3 Wir waschen die Teller.	Wir haben die Teller gewaschen.
4 Er schläft hier.	Er hat hier geschlafen.
5 Sie wäscht die Gläser.	Sie hat die Gläser gewaschen.
6 Er gibt mir Geld.	Er hat mir Geld gegeben.

E Restate in the compound past:

▷ Wir machen eine Reise.   *Wir haben eine Reise gemacht.*

1 Sie wäscht den Wagen.
2 Karl spielt Fußball.
3 Ihr kegelt abends immer.
4 Du siehst nicht gut.
5 Sie tanzen gern.
6 Er übt Violine.
7 Du kochst gut.
8 Hans schläft viel.
9 Wir kaufen ein Geschenk.
10 Es gibt viel Obst.

F Restate in the present tense:

▷ Mutter hat einen Kuchen gebacken.   *Mutter bäckt einen Kuchen.*

1 Ich habe ein Stück genommen.
2 Sie hat den Kuchen geschnitten.
3 Wir haben nicht geschrieben.
4 Du hast ein Glas Milch getrunken.
5 Hans hat nichts gegessen.
6 Ihr habt gut gekocht.

G Restate in the compound past:

▷ Bäckst du einen Kuchen?   *Hast du einen Kuchen gebacken?*

1 Trinkt ihr eine Tasse Kaffee?	Habt ihr eine Tasse Kaffee getrunken?
2 Essen wir viel?	Haben wir viel gegessen?
3 Schreibst du oft?	Hast du oft geschrieben?
4 Schneidet sie die Blumen?	Hat sie die Blumen geschnitten?
5 Nehmen Sie das Brot?	Haben Sie das Brot genommen?
6 Kocht sie immer?	Hat sie immer gekocht?

Ich **bin** nach Hause **gefahren**.   Wir **sind** nach Hause **gefahren**.
Du **bist** nach Hause **gefahren**.   Ihr **seid** nach Hause **gefahren**.
Er **ist** nach Hause **gefahren**.   Sie **sind** nach Hause **gefahren**.

Ich **bin** nach Hause **gekommen**.
Du **bist** nach Hause **gelaufen**.

H Restate in the present tense:

▷ Er ist nach Österreich gefahren.   *Er fährt nach Österreich.*

1 Sie sind in die Schweiz gefahren.
2 Ist er nach Hause gefahren?
3 Der Wagen ist nicht gelaufen.
4 Wir sind in die Schule gelaufen.
5 Seid ihr in den Park gelaufen?
6 Ist er schnell gelaufen?
7 Du bist um acht gekommen.
8 Hans ist spät gekommen.
9 Wann ist er gekommen?

I Restate in the compound past:

▷ Du läufst nach Hause.   *Du bist nach Hause gelaufen.*

1 Ihr kommt nicht.   Ihr seid nicht gekommen.
2 Er fährt heute.   Er ist heute gefahren.
3 Wir kommen zu spät.   Wir sind zu spät gekommen.
4 Er läuft schnell.   Er ist schnell gelaufen.
5 Ihr fahrt nicht.   Ihr seid nicht gefahren.

J Restate in the present tense:

▷ Wir sind nach Hause geritten.   *Wir reiten nach Hause.*

1 Seid ihr auch nach Hause geritten?
2 Ich bin hier geblieben.
3 Bist du auch hier geblieben?
4 Er ist viel geschwommen.
5 Ist sie auch viel geschwommen?
6 Du bist in die Schule gegangen.
7 Seid ihr auch in die Schule gegangen?

Zelten ist nicht so teuer und macht Spaß. ▶

Time Expressions in the Accusative Case

Ich spiele **jeden Tag** Tennis.
Kommt er **dieses Jahr** wieder?
Er kommt **nächstes Jahr.**
Ich kann nur **eine Minute** bleiben.

K   Answer in the negative, using the cued words:

▷ Kommst du jeden Mittwoch?
   (Samstag)   *Nein, ich komme jeden Samstag.*

1 Kommt er diesen Monat? (nächsten)
2 Kochst du jeden Abend? (Mittag)
3 Wascht ihr diese Woche ab? (nächste)
4 Essen Sie dieses Mal zu Hause? (nächstes)
5 Siehst du ihn jeden Tag? (Woche)
6 Schreibst du jede Woche? (Monat)
7 Sieht er sie diesen Herbst? (nächsten)
8 Kann er eine Minute bleiben? (Stunde)

GRAMMATIK

The Compound Past

Er hat viel Geld gespart.   He saved (has saved) a lot of money.
Er ist in den Park gelaufen.   He ran (has run) into the park.

There are several past tenses in German. One of them is the compound past.
The compound past is often used in conversational German in situations that
require a simple past tense in English.

   The compound past is composed of the present tense of the auxiliaries **haben**
or **sein** and the past participle of the verb. In normal word order the past
participle is the last element in the sentence.

(a) The compound past of weak verbs

kochen   to cook

Ich **habe gekocht.**	Wir **haben gekocht.**
Du **hast gekocht.**	Ihr **habt gekocht.**
Er **hat gekocht.**	Sie **haben gekocht.**

   A weak verb is a verb whose stem vowel remains unchanged in the past tense
forms. Past participles of weak verbs end in **–t** or **–et** and are usually preceded
by the prefix **ge–: machen, gemacht; antworten, geantwortet.**

(b) The compound past of strong verbs

trinken   to drink

Ich **habe getrunken.**	Wir **haben getrunken.**
Du **hast getrunken.**	Ihr **habt getrunken.**
Er **hat getrunken.**	Sie **haben getrunken.**

A strong verb is a verb whose stem vowel changes in one or more of the past tenses. Past participles of strong verbs end in **–en** and are usually preceded by the prefix **ge–**.

(c) The compound past with **sein** as auxiliary

Ich **bin gelaufen.**	Wir **sind gelaufen.**
Du **bist gelaufen.**	Ihr **seid gelaufen.**
Er **ist gelaufen.**	Sie **sind gelaufen.**

Verbs using the auxiliary **sein** are intransitive, that is, they do not take a direct object. In addition, they denote a change in location or of condition.

The following verbs use **sein** as auxiliary:

bleiben	laufen
fahren	sein
gehen	werden
kommen	

Time Expressions in the Accusative Case

Ich spiele **jeden Tag** Tennis.
Kommt er **dieses Jahr** wieder?
Er kommt **nächstes Jahr.**
Ich kann nur **eine Minute** bleiben.

Many expressions which indicate a definite time or duration of time are in the accusative.

WIEDERHOLUNG

A   Answer in German:

1 Wie viele Jahreszeiten hat das Jahr?
2 Wie heißen die Frühlingsmonate?

3 Wann wandern Sie gerne?

4 Was für Sport treiben Sie im Winter?

5 Wann gibt es Ferien?

6 Wie lange haben Sie Ferien?

7 Was werden Sie diesen Sommer machen?

8 Wie ist das Wetter heute?

B   Answer negatively in the present tense:

▷ Hat es geschneit?   *Nein, es schneit nicht.*

1 Hat sie wieder gekocht?   5 Habt ihr getanzt?

2 Habt ihr Geld gespart?   6 Hat es gut geschmeckt?

3 Ist der Wagen gut gelaufen?   7 Hat er lange geschlafen?

4 Seid ihr mit dem Wagen gefahren?   8 Hast du gezeltet?

C   Rewrite the following sentences in the compound past:

1 Paul spart das ganze Jahr für eine Reise nach Europa.

2 In Europa macht er eine Radtour.

3 Er fährt in die Schweiz.

4 Dort sieht er viele Berge.

5 Er schläft in Jugendherbergen.

6 Er hat einen Campingkocher.

7 Abends kocht er immer Gemüse und Eier.

8 Im Herbst kommt er wieder nach Hause.

D   Complete in German:

1 Er kommt . . . . (*next summer*)

2 . . . kann ich nicht bleiben. (*this time*)

3 Sie kocht . . . . (*every night*)

4 Ich kann nur . . . bleiben. (*one hour*)

5 Wir kegeln . . . . (*every Thursday*)

6 Es regnet . . . . (*all day*)

7 . . . wandern wir wieder in den Bergen. (*this fall*)

E   Ask in German . . .

1 who is running through the park.

2 why Hans is coming without his brother.

3 for whom Peter is buying the book.

4 why Ilse is going around the car.

5 if it is raining against the window.

Weihnachten und Neujahr°

sledding

customs

denkt . . . an: thinks
of

count

puts

Christmas carols

last

decorates

Christmas tree
bell
candles / burn
Santa Claus

"Silent Night,
Holy Night"
each other / merry

church

of the

parties

midnight / fire-
works display
Happy New Year!

Der deutsche Winter ist schön. Man kann Wintersport treiben: schlittschuhlaufen, skilaufen und schlittenfahren.° Natürlich ist im Winter auch Weihnachten.

In Deutschland ist Weihnachten ein Fest mit vielen alten Bräuchen.° Den
ganzen Dezember denkt man an° das Fest. Am ersten Dezember bekommen die   5
Kinder einen Adventskalender mit 24 Fenstern und Türen. Jeden Tag machen
sie eine Tür oder ein Fenster auf und sehen ein Bild. So zählen° sie die Tage
bis Weihnachten. Am sechsten Dezember ist Nikolaustag, auch ein besonderer
Tag für die Kinder. Sankt Nikolaus kommt in der Nacht und steckt° den
Kindern kleine Geschenke in die Schuhe.   10

In der Schule singt man Weihnachtslieder° und die Kinder machen Geschenke für ihre Eltern. Dann kommt der vierundzwanzigste Dezember. Die
Kinder machen das letzte° Fenster am Adventskalender auf. Am Nachmittag
kocht die Mutter ein großes Essen und der Vater schmückt° den Weihnachtsbaum.° Dann klingelt im Wohnzimmer eine kleine Glocke° und die Kinder   15
dürfen ins Zimmer gehen. Die Kerzen° brennen° am Weihnachtsbaum und die
Geschenke liegen auf dem Tisch. Kleine Kinder glauben, der Weihnachtsmann°
oder das Christkind bringen die Geschenke. Die Familie singt zusammen das
Weihnachtslied „Stille Nacht, heilige Nacht."° Dann wünschen alle einander°
„Fröhliche° Weihnachten!" und machen die Geschenke auf. Um Mitternacht   20
gehen manche Familien in die Kirche.°

Am fünfundzwanzigsten Dezember gibt es in jeder Familie ein großes Festessen. Man bleibt den ganzen Tag zu Hause. Die Kinder spielen mit den Ge-
schenken und lesen ihre Bücher. Der sechsundzwanzigste Dezember heißt in
Deutschland der zweite Weihnachtstag. An diesem Tag machen viele Leute   25
Besuche.

Am letzten Tag des° Jahres ist Silvester. Es gibt wieder ein großes Festessen
in jeder Familie und am Abend viele fröhliche Gesellschaften.° Man tanzt, ißt
und trinkt. Um Mitternacht° gibt es ein großes Feuerwerk.° Alle wünschen
einander „Viel Glück im neuen Jahr!"°   30

Weihnachten ist ein Fest mit vielen alten Bräuchen.

Wählen Sie die richtige Antwort!

1 Weihnachten ist ein Fest mit schönen alten . . .
a/ Besuchen   *b*/ Tagen   *c*/ Bräuchen   *d*/ Kalendern

2 Zu Weihnachten gibt es in deutschen Häusern . . .
a/ Feuerwerke   *b*/ Weihnachtsbäume   *c*/ Kirchen   *d*/ das neue Jahr

3 Auf dem Adventskalender finden wir . . .
a/ Geschenke   *b*/ Lieder   *c*/ Bilder   *d*/ Kuchen

4 Zu Weihnachten singen alle . . .
a/ „Fröhliche Weihnachten"   *b*/ „Stille Nacht, heilige Nacht"
c/ „Viel Glück im neuen Jahr"   *d*/ „Guten Abend, gute Nacht"

5 Am 24. Dezember gehen manche Familien um Mitternacht...

  a/ nach Hause *b*/ auf Besuch *c*/ in die Kirche *d*/ in die Stadt

6 In Deutschland ist Weihnachten... lang.

  a/ zwei Tage *b*/ einen Tag *c*/ drei Tage *d*/ acht Tage

7 Silvester ist am...

  a/ ersten Dezember *b*/ Tag vor Weihnachten

  c/ einunddreißigsten Dezember *d*/ zweiten Weihnachtstag

VOKABELN

Substantive

der April April
der August August
die Bratkartoffeln (*pl.*) fried potatoes
der Campingkocher, – camping stove
der Dezember December
die Eltern (*only pl.*) parents
Europa Europe
die Ferien (*only pl.*) vacation
die Idee, –n idea
der Januar January
die Jugendherberge, –n youth hostel
der Juli July
der Juni June
die Karte, –n postcard, picture postcard; playing cards
der Mai May
der März March
der Monat, –e month
der November November
der Oktober October
Österreich Austria
die Reise, –n journey, tour, trip
der September September
die Stunde, –n hour
die Violine, –n violin

Wien Vienna
die Wienerin, –nen Viennese girl
das Würstchen, – hot dogs

Verben

besuchen to visit
brauchen to need
kennen-lernen to get to know; to meet
kochen to cook
schenken to give, present
stimmen to be right
war (*past tense of* **sein**) was
zeigen to show, point out

Andere Wörter

außerdem besides, moreover
großartig great, fantastic
schön nice, beautiful
teuer expensive
trotzdem nevertheless
wohin? (to) where?
zuerst at first, in the first place, above all

Besondere Ausdrücke

Das stimmt. That's right (correct).
Karten spielen to play cards
Na, dir geht's gut! You are lucky.

GESPRÄCHE

Leih mir bitte deinen Füller!

Trudi muß einen Aufsatz schreiben.

TRUDI   Werner, tu mir bitte einen Gefallen!
           Leih mir bitte deinen Füller!
WERNER   Und warum soll ich dir meinen Füller leihen?
TRUDI   Ich muß bis morgen einen Aufsatz mit Tinte schreiben.
WERNER   Nachher. Erst muß ich unsrem Vetter Fritz einen Brief schreiben.

VARIATIONEN

1 Leih mir bitte **deinen Füller!**
         deinen Kalender
         deine Uhr
         deine Karte
         dein Fahrrad
         dein Auto

2 Ich muß **einen Aufsatz** schreiben.
         einen Brief
         einen Ferienbericht
         eine Klassenarbeit
         eine Frage
         ein Buch

3 Erst muß ich **unsrem Vetter** schreiben.
         meinem Vater
         deiner Mutter
         seiner Schwester
         eurer Tante
         ihrem Kindermädchen

FRAGEN

1 Was möchte Trudi von Werner?
2 Warum braucht Trudi einen Füller?
3 Was macht Werner jetzt?

Werner schreibt noch eine Karte.

TRUDI   Werner, es ist schon vier Uhr.
Gib mir den Füller, bitte!
WERNER   Später. Erst muß ich meinem Freund Max eine Karte schreiben.
TRUDI   Was soll ich inzwischen machen?
WERNER   Du kannst mir noch Papier und Umschläge bringen.

VARIATIONEN

1 Es ist schon **vier Uhr.**
    viertel vor vier
    viertel nach vier
    halb vier
    ein Uhr
    halb eins

2 Gib **mir** den Füller, bitte!
    uns
    Peter
    ihm
    Margot
    ihr

3 Erst muß ich **meinem Freund Max** schreiben.
    seinem Bruder
    deiner Schwester
    ihrer Freundin
    unsrem Lehrer
    unsrer Lehrerin

4 **Du kannst** mir Papier bringen.
    Er kann
    Du sollst
    Er soll
    Du darfst

FRAGEN   1 Wie spät ist es jetzt?
2 Warum gibt Werner seiner Schwester nicht den Füller?
3 Was soll Trudi ihrem Bruder bringen?

Trudi geht auf die Post.

WERNER   Trudi, geh bitte auf die Post!
Kauf mir vier Briefmarken zu 20 Pfennig!
TRUDI   Soll ich auch den Brief und die Karte einwerfen?

Aufgabe 15

WERNER   Ja, bitte. Und schick den Brief per Luftpost!
TRUDI   Und dann leihst du mir den Füller, nicht wahr?
WERNER   Mal sehen. Ich muß erst meine Englischaufgabe machen.

VARIATIONEN   1 Geh jetzt **auf die Post!**
                 in die Schule
                 ins Stadion
                 in den Park
                 nach Hause
                 ins Büro

              2 Kauf mir bitte **vier Briefmarken zu 20 Pfennig!**
                 fünf Briefmarken zu 10 Pfennig
                 drei Bananen zu 7 Pfennig
                 zwei Äpfel zu 10 Pfennig
                 vier Hefte zu 15 Pfennig
                 einen Bleistift zu 12 Pfennig

Hier kann man Briefe und Karten einwerfen.

3 Soll ich den Brief **einwerfen?**
               schreiben
               abholen
               bringen
               mitbringen
               mitnehmen

4 Ich muß **meine Englischaufgabe** anfangen.
               meine Aufgabe
               meine Karte
               meinen Brief
               meine Arbeit
               meine Klassenarbeit

FRAGEN
1 Was soll Trudi kaufen?
2 Wie soll sie den Brief schicken?
3 Wird Werner Trudi seinen Füller leihen?

Schon wieder so viele Fehler!

LEHRER   Zeig mir mal deinen Aufsatz, Trudi!
TRUDI   Bitte schön, Herr Professor.
LEHRER   Schon wieder so viele Fehler ...! Und ohne Tinte ...!
TRUDI   Ich habe keinen Füller, Herr Professor.
        Mein Bruder will mir nie seinen Füller geben.
LEHRER   Dann sag ihm, er soll dir zum Geburtstag
        einen Füller schenken.

VARIATIONEN

1 Zeig mir mal **deinen Aufsatz!**
    mein Zimmer
    sein Haus
    unser Wohnzimmer
    eure Küche
    ihr Schlafzimmer

2 Ich habe **keinen Füller.**
    keine Tinte
    keinen Bleistift
    keine Bücher
    keine Hefte
    keine Umschläge

3 **Mein Bruder** gibt mir nie seinen Füller.
    Deine Schwester
    Euer Vater
    Ihre Mutter
    Unsre Tante
    Sein Onkel

4 Er soll **dir** einen Füller schenken.
mir
ihm
ihr
euch
uns

1 Wer zeigt dem Lehrer einen Aufsatz?
2 Wer hat keinen Füller?
3 Was möchte Werner Trudi nie geben?

AUSSPRACHE

The letters **ch** represent two different sounds in German:

[x]   as in *Buch, ach, Tochter*

It occurs after the back vowels *a, o, u, au.*

A Practice [x]

acht, machen, nach, doch, hoch, Buch, Kuchen, Frucht, auch

B Practice the difference between [x] and [k]:

[x]	[k]
Sache	Sack
lach	Lack
stachen	staken
doch	Dock
Loch	locken
pochen	Pocken
Zucht	zuckt
Buch	buk
tauchen	pauken

[ç] as in *ich, Milch, manch*

[ç] **ch** occurs after the front vowels **a, e, ie, ä, äu, ü, ö** and after consonants.

ig occurring at the end of a word is also [ç]: *fertig.*

C Practice

> *mich, euch, fertig, endlich, wenig, recht, Bücher, manch, durch, Mädchen*

D Practice the difference between [ç] and [k]:

[ç]	[k]
echt	Ecke
Hecht	Hecke
flecht	Fleck
recht	reckt
nicht	nickt
Streich	Streik
siech	Sieg
kriech	Krieg

E Practice the difference between [ç] and [ʃ]:

[ç]	[ʃ]
Kirche	Kirsche
Fichte	fischte
wich	wisch
frech	frisch
Löcher	Löscher
Mönch	Mensch
Bücher	Büsche
keuche	keusche
mich	misch

F Practice the difference between [x] and [ç]:

[x]	[ç]
acht	echt
Dach	Dächer
lachen	lächeln
Loch	Löcher

hoch	höchste
Tochter	Töchter
Spruch	Sprüche
Tuch	Tücher
Buch	Bücher
besucht	´Gesicht
rauchen	räuchern
Brauch	Bräuche

G Practice the pairs both vertically and horizontally:

[k]	[x]	[ç]	[ʃ]
buk	Buch	Bücher	Büsche
Lack	lachen	lächeln	löschen
Flak	flach	Fläche	fletsche
kokett	Koch	keuch	keusch
Akt	acht	echt	Esche
makeln	machen	Mönch	Mensch
rekeln	Rechen	rächen	rauschen
nackt	Nacht	Nächte	naschen

WORTSCHATZVERGRÖSSERUNG

Die Familie Schmidt

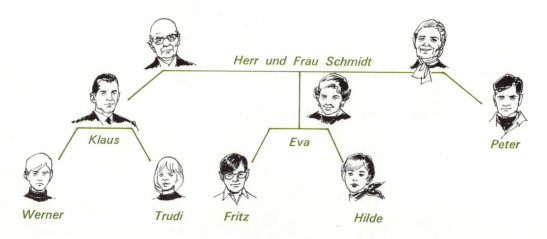

Herr und Frau Schmidt haben drei Kinder: Klaus, Eva und Peter. Der ältere
older son / married   Sohn° Klaus ist verheiratet° und hat zwei Kinder: Werner und Trudi. Die
daughter   Tochter° Eva ist auch verheiratet und hat auch zwei Kinder: Fritz und Hilde.
Peter is noch nicht verheiratet. Er hat keine Kinder.

Werner ist sechzehn Jahre alt, seine Schwester Trudi ist erst vierzehn. Werner   5
und Trudi sind Geschwister.

(female) cousin   Werner und Trudi haben einen Vetter Fritz und eine Kusine° Hilde. Fritz
ist schon zwanzig Jahre alt und Student. Er geht auf die Universität. Fritz und
Werner sind gute Freunde und Fritz schreibt seinem Vetter manchmal.

because   Herr und Frau Schmidt sind Eltern, denn° sie haben drei Kinder. Sie sind 10
grandparents   auch Großeltern°, denn sie haben vier Enkelkinder°. Die Enkelkinder nennen°
grandchildren / call   ihre Großmutter „Oma" und ihren Großvater „Opa". Zum Geburtstag und
zu Weihnachten bringen die Großeltern ihren Enkelkindern immer viele
Geschenke.

niece   Nächsten Monat hat Trudi Geburtstag. Tante Eva wird ihrer Nichte° einen 15
last / nephew   Füller schenken. Voriges° Jahr hat Onkel Peter seinem Neffen° Werner einen
Füller geschenkt. Werner leiht seiner Schwester nie seinen Füller. Trudi muß
aber ihre Aufsätze mit Tinte schreiben. Also braucht sie einen Füller.

FRAGEN   1 Wie viele Kinder und Enkelkinder haben die Schmidts?
            2 Wer ist Peter Schmidt?
            3 Wie heißt Trudis Kusine?
            4 Was macht Werners Vetter Fritz?
            5 Wie nennen die Enkelkinder ihre Großeltern?
            6 Wann hat Trudi Geburtstag?
            7 Warum möchte sie einen Füller?
            8 Wann hat Werner seinen Füller bekommen?

ÜBUNGEN

Dative Case of Nouns and *der*-words

Singular			
Ich schreibe	dem Mann. der Frau. dem Kind.	Ich sage es	diesem Schüler. dieser Schülerin. diesem Mädchen.

A Substitute the nouns indicated:

▷ der Onkel *Wir schreiben dem Onkel einen Brief.*

1 die Großmutter Wir schreiben der Großmutter einen Brief.
2 der Großvater Wir schreiben dem Großvater einen Brief.
3 das Kind Wir schreiben dem Kind einen Brief.
4 die Tante Wir schreiben der Tante einen Brief.
5 der Vetter Wir schreiben dem Vetter einen Brief.
6 das Mädchen Wir schreiben dem Mädchen einen Brief.

B Respond in the compound past and use *dieser:*

▷ Der Mann wohnt in *Ich habe diesem Mann eine Karte geschrieben.*
  Deutschland.

1 das Kind Ich habe diesem Kind eine Karte geschrieben.
2 die Lehrerin Ich habe dieser Lehrerin eine Karte geschrieben.
3 das Mädchen Ich habe diesem Mädchen eine Karte geschrieben.
4 die Frau Ich habe dieser Frau eine Karte geschrieben.
5 der Lehrer Ich habe diesem Lehrer eine Karte geschrieben.
6 der Schüler Ich habe diesem Schüler eine Karte geschrieben.

C Use *jeder* in your responses:

▷ Sag es dieser Frau! *Sag es jeder Frau!*

1 Sag es diesem Lehrer!
2 Sag es diesem Mädchen!
3 Sag es diesem Mechaniker!
4 Sag es dieser Freundin!
5 Sag es diesem Mann!
6 Sag es dieser Marktfrau!

D Use *welcher* in your responses:

▷ Er gibt dem Bruder Geschenke. *Welchem Bruder gibt er Geschenke?*

1 die Schwester
2 der Sohn
3 die Tochter
4 das Kind
5 die Nichte
6 die Tante
7 der Onkel

	Plural		
Ich schreibe	*den* Männer*n*.	Ich sage es	*diesen* Schüler*n*.
	den Frauen.		*diesen* Schülerinnen.
	den Kinder*n*.		*diesen* Mädchen.

E Express the following sentences as *du*-imperatives:

▷ Die Kinder brauchen Papier. *Gib den Kindern Papier!*

1 Die Männer brauchen Geld. Gib den Männern Geld!
2 Die Frauen brauchen Bücher. Gib den Frauen Bücher!
3 Die Mädchen brauchen Hefte. Gib den Mädchen Hefte!
4 Die Brüder brauchen Fahrräder. Gib den Brüdern Fahrräder!
5 Die Töchter brauchen Bleistifte. Gib den Töchtern Bleistifte!
6 Die Söhne brauchen Autos. Gib den Söhnen Autos!
7 Die Nichten brauchen Füller. Gib den Nichten Füller!

F Express the following sentences as *du*-imperatives:

▷ Diese Freunde haben Hunger. *Gib diesen Freunden etwas zu essen!*

1 Diese Schüler haben Hunger.
2 Diese Schülerinnen haben Hunger.
3 Diese Neffen haben Hunger.
4 Diese Kinder haben Hunger.
5 Diese Studenten haben Hunger.
6 Diese Studentinnen haben Hunger.

Dative Case of Nouns like *Junge*

Er sagt es **dem Junge*n***.	Er gibt es **dem Herr*n***.
Er sagt es **dem Neffe*n***.	Er gibt es **dem Student*en***.

Nouns like *Junge* which add **–n** or **–en** in the accusative singular also add **–n** or **–en** in the dative singular.

G Use *sagen* in your responses:

▷ Er sieht den Jungen. *Er sagt es dem Jungen.*

1 Er sieht den Studenten. Er sagt es dem Studenten.
2 Er sieht den Neffen. Er sagt es dem Neffen.
3 Er sieht den Herrn. Er sagt es dem Herrn.

▷ Das ist der Herr.   *Sagen Sie es dem Herrn!*

1 Das ist der Neffe.
2 Das ist der Student.
3 Das ist der Junge.

Dative Case of *ein*-words

	Singular			Plural	
Ich bringe	*meinem* **Bruder** *meiner* **Schwester** *meinem* **Kind**	Äpfel.	Ich gebe	*meinen* **Brüdern** *meinen* **Schwestern** *meinen* **Kindern**	Obst.

The dative endings of **ein**-words are the same as those of **der**-words.

H   Use *kein* in your responses:

▷ Ich schreibe einem Freund.   *Ich schreibe keinem Freund.*

1 Ich schreibe meinem Bruder.
2 Ich schreibe deiner Schwester.
3 Ich schreibe seiner Kusine.
4 Ich schreibe einem Vetter.
5 Ich schreibe seiner Nichte.
6 Ich schreibe deinem Neffen.

I   Respond in the compound past and use the appropriate form of the possessive adjective:

▷ Unser Sohn hat Geburtstag.   *Ich habe unsrem Sohn ein Buch geschenkt.*

1 Eure Mutter hat Geburtstag.   Ich habe eurer Mutter ein Buch geschenkt.

2 Ihr Vater hat Geburtstag.   Ich habe ihrem Vater ein Buch geschenkt.

3 Ihre Frau hat Geburtstag.   Ich habe Ihrer Frau ein Buch geschenkt.

4 Unsre Großmutter hat Geburtstag.   Ich habe unsrer Großmutter ein Buch geschenkt.

5 Euer Großvater hat Geburtstag.   Ich habe eurem Großvater ein Buch geschenkt.

6 Unsre Lehrerin hat Geburtstag.   Ich habe unsrer Lehrerin ein Buch geschenkt.

J Use the appropriate form of the possessive adjective:

▷ Unsre Schüler haben Durst.   *Gib unsren Schülern etwas zu trinken!*

1 Meine Kinder haben Durst.   Gib meinen Kindern etwas zu trinken!
2 Deine Großeltern haben Durst.   Gib deinen Großeltern etwas zu trinken!
3 Ihre Freunde haben Durst.   Gib ihren Freunden etwas zu trinken!
4 Seine Freundinnen haben Durst.   Gib seinen Freundinnen etwas zu trinken!
5 Eure Schülerinnen haben Durst.   Gib euren Schülerinnen etwas zu trinken!
6 Unsre Eltern haben Durst.   Gib unsren Eltern etwas zu trinken!
7 Meine Jungen haben Durst.   Gib meinen Jungen etwas zu trinken!

Dative Case of Personal Pronouns

Nominative	Dative
Ich schreibe Karl.	Karl schreibt **mir.**
Du schreibst Karl.	Karl schreibt **dir.**

K Use *mir* in your responses:

▷ Ich brauche einen Bleistift.   *Leih mir deinen Bleistift!*

1 Ich brauche einen Füller.
2 Ich brauche einen Stuhl.
3 Ich brauche einen Wagen.
4 Ich brauche eine Tasse.
5 Ich brauche eine Uhr.

L Use *dir* in your responses:

▷ Du brauchst eine Trompete.   *Ich gebe dir meine Trompete.*

1 Du brauchst einen Fußball.
2 Du brauchst ein Glas.
3 Du brauchst ein Fahrrad.
4 Du brauchst ein Buch.
5 Du brauchst einen Campingkocher.

Nominative	Dative
Wir schreiben Karl.	Karl schreibt **uns.**
Ihr schreibt Karl.	Karl schreibt **euch.**

Auf der Post

M Respond in the compound past and use *uns:*

▷ Wir haben ein Haus gesehen. *Hans hat uns ein Haus gezeigt.*

1 Wir haben einen Garten gesehen.
2 Wir haben eine Schule gesehen.
3 Wir haben ein Stadion gesehen.
4 Wir haben einen Park gesehen.
5 Wir haben einen Berg gesehen.

N Use *euch* in your responses:

▷ Wollt ihr das Bild sehen?   *Ich zeige euch das Bild.*

1 Wollt ihr das Wohnzimmer sehen?
2 Wollt ihr die Blumen sehen?
3 Wollt ihr die Küche sehen?
4 Wollt ihr das Schlafzimmer sehen?
5 Wollt ihr das Eßzimmer sehen?

Nominative	Dative
Er schreibt Karl.	Karl schreibt **ihm.**
Sie schreibt Karl.	Karl schreibt **ihr.**
Es (das Kind) schreibt Karl.	Karl schreibt **ihm.**

O Use *ihm* or *ihr* in your responses:

▷ Der Mann braucht Geld.   *Wer gibt ihm Geld?*

1 Die Frau braucht Geld.   Wer gibt ihr Geld?
2 Das Kind braucht Obst.   Wer gibt ihm Obst?
3 Der Lehrer braucht Kreide.   Wer gibt ihm Kreide?
4 Die Lehrerin braucht Papier.   Wer gibt ihr Papier?
5 Karl braucht Briefmarken.   Wer gibt ihm Briefmarken?
6 Maria braucht Umschläge.   Wer gibt ihr Umschläge?
7 Das Mädchen braucht Postkarten.   Wer gibt ihm Postkarten?

Nominative	Dative
Sie (die Eltern) schreiben Karl.	Karl schreibt **ihnen.**
Herr Müller, **Sie** schreiben Karl.	Karl schreibt **Ihnen.**

P Use *ihnen* in your responses:

▷ Möchten die Kinder Tomaten essen?   *Ich bringe ihnen Tomaten.*

1 Möchten die Jungen Kuchen essen?
2 Möchten die Mädchen Schlagsahne essen?
3 Möchten die Schüler Eis essen?
4 Möchten die Eltern Torte essen?
5 Möchten die Herren Salat essen?
6 Möchten die Schülerinnen Kirschen essen?

Q Use *Ihnen* in your responses:

▷ Frau Schmidt, wünschen Sie Kaffee?　　　　　*Ich bringe Ihnen Kaffee.*

1 Fräulein Braun, wünschen Sie Tee?
2 Meine Damen, wünschen Sie Wasser?
3 Meine Herren, wünschen Sie Nachtisch?
4 Herr Schmidt, wünschen Sie Suppe?
5 Meine Damen und Herren, wünschen Sie Gemüse?

R Use *dir, euch* or *Ihnen* in your responses:

▷ Herr Braun　　　　　*Wünschen Sie Kaffee? Ich hole Ihnen eine Tasse.*
　 Peter　　　　　　　　*Wünschst du Kaffee? Ich hole dir eine Tasse.*

1 Frau Braun
2 Marie
3 Marie und Peter
4 Herr Schmidt
5 Wolfgang
6 Herr und Frau Weiß
7 Heidi und Helene

GRAMMATIK

Dative Case of Nouns and *der*-words

In German, the indirect object of a verb is in the dative case. The dative case indicates the person(s) *to whom* or *for whom* something is done, given, said, written, etc.

(a) Dative case of nouns

Singular		Plural	
	dem **Mann.**		den **Männer**n.
Ich schreibe	der **Frau.**	Ich schreibe	den **Frauen.**
	dem **Kind.**		den **Kinder**n.

In the singular, the dative form of nouns is identical with the nominative and accusative forms.

In the plural, the dative form of nouns adds an **–n** unless the plural form of the noun already ends in **–n.**

(b) Dative case of **der**-words

	Singular			Plural	
der			der		
das	dem		die	den	
die > der			das		

Dative Case of *ein*-words

	Singular		Plural
Ich schreibe	**meinem** Bruder.	Ich schreibe	**meinen** Brüdern.
	meiner Schwester.		**meinen** Schwestern.
	meinem Kind.		**meinen** Kindern.

The dative of **ein**-words follows the same pattern as the dative of **der**-words.

Dative Case of Nouns like *Junge*

Er sagt es	dem Junge**n.**
	dem Neffe**n.**
	dem Herr**n.**
	dem Stude**nten.**

Nouns like *Junge* which add **–n** or **–en** in the accusative singular also add **–n** or **–en** in the dative singular.

Dative Case of Personal Pronouns

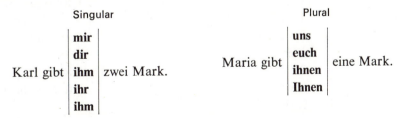

	Singular			Plural	
Karl gibt	mir	zwei Mark.	Maria gibt	uns	eine Mark.
	dir			euch	
	ihm			ihnen	
	ihr			Ihnen	
	ihm				

The nominative, accusative, and dative forms of the personal pronouns correspond as follows:

	Nominative	Accusative	Dative
Sg.	ich	mich	mir
	du	dich	dir
	er	ihn	ihm
	sie	sie	ihr
	es	es	ihm
Pl.	wir	uns	uns
	ihr	euch	euch
	sie	sie	ihnen
	Sie (*formal*)	Sie (*formal*)	Ihnen (*formal*)

Notice that the accusative and dative forms **uns** and **euch** are identical.

WIEDERHOLUNG

A Complete with the appropriate form of the expressions indicated:

1	dieser Mann	Ich schreibe . . . .
2	meine Nichte	Sie schenkt . . . einen Füller.
3	unsre Großeltern	Wir bringen . . . einen Kuchen.
4	ihr Kind	Ich sage es . . . .
5	diese Dame	Er holt . . . ein Glas Wasser.
6	seine Freundin	Er schreibt . . . einen Brief.
7	dein Bruder	Du leihst . . . einen Bleistift.
8	eure Mutter	Ihr kauft . . . ein Geschenk.
9	jeder Schüler	Wir geben . . . ein Buch.
10	die Lehrer	Er bringt . . . die Hefte.

B Complete with the appropriate form of the personal pronouns:

1	du	Karl bringt . . . das Frühstück.
2	er	Ich schreibe . . . .
3	Sie	Ich bringe . . . das Abendessen.
4	ich	Warum schreibst du . . . nicht?
5	sie (*sg.*)	Bitte, hole . . . ein Glas Milch!
6	es	Gib . . . den Ball!
7	ihr	Kauft er . . . ein Geschenk?
8	wir	Oft schreibt sie . . . eine Karte.
9	sie (*pl.*)	Warum sagst du . . . nichts?

C   Make up sentences from the elements given:

1 Das Kindermädchen / kaufen / zwei Pfund Birnen / für / meine Mutter.
2 Der Junge / fahren / durch / der Park.
3 Mein Onkel Karl / kommen / ohne / sein Sohn.
4 Das Kind / laufen / um / der Wagen.
5 Der Wind / blasen / gegen / die Fenster.

D   Say in German that . . .

1 you will give the child money.
2 you will bring your friend a cup of coffee.
3 you will buy the woman a pound of tomatoes.
4 you will send your cousin Helga a letter.
5 you will write your grandfather a card.
6 you will send your grandmother a present.

E   Give appropriate answers to the following questions:

1 Wer wird Ihnen zehn Mark leihen?
2 Wieviel kosten drei Pfund Kirschen?
3 Wie spät ist es jetzt?
4 Wann gehen Sie ins Kino?
5 Wo ist die Post?
6 Wie ist das Wetter heute?
7 Was machen Sie diesen Sommer?
8 Den wievielten haben wir heute?
9 Für wen kaufen Sie ein?
10 Wie viele Geschwister haben Sie?

VOKABELN

Substantive

der Aufsatz, ⸚e composition, essay
der Brief, –e letter
die Briefmarke, –n stamp
das Enkelkind, –er grandchild
der Fehler, – mistake
der Gefallen favor
die Großeltern (*pl.*) grandparents
die Großmutter, ⸚ grandmother
der Großvater, ⸚ grandfather
die Kusine, –n (female) cousin

die Luftpost air mail
der Neffe (*dat., acc.* –n), –n nephew
die Nichte, –n niece
die Oma, –s grandma
der Opa, –s grandpa
die Post mail, post office
die Postkarte, –n postcard, picture postcard
der Sohn, ⸚e son
der Student (*dat., acc.* –en), –en university student

Eine kleine Stadt in Süddeutschland

die Tochter, ͏ daughter
der Umschlag, ͏e envelope
die Universität, –en university
Weihnachten Christmas

Verben

ein-werfen (i) (*p.p.* **eingeworfen**) to mail a
    letter
leihen (*p.p.* **geliehen**) to lend
nennen (*p.p.* **genannt**) to call; to name
schicken to send
tun (*p.p.* **getan**) to do
verheiratet sein to be married

Andere Wörter

älter older

denn because
inzwischen meanwhile, in the meantime
nachher afterwards, later on
nie never, at no time
vorig last, previous

Besondere Ausdrücke

auf die Post to the post office
bis morgen by tomorrow
bitte schön here you are
einen Gefallen tun to do (someone) a
    favor
mal sehen we'll see; let's wait and see
per Luftpost by air mail
4 Briefmarken zu 20 Pfennig four 20-cent
    stamps

Aufgabe 16

LESESTÜCKE

Eine nette Sekretärin

Maria arbeitet° bei Wagner und Co. (Compagnie).

Maria Huber ist achtzehn Jahre alt. Sie ist Sekretärin bei Wagner und Co. Herr Heinrich Wagner ist Marias Chef. Er ist nett und Maria arbeitet gern bei ihm.

Morgens diktiert Herr Wagner Geschäftsbriefe.° Dann muß Maria die Briefe tippen. Wenn der Brief sehr eilt,° schickt sie ihn per Luftpost.

Maria Huber ist eine sehr gute Sekretärin und weiß sehr oft, was ihr Chef in einem Brief antworten möchte. Wenn Herr Wagner keine Zeit hat, sagt er zu Maria: „Sie wissen schon, was ich sagen möchte. Schreiben Sie bitte den Brief selber!"

Manchmal bekommt Herr Wagner Geschäftsbriefe aus Amerika. Dann muß Maria übersetzen,° denn Herr Wagner kann kein Englisch. Nachher diktiert Herr Wagner eine Antwort° auf deutsch und Maria übersetzt sie ins Englische. Sie macht nur wenig° Fehler, und die Geschäftsleute° in Amerika verstehen immer alles.

FRAGEN
1 Wie alt ist Maria Huber?
2 Wo arbeitet sie?
3 Wie heißt Marias Chef?
4 Was macht Maria mit den Geschäftsbriefen?
5 Wann muß Maria die Geschäftsbriefe selber schreiben?
6 Was macht Maria mit den Briefen aus Amerika?
7 Wie ist Marias Englisch?

Maria kauft einen Kuli.°

Nach fünf Uhr ist Maria noch schnell ins Geschäft in der Bergstraße gegangen. Dort kann man Füller, Bleistifte, Kulis, Bücher und Briefpapier kaufen.

VERKÄUFERIN Was wünschen Sie, Fräulein?

MARIA Ich brauche einen Kuli. Was kostet dieser blaue hier?

VERKÄUFERIN Diese Kulis kosten sechs Mark das Stück. Gefällt° Ihnen der blaue?

MARIA Ja, aber er ist mir zu teuer.° Haben Sie keine Kulis zu vier Mark?

VERKÄUFERIN Doch.° Hier sind einige° zu vier Mark. Und die Kulis da drüben kosten nur eine Mark das Stück.

MARIA Schön. Geben Sie mir bitte einen blauen zu einer Mark.

VERKÄUFERIN Gerne. Was darf es sonst° noch sein?

MARIA Dann brauche ich noch Briefpapier.

VERKÄUFERIN Das macht zusammen zwei Mark fünfzig.

FRAGEN 1 In welches Geschäft ist Maria gegangen?
2 Wieviel hat der blaue Kuli gekostet?
3 Welchen Kuli hat Maria gekauft?
4 Was hat sie noch gekauft?

Skilaufen in der Schweiz

Maria und ihre Freundin Ulrike sind begeisterte Skiläufer. Sie wohnen in Karlsruhe. Im Winter sind sie oft am Samstag oder Sonntag zum Skilaufen in den Schwarzwald gefahren. Dieses Jahr war im März schon Frühlingswetter, und es hat im Schwarzwald nicht mehr viel Schnee° gegeben.

Im März haben Maria und Ulrike eine Woche Ferien gemacht und sind zum Skilaufen in die Schweiz gefahren. Dort hat in den Bergen noch viel Schnee gelegen. Sie sind den ganzen Tag Ski gelaufen, und die Sonne hat warm geschienen. Nach einer Woche sind sie braun und erholt° wieder in Karlsruhe angekommen. Zu Hause hat es in den Gärten schon Blumen gegeben, aber es hat viel geregnet.

FRAGEN 1 Welchen Wintersport treiben Maria und Ulrike?
2 Wohin fahren sie im Winter zum Skilaufen?
3 Wann ist in Karlsruhe schon Frühlingswetter?

4 Warum fahren Maria und Ulrike in die Schweiz?
5 Wie lange bleiben sie in der Schweiz?
6 Wie ist das Wetter zu Hause?

Skilaufen in der Schweiz

ÜBUNGEN

Dative Case of *wer*

Ich gebe | dem Mann
der Frau
dem Kind | das Buch.   ***Wem*** gibst du es?

Ich gebe | den Männern
den Frauen
den Kindern | das Buch.   ***Wem*** gibst du es?

A Form questions with *wem:*

▷ Du kaufst dem Lehrer ein Buch.   *Wem kaufst du ein Buch?*

1 Du tust der Verkäuferin einen Gefallen.
2 Du schreibst deinem Freund einen Brief.
3 Du sagst es dem Mädchen.
4 Du zeigst dem Mechaniker den Wagen.
5 Du schenkst den Frauen viele Blumen.
6 Du leihst deinen Freunden den Kuli.
7 Du gibst deinen Kusinen etwas zu essen.
8 Du bringst den Kindern etwas zu trinken.

Present Tense of Verbs with Stem Ending in *d* or *t*

---

schnei*d*en	antwor*t*en
du schneidest	du antwortest
er schneidet	er antwortet
ihr schneidet	ihr antwortet

B Substitute the verb indicated:

▷ Du fragst nicht. (antworten)   *Du antwortest nicht.*

1 Du kaufst viele Blumen. (schneiden)   Du schneidest viele Blumen.
2 Du gehst morgen. (warten)   Du wartest morgen.
3 Er schläft viel. (zelten)   Er zeltet viel.
4 Er lernt immer. (arbeiten)   Er arbeitet immer.
5 Ihr braucht mich. (erwarten)   Ihr erwartet mich.

6 Ihr wandert im Herbst. (reiten)   Ihr reitet im Herbst.
7 Ihr schwimmt im Sommer. (zelten)   Ihr zeltet im Sommer.

C Give the *du-* and *ihr*-imperative forms:

▷ Er zeltet in der Schweiz.   *Zelte in der Schweiz!*
                                          Zeltet in der Schweiz!

1 Er antwortet sofort.
2 Er wartet in der Konditorei.
3 Er schneidet das Papier.
4 Er arbeitet heute.
5 Er erwartet mich bald.
6 Er reitet im Herbst.

Present Tense of Verbs with Stem Ending in a Sibilant

essen	**tanzen**	**heißen**
du ißt	du tanzt	du heißt

D Substitute the verbs indicated:

▷ Du trinkst zuviel. (essen)   *Du ißt zuviel.*

1 Du spielst immer. (tanzen)   Du tanzt immer.
2 Du rufst Monika an. (heißen)   Du heißt Monika.
3 Du tippst einen Brief. (übersetzen)   Du übersetzt einen Brief.
4 Du zahlst die Rechnung. (vergessen)   Du vergißt die Rechnung.
5 Du kaufst ein Buch. (lesen)   Du liest ein Buch.
6 Du kannst das nicht. (wissen)   Du weißt das nicht.
7 Du spielst Trompete. (blasen)   Du bläst Trompete.

E Give the *du*-imperative:

▷ Du ißt den Apfel.   *Iß den Apfel!*

1 Du vergißt den Führerschein nicht.
2 Du übersetzt die Englischaufgabe.
3 Du liest den Satz.
4 Du bläst sehr lange.
5 Du tanzt mit Karl.

Aufgabe 16   **215**

Past Participles

Past participles of verbs with stem ending in **d** or **t**

> Du hast geantwort**et**.
> Wir haben gezelt**et**.
> Er hat gewart**et**.

F Express the following sentences in the compound past:

▷ Wir warten auf ihn.   *Wir haben auf ihn gewartet.*

1 Er antwortet euch.   Er hat euch geantwortet.
2 Ihr zeltet jeden Sommer.   Ihr habt jeden Sommer gezeltet.
3 Meine Mutter arbeitet im Garten. Meine Mutter hat im Garten gearbeitet.
4 Sie wartet den ganzen Tag.   Sie hat den ganzen Tag gewartet.

G Express the following sentences in the present tense:

▷ Du hast richtig geantwortet.   *Du antwortest richtig.*

1 Ich habe diesen Sommer gearbeitet.
2 Er hat ohne dich gewartet.
3 Liese hat in der Schweiz gezeltet.
4 Ich habe euch im Brief geantwortet.

Past participles of verbs with separable prefixes

Present	Compound past
Er **ruft** dich **an**.	Er hat dich **an**gerufen.
Sie **holt** es **ab**.	Sie hat es **ab**geholt.
Du **kommst** nicht **mit**.	Du bist nicht **mit**gekommen.
Opa **fährt mit**.	Opa ist **mit**gefahren.

H Restate the following sentences in the present tense:

▷ Sie hat einen Wiener kennengelernt.   *Sie lernt einen Wiener kennen.*

1 Wir haben zwei Mädchen kennengelernt.
2 Warum bist du nicht mitgekommen?
3 Wann hat sie den Brief abgeholt?
4 Die Kinder haben es mitgenommen.

5 Hat er mitgespielt?

6 Wer ist denn mitgefahren?

7 Ich habe euch angerufen.

8 Er hat die Aufgaben angefangen.

9 Sie hat den Satz aufgeschrieben.

10 Wir sind um 10 Uhr aufgestanden.

I Restate the following sentences as questions in the compound past:

▷ Er kommt mit.   *Ist er mitgekommen?*

1 Du rufst an.   Hast du angerufen?

2 Ihr spielt mit.   Habt ihr mitgespielt?

3 Ich fahre mit.   Bist du mitgefahren?

4 Wir lernen Peter kennen.   Habt ihr Peter kennengelernt?

5 Das Kindermädchen kauft ein.   Hat das Kindermädchen eingekauft?

6 Sie bleibt lange weg.   Ist sie lange weggeblieben?

7 Wir sehen fern.   Haben wir ferngesehen?

The Impersonal Subject Pronoun *es*

Es ist acht Uhr.	It is eight o'clock.
Es ist kalt.	It is cold.
Es gibt Blumen in den Gärten.	There are flowers in the gardens.
Es gibt nichts zu essen.	There is nothing to eat.

J Substitute the cued expressions:

▷ Es ist neun Uhr.
    zehn   *Es ist zehn Uhr.*

1 viertel vor zwölf

2 halb sieben

3 viertel nach zwei

4 acht Minuten vor sechs

▷ Es schneit.
    regnet   *Es regnet.*

1 ist kalt

2 ist kühl

3 ist warm

4 ist sehr kalt

▷ Es gibt ein Bild im Zimmer.
  einen Tisch   *Es gibt einen Tisch im Zimmer.*

1 einen Stuhl
2 ein Fenster
3 zwei Bilder
4 vier Wände
5 einen Fernsehapparat
6 ein Klavier

GRAMMATIK

Dative Case of *wer?*

	dem Mann		
Ich gebe	der Frau	das Buch.	*Wem* gibst du es?
	dem Kind		

	den Männern		
Ich gebe	den Frauen	das Buch.	*Wem* gibst du es?
	den Kindern		

The dative singular and plural form of **wer?** is **wem?**

Present Tense of Verbs with Stem Ending in *d* or *t*

schnei*d*en	antwor*t*en
du schneidest	du antwortest
er schneidet	er antwortet
ihr schneidet	ihr antwortet

A verb whose stem ends in **d** or **t** requires an **e** before the present tense endings **–st** and **–t**.

Schneide!	Schneidet!
Antworte!	Antwortet!

The **du**-imperative ends in **–e**; the **ihr**-imperative ends in **–et**.

Some verbs whose stem ends in **d** or **t**:

antworten	erwarten	reiten	warten
arbeiten	kosten	schneiden	zelten

Present Tense of Verbs with Stem Ending in a Sibilant

essen	**heißen**	**tanzen**
du ißt	du heißt	du tanzt

A verb whose stem ends in a sibilant (**s, ss, ß, z, tz**) usually drops the **s** of the **du**-form ending in the present tense.

Some verbs whose stem ends in a sibilant:

aufpassen	tanzen
blasen	übersetzen
heißen	vergessen
lesen	wissen

Past Participles

(a) Past participles of verbs with stem ending in **d** or **t**

> Du hast geantwortet.
> Wir haben gezeltet.
> Er hat gewartet.

If the infinitive stem ends in **d** or **t**, the ending **–et** is added to form the past participle.

(b) Past participles of verbs with separable prefixes

Present	Compound past
Er ruft dich an.	Er hat dich angerufen.
Sie paßt gut auf.	Sie hat gut aufgepaßt.
Du kommst nicht mit.	Du bist nicht mitgekommen.
Opa fährt mit.	Opa ist mitgefahren.

The **ge–** prefix of the past participle comes between the separable prefix and verb.

WIEDERHOLUNG

A Make up appropriate questions for the following statements:

1 Herr Wagner diktiert seiner Sekretärin einen Brief.
   Was . . . ?
   Wer . . . ?
   Wem . . . ?

2 Auf dem Markt gibt es Apfelsinen zu 20 Pfennig das Stück.

Wo . . . ?
Was . . . ?
Wieviel . . . ?

3 Peter arbeitet diesen Sommer, um Geld zu sparen.

Warum . . . ?
Wer . . . ?
Wann . . . ?

B   Restate in the *du-*, *er-*, and *ihr*-form of the verbs indicated:

1 Wir zelten den ganzen Sommer.
2 Warum antworten Sie nicht?
3 Ich reite im Herbst.
4 Sie warten auf ihre Mutter.
5 Ich schneide den Kuchen.

C   Complete the following sentences with the correct form of the verb:

1 (heißen)   Du . . . Heidi, nicht wahr?
2 (essen)   . . . du um sieben Uhr?
3 (tanzen)   Du . . . heute abend mit Klaus, nicht?
4 (übersetzen)   Erika, . . . den Brief!
5 (lesen)   Du . . . das Buch.

D   Express the following sentences in the compound past:

1 Er macht eine Reise.   6 Sie sieht ihn oft.
2 Sie kocht eine Suppe.   7 Mutti kocht gut.
3 Wir lernen Deutsch.   8 Der Bus kommt an.
4 Ich zahle immer.   9 Wir gehen mit.
5 Du wäschst die Teller.   10 Ich rufe dich an.

E   Answer the questions based on the following dialog:

Auf dem Bahnhof°

HERR BRAUN   Was machst du auf dem Bahnhof, Hans?
HANS-JÜRGEN   Ich warte nur auf meinen Zug.° Ich fahre heute in die Schweiz
               skilaufen.
HERR BRAUN   Gibt es dort noch Schnee? Wir haben doch schon Frühling.
HANS-JÜRGEN   Klar! In der Schweiz liegt noch viel Schnee.

HERR BRAUN	Wie lange bleibst du dort?
HANS-JÜRGEN	Ich werde vier Tage in Zermatt sein.
HERR BRAUN	O, Zermatt muß jetzt sehr schön sein! Aber da kommt dein Zug. Also, viel Vergnügen,° Hans!

FRAGEN

1 Was macht Hans auf dem Bahnhof?
2 Was wird Hans in der Schweiz machen?
3 Wo kann er im Frühling noch skilaufen?
4 Wie lange bleibt Hans in Zermatt?
5 Was wünscht ihm Herr Braun?

KULTURLESESTÜCK

diary

Berliner Tagebuch°

8. Juli 1945

end of the war/life
easy
destroyed
harder

Heute sind es schon zwei Monate nach Kriegsende.° Das Leben° ist nicht leicht.° Wir haben sehr wenig zu essen. Wir wohnen noch im Keller, denn die Häuser sind alle zerstört.° Eine Zigarette kostet zwei amerikanische Dollar. Aber wir Deutschen haben es nicht schwerer° als die Engländer und Franzosen. In London und Paris ist das Leben auch so schwer. Wir können wieder mit 5 dem Bus fahren und abends in ein Kino gehen. Berlin hat einen amerikanischen, einen britischen, einen französischen und einen russischen Sektor.

Kriegsende

Die Berliner Luftbrücke

25. Juni 1948

foodstuffs / *lassen*
...*durch:* **let pass**

Die Russen beginnen eine Blockade gegen uns. Sie lassen keine Lebensmittel,° keine Kohle, keinen Zug und keine Autos durch.° Elektrizität haben wir auch nicht. Unsre Kinder haben nicht genug zu essen. Die Stadt hat nur noch für 25 Tage Brot.

10. Juli 1948

airplanes
fly
ein und aus: **in and out / airport**
airlift / save

Die Amerikaner werden uns helfen! Amerikanische Flugzeuge° transportieren alles, was wir brauchen. Hunderte von Flugzeugen fliegen° täglich ein und aus.° Alle 30 Sekunden landet ein Flugzeug. Am Flughafen° arbeitet man Tag und Nacht. Vielleicht wird uns diese Luftbrücke° retten?°

10. Mai 1949

lift

Die Russen werden die Blockade bald aufheben!° Sie sagen, sie werden die Züge und Autos wieder nach Berlin durchlassen. Die Luftbrücke hat uns gerettet.

17. Juni 1953

East B. boulevard / construction workers government

Seit heute früh streiken die Arbeiter der Stalinallee.° Sie sind Bauarbeiter° für die Regierung° und wollen für ihre Arbeit mehr Geld. Aber die Regierung tut nichts. Jetzt wollen die Arbeiter eine neue Regierung. In andern Städten der DDR (Deutsche Demokratische Republik) hat der Streik auch angefangen.

18. Juni 1953

Gestern war ein trauriger° Tag. Der Arbeiterstreik ist bald ein politischer Streik geworden.° Die Arbeiter haben Gefängnisse° aufgemacht und politische Gefangene befreit.° Die Russen haben der Regierung geholfen. Sowjetische Panzer° sind durch Berlin und andre Städte der DDR gefahren. Die Menschen haben mit Steinen° auf die Panzer geworfen.° Sie hatten keine Waffen.° Viele wurden getötet.°

17. Juni 1954

Heute ist in Westberlin und Westdeutschland ein Feiertag zur Erinnerung° an den Aufstand° im letzten Jahr. Aber im Osten müssen alle arbeiten und niemand° darf vom Aufstand sprechen.

Der 17. Juni heißt jetzt „Tag der deutschen Einheit“.° Wann wird die Einheit wirklich kommen?

13. August 1961

Es ist unglaublich!° Die Soldaten° der DDR bauen° zwischen dem Ost- und Westsektor eine Mauer.° Will die DDR wirklich Familien und Freunde voneinander trennen?° Wir haben schon fast° zwei Millionen Flüchtlinge° aus der Ostzone. In den letzten Monaten sind fast jeden Tag 3000 Leute gekommen. Bis jetzt war es nicht so schwer, in die Bundesrepublik zu fliehen. Aber was nun?

Die Mauer zwischen West- und Ostberlin

26. Juni 1963

speech
proud
means / fear

Heute ist ein besonderer Tag! Der amerikanische Präsident Kennedy besucht uns. In seiner Rede° an die Westberliner sagt er: „Ich bin ein Berliner." Natürlich sind wir alle auf diese Worte sehr stolz.° Der amerikanische Präsident meint° wahrscheinlich, wir Berliner fürchten° nichts.

Präsident Kennedy auf Besuch

Wählen Sie die richtige Antwort!

1 Zwei Monate nach dem Ende des zweiten Weltkrieges wohnen noch viele Deutsche . . .
a/ im Stadion   *b*/ im Keller   *c*/ im Zug   *d*/ im Sektor

2 Berlin hat nach dem Krieg . . . Sektoren.
a/ zwei   *b*/ drei   *c*/ vier   *d*/ fünf

3 Die sowjetische Blockade beginnt im Jahre . . .

a/ 1945   *b/* 1948   *c/* 1955   *d/* 1961

4 Die Russen lassen weder Wagen noch Züge . . . durch.

a/ nach West-Berlin   *b/* nach Ost-Berlin   *c/* nach Hamburg
d/ nach Bonn

5 Hunderte von Flugzeugen fliegen mit Lebensmitteln und Kohle nach Berlin.
Das nennt man . . .

a/ den Flughafen   *b/* die Flüchtlinge   *c/* die Mauer
d/ die Luftbrücke

6 Der 17. Juni heißt jetzt . . .

a/ Tag des Streiks   *b/* Tag der deutschen Teilung
c/ Tag der deutschen Einheit   *d/* Tag des Aufstands

7 Im Jahre 1961 . . . zwischen dem Ostsektor und dem Westsektor Berlins
eine Mauer.

a/ bauen die Amerikaner   *b/* baut die BR   *c/* baut die DDR
d/ bauen die Westberliner

8 Zwischen 1945 und 1961 fliehen fast zwei Millionen Menschen aus . . .

a/ Westberlin   *b/* der BR   *c/* der Westzone   *d/* der DDR

9 Präsident Kennedy sagt in seiner Rede an die Westberliner: . . .

a/ ,,Ich bin stolz."   *b/* ,,Ich bin ein Berliner."
c/ ,,Ich fürchte nichts."   *d/* ,,Heute ist ein besonderer Tag."

10 Die Berliner . . .

a/ sind auf Kennedys Worte stolz   *b/* fürchten Kennedys Worte
c/ verstehen Kennedys Worte nicht   *d/* glauben Kennedys Worten nicht

VOKABELN

Substantive

(das) Amerika America
die Antwort, –en answer
der Bahnhof, ⸚e train station
das Briefpapier stationery
die Compagnie (Co.) company, firm
das Frühlingswetter spring weather
das Geschäft, –e business shop, store
der Geschäftsbrief, –e business letter
die Geschäftsleute business men
   der Geschäftsmann businessman

der Kuli, –s ball-point pen
der Schnee snow
der Schwarzwald Black Forest (region in
   southwestern Germany)
die Sekretärin, –nen secretary
die Verkäuferin, –nen salesgirl, sales-
   woman
der Zug, ⸚e train

Verben

an-kommen (ist angekommen) to arrive
arbeiten to work

diktieren to dictate
eilen to hurry
gefallen (ä; gefallen) to like, to be pleased
    with something
tippen to type
übersetzen (übersetzt) to translate

Adjektive

einige some
erholt relaxed
wenig a few

Andere Wörter

doch yes (*after a negative statement or*
    question)
sonst else, otherwise

wem? to (for) whom?

Besondere Ausdrücke

Schön! OK! All right!
Es eilt. It is urgent.
    Der Brief eilt sehr. This letter is very
    urgent.
Es gefällt mir. I like it.
    Gefällt Ihnen der blaue? Do you like
    the blue one?
Was darf es sonst noch sein? Is there any-
    thing else?
Viel Vergnügen! Have fun!
aus Amerika from America
auf deutsch in German
Er kann kein Englisch. He knows no
English.

GESPRÄCHE

Wir machen einen Ausflug.

Beim Einpacken

GEORG   Kann ich dir helfen?
VATER   Ja, nimm diese Sachen aus dem Kofferraum!
   Ich will das Gepäck einpacken.
MUTTER   Inzwischen sehe ich nach dem Korb mit dem Essen.
VATER   Vergiß den Fotoapparat nicht!
   Letztes Mal hast du ihn zu Hause gelassen.

VARIATIONEN

1 Kann ich **dir** helfen?
   euch
   Erika
   ihr
   Hans
   ihm

2 Nimm diese Sachen aus **dem Kofferraum.**
   dem Koffer
   dem Wagen
   dem Auto
   dem Korb
   dem Umschlag

3 Ich sehe nach **dem Korb.**
   dem Essen
   dem Fotoapparat
   der Luftpost
   der Rechnung
   der Karte

4 Du hast ihn **zu Hause** gelassen.
   in der Schule
   im Kino
   auf der Straße
   in den Bergen
   bei Müllers

1 Wie soll Georg seinem Vater helfen?
2 Was macht seine Mutter inzwischen?
3 Was soll Mutti nicht vergessen?
4 Wo hat die Mutter den Fotoapparat das letzte Mal gelassen?

Vater möchte ein Bild machen.

VATER   Reich mir bitte den Fotoapparat!
        Ich möchte ein Bild von diesem Bergtal machen.

GEORG   Und nimm auch diese Brücke auf!
        Aber wo ist denn der Apparat?

MUTTER Ich fürchte, ich habe ihn zu Hause gelassen.

VATER   Hoffentlich hast du den Korb nicht vergessen!

VARIATIONEN   1 Reich **mir** bitte den Fotoapparat!
                 uns
                 ihm
                 ihr
                 mir
                 ihnen

              2 Ich mache ein Bild von **diesem Bergtal.**
                 dieser Brücke
                 unsrem Haus
                 deinem Garten
                 ihrer Familie
                 seiner Schule

              3 Wo ist denn **der Apparat?**
                 der Korb
                 der Fußball
                 die Trompete
                 die Violine
                 das Heft

              4 Du hast **den Korb mit dem Essen** vergessen.
                 das Buch mit den Bildern
                 das Heft mit den Marken
                 den Brief mit der Rechnung
                 den Korb mit dem Geschenk
                 den Umschlag mit dem Geld

FRAGEN   1 Was soll Georg dem Vater reichen?
         2 Warum möchte Georgs Vater den Fotoapparat haben?
         3 Warum kann der Vater die Brücke nicht aufnehmen?

Ein Picknick am Fluß

Vater fragt nach dem Weg.

VATER   Verzeihung, können Sie mir sagen,
               wie wir nach Rothenbach kommen?
BAUER   Ja, das Dorf ist nicht weit von hier.
               Folgen Sie dieser Straße bis zur Brücke!
               Bei der Brücke biegen Sie nach rechts ab!

VARIATIONEN

1 Vater fragt nach **dem Weg.**
           der Straße
           der Post
           dem Park
           dem Stadion
           der Stadt

2 **Das Dorf** ist nicht weit von hier.
    Der Berg
    Die Jugendherberge
    Der Garten
    Das Haus
    Der Markt

3 Folgen Sie **dieser Straße!**
    diesem Auto
    der Straßenbahn
    dem Abschleppwagen
    diesem Taxi
    seinem Sportwagen

4 **Bei der Brücke** biegen Sie ab!
    Bei der Konditorei
    Beim Geschäft
    Bei der Universität
    Bei der Werkstatt
    Beim Dorf

FRAGEN

1 Wen fragt der Vater nach dem Weg nach Rothenbach?
2 Wie weit ist Rothenbach?
3 Wo soll der Vater nach rechts abbiegen?

Das Picknick

GEORG   Wir sind schon seit acht Uhr unterwegs.
               Ist außer mir noch jemand hungrig?
VATER   Ja, machen wir jetzt ein Picknick!
MUTTER   Georg, der Korb ist im Kofferraum.
               Gib ihn mir, bitte!
VATER   Geht schon zum Fluß hin!
               Ich bring' euch den Korb.

               Vater kommt zum Fluß.
MUTTER   Ich sehe, du hast den Fotoapparat gefunden.
VATER   Ja, er war im Kofferraum. Der Korb mit dem Essen aber nicht.

1 Ist außer **mir** noch jemand hungrig?
      ihm
      ihr
      uns
      euch
      ihnen

2 **Gib mir den Korb,** bitte!
Gib ihn mir
Gib ihm das Essen
Gib es ihm
Gib uns die Sachen
Gib sie uns

3 Geht schon **zum Fluß** hin!
      zum Kino
      zur Post
      zum Markt
      zur Werkstatt
      zum Park

4 Du hast den Fotoapparat **gefunden.**
      vergessen
      eingepackt
      zu Hause gelassen
      geschickt
      gekauft

FRAGEN 1 Warum möchte Georg ein Picknick machen?
2 Was braucht man für ein Picknick?
3 Wer will den Korb mit dem Essen zum Fluß bringen?
4 Was hat der Vater im Kofferraum gefunden?

AUSSPRACHE

Practice the following consonant sounds:

$[l]$ as in *viel, Stuhl, Füller, fällt*

$[\eta]$ as in *singen, Finger, Gesang*

Do the following drills:

[l] before vowels	[l] after vowels	[ŋ]	
liegen	*viel*	*Angst*	*Ängste*
Lüge	*stiehl*	*anfangen*	*Anfänge*
links	*Ziel*	*hangen*	*hängen*
legen	*fühlt*	*Junge*	*Jüngling*

[l] before vowels	[l] after vowels	[ŋ]	
*L*öwe	Bi*l*d	la*ng*e	lä*ng*er
Sch*l*ips	Fi*l*m	sa*ng*en	si*ng*en
sch*l*ief	Apri*l*	Ga*ng*	gi*ng*en
F*l*äche	feh*l*t		
f*l*ößen	steh*l*		
k*l*ar	he*ll*		
B*l*ock	nu*ll*		

WORTSCHATZVERGRÖSSERUNG

Wo ist die Post?

	ERIKA	Entschuldigen Sie! Können Sie mir sagen, wie ich zur Post komme?
policeman	POLIZIST°	Zur Hauptpost in der Stadt?
mail	ERIKA	Ja, ich muß dieses Paket nach Amerika aufgeben.°
	POLIZIST	Also, da gehen Sie die Hauptstraße entlang bis zur Schule. Dann
left / corner		biegen Sie nach rechts ab. Die Post ist links° an der Ecke.°
	ERIKA	Danke schön.
you're welcome	POLIZIST	Bitte schön,° Fräulein.

ÜBUNGEN

Word Order of Direct and Indirect Objects

Ich gebe *dem Mann* den Fotoapparat.
Ich gebe *der Frau* den Korb.

An indirect object noun always precedes a direct object noun.

A   Answer the questions with the cued words:

▷ Was gibt er dem Schüler? (Heft)   *Er gibt dem Schüler das Heft.*

1 Was gibt er der Schülerin? (Buch)   Er gibt der Schülerin das Buch.
2 Was gibt er dem Lehrer? (Kreide)   Er gibt dem Lehrer die Kreide.
3 Was gibt er der Lehrerin? (Wischer)   Er gibt der Lehrerin den Wischer.
4 Was gibt er dem Studenten? (Füller)   Er gibt dem Studenten den Füller.
5 Was gibt er der Studentin? (Bleistift)   Er gibt der Studentin den Bleistift.
6 Was gibt er dem Mädchen? (Kuli)   Er gibt dem Mädchen den Kuli.

B   Substitute the cued words:

▷ Ich bringe der Mutter die Äpfel.
    mein Vater   *Ich bringe meinem Vater die Äpfel.*

1 deine Tante
2 sein Onkel
3 ihre Großmutter
4 unsre Kusine
5 euer Großvater
6 Ihr Vetter

Ich gebe *ihm* den Fotoapparat.
Ich gebe **ihn** *dem Mann.*

A pronoun object always precedes a noun object.

C   Substitute a pronoun for each indirect object noun:

▷ Er zeigt meiner Schwester den Fluß.   *Er zeigt ihr den Fluß.*

1 Er zeigt meinem Bruder die Schule.   Er zeigt ihm die Schule.
2 Er zeigt Frau Müller die Post.   Er zeigt ihr die Post.
3 Er zeigt deiner Kusine die Bilder.   Er zeigt ihr die Bilder.
4 Er zeigt seinen Eltern die Briefe.   Er zeigt ihnen die Briefe.

5 Er zeigt den Leuten die Stadt.　　　Er zeigt ihnen die Stadt.
6 Er zeigt dem Kind das Fahrrad.　　Er zeigt ihm das Fahrrad.

D　Substitute a pronoun for each direct object noun:

▷　Sie reicht meiner Mutter die Äpfel.　　*Sie reicht sie meiner Mutter.*

1 Sie reicht dem Jungen die Birnen.　　Sie reicht sie dem Jungen.
2 Sie reicht unsrer Tante die Erdbeeren.　　Sie reicht sie unsrer Tante.
3 Sie reicht unsrem Onkel den Kaffee.　　Sie reicht ihn unsrem Onkel.
4 Sie reicht ihrem Vater den Nachtisch.　　Sie reicht ihn ihrem Vater.
5 Sie reicht seiner Schwester die Suppe.　　Sie reicht sie seiner Schwester.
6 Sie reicht euren Eltern das Essen.　　Sie reicht es euren Eltern.
7 Sie reicht ihrem Freund die Marmelade.　　Sie reicht sie ihrem Freund.

Ich gebe **dem Mann** *den Fotoapparat.*　　Ich gebe *ihn* **ihm.**
Ich gebe **der Frau** *den Korb.*　　Ich gebe *ihn* **ihr.**

When there are two pronoun objects, the direct object precedes the indirect object.

E　Use *reichen* in your responses:

▷　Er gibt sie mir.　　*Er reicht sie mir.*

1 Er gibt ihn ihr.
2 Er gibt es uns.
3 Er gibt sie dir.
4 Er gibt ihn ihm.
5 Er gibt es ihnen.
6 Er gibt sie euch.

F　Substitute a pronoun for each direct object noun:

▷　Kauf mir die Uhr!　　*Kauf sie mir!*

1 Kauf mir den Campingkocher!　　Kauf ihn mir!
2 Kauf mir das Fahrrad!　　Kauf es mir!
3 Kauf mir das Zelt!　　Kauf es mir!
4 Kauf mir den Fußball!　　Kauf ihn mir!
5 Kauf mir das Radio!　　Kauf es mir!
6 Kauf mir die Uhr!　　Kauf sie mir!
7 Kauf mir den Füller!　　Kauf ihn mir!
8 Kauf mir die Blumen!　　Kauf sie mir!

G Answer the questions affirmatively; then substitute a pronoun for each direct object noun:

▷ Bringst du ihm einen Brief?   *Ja, ich bringe ihm einen Brief.*
                                         Ich bringe ihn ihm.

1 Bringst du ihm die Rechnung?   Ja, ich bringe ihm die Rechnung.
                                         Ich bringe sie ihm.

2 Bringst du ihm die Briefmarken?   Ja, ich bringe ihm die Briefmarken.
                                         Ich bringe sie ihm.

3 Bringst du ihm den Geschäftsbrief?   Ja, ich bringe ihm den Geschäftsbrief.
                                         Ich bringe ihn ihm.

4 Bringst du ihm einen Umschlag?   Ja, ich bringe ihm einen Umschlag.
                                         Ich bringe ihn ihm.

5 Bringst du ihm eine Postkarte?   Ja, ich bringe ihm eine Postkarte.
                                         Ich bringe sie ihm.

6 Bringst du ihm die Post?   Ja, ich bringe ihm die Post.
                                         Ich bringe sie ihm.

H Substitute a pronoun for each object noun:

▷ Bring deiner Tante das Geschenk!   *Bring es ihr!*

1 Gib deinem Bruder die Schokolade!   Gib sie ihm!
2 Erzähl deinen Eltern die Geschichte!   Erzähl sie ihnen!
3 Leih ihrer Schwester deinen Füller!   Leih ihn ihr!
4 Reicht eurer Mutter die Brötchen!   Reicht sie ihr!
5 Gebt den Kindern ein Eis!   Gebt es ihnen!
6 Bringen Sie Ihrem Mann den Führerschein!   Bringen Sie ihn ihm!

Prepositions that Take the Dative Case

Maria ist **bei**	**meinem Bruder.**
	seiner Schwester.
	ihrem Kind.

I Use *bei* in your reponses:

▷ Bruder   *Karl ist bei meinem Bruder.*

1 Mann
2 Familie
3 Freunde
4 Mechaniker

5 Vater
6 Söhne
7 Frau

	eurem Vater.
Ilse spricht **mit**	**ihrer Mutter.**
	unsren Kindern.

J Use *mit* in your responses:

▷ Kusine   *Ilse spricht mit ihrer Kusine.*

1 Verkäuferin
2 Besuch
3 Geschwister
4 Lehrer
5 Klasse
6 Freunde

	dem Bahnhof.
Die Kinder kommen **aus**	**der Schule.**
	dem Haus.

K Use *aus* in your responses:

▷ der Garten   *Wir kommen aus dem Garten.*

1 unser Haus
2 der Park
3 der Bahnhof
4 unsre Geschäfte
5 ihre Werkstatt
6 dieses Kino

	meinem Vater	
Ist **außer**	**meiner Tante**	jemand zu Hause?
	unsrem Kindermädchen	

L Use *außer* in your responses:

▷ Wir sind hungrig.   *Ist außer uns noch jemand hungrig?*

1 Ich bin hungrig.
2 Er ist hungrig.

3 Du bist hungrig.
4 Sie ist hungrig.
5 Ihr seid hungrig.
6 Sie sind hungrig.

Herr Meier geht gerne schwimmen.

	meinem Vater	
Von	meiner Schwester	habe ich ein Buch bekommen.
	unsrem Kindermädchen	

M Use *von* in your responses:

▷ meine Schwester   *Von meiner Schwester habe ich eine Uhr bekommen.*

1 dein Bruder
2 meine Mutter
3 meine Freundin
4 unser Opa
5 ihre Eltern
6 euer Vater

N Use *von* in your responses:

▷ Mein Vater gibt mir ein   *Ich bekomme ein Geschenk von ihm.*
  Geschenk.

1 Deine Eltern geben mir ein   Ich bekomme ein Geschenk von ihnen.
  Geschenk.
2 Unsre Großeltern geben mir ein   Ich bekomme ein Geschenk von ihnen.
  Geschenk.
3 Mein Bruder gibt mir ein   Ich bekomme ein Geschenk von ihm.
  Geschenk.
4 Seine Schwester gibt mir ein   Ich bekomme ein Geschenk von ihr.
  Geschenk.
5 Unsre Freunde geben mir ein   Ich bekomme ein Geschenk von ihnen.
  Geschenk.
6 Euer Onkel gibt mir ein   Ich bekomme ein Geschenk von ihm.
  Geschenk.

	den Kindern.
Sie sieht **nach**	den Sachen.

O Use *nach* in your responses:

▷ Wo ist der Weg?   *Vater fragt nach dem Weg.*

1 Wo ist die Stadt?
2 Wo ist der Apparat?
3 Wo ist das Kino?
4 Wo ist die Jugendherberge?

5 Wo ist der Mechaniker?
6 Wo ist der Chef?

P   Answer in the affirmative:

▷ Kennen Sie Deutschland?   *Ja, ich fahre bald nach Deutschland.*

1 Kennen Sie England?
2 Kennen Sie Frankreich?
3 Kennen Sie Österreich?
4 Kennen Sie Bonn?
5 Kennen Sie Berlin?
6 Kennen Sie Wien?
7 Kennen Sie Zürich?

Wir fahren zu	einem Bauern.
	unsrer Großmutter.
	den Eltern.

Q   Use *zu* in your responses:

▷ Weißt du, wo ein Telefon ist?   *Ja, ich gehe gerade zu einem Telefon.*

1 Weißt du, wo ein Damengeschäft ist?
2 Weißt du, wo eine Schule ist?
3 Weißt du, wo eine Werkstatt ist?
4 Weißt du, wo ein Park ist?
5 Weißt du, wo ein Elektriker ist?
6 Weißt du, wo ein Mechaniker ist?

Wir sind schon seit	einem Monat	hier.
	einer Stunde	
	einem Jahr	

R   Use *seit* in your responses:

▷ Wie lange ist sie schon hier?
   zwei Tage   *Sie ist seit zwei Tagen hier.*

1 eine Viertelstunde
2 ein Monat
3 der Morgen
4 der Abend
5 das Frühstück

6 eine Woche

7 das Mittagessen

Dative Prepositional Contractions

Unser Radio ist **beim** Elektriker.

Dieses Geschenk ist **vom** Großvater.

Geht schon **zum** Fluß hin!

Folgen Sie der Straße bis **zur** Brücke!

S Use the contraction *beim* wherever possible:

▷ der Lehrer   *Hans ist beim Lehrer.*

1 der Großvater

2 der Bauer

3 die Frau

4 das Mädchen

5 der Elektriker

6 die Lehrerin

T Use the contraction *vom* wherever possible:

▷ der Chef   *Er kommt gerade vom Chef.*

1 die Sekretärin

2 das Büro

3 die Eltern

4 das Geschäft

5 die Klasse

6 der Opa

7 der Bahnhof

U Use the contractions *zum* or *zur* in your responses:

▷ Ilse geht zu dem Fluß hin.   *Ilse geht zum Fluß hin.*

1 Ich gehe zu der Bank.

2 Wir fahren zu dem Onkel.

3 Ich gehe zu der Schule.

4 Ihr fahrt zu der Großmutter.

5 Du gehst zu dem Telefon dort drüben.

6 Sie geht jetzt zu der Post.

7 Hans geht zu dem Lehrer.

GRAMMATIK

Word Order of Direct and Indirect Objects

Ich gebe *dem Mann* den Fotoapparat.
Ich gebe *der Frau* den Korb.

When there are two noun objects, the indirect object precedes the direct object.

Ich gebe *ihm* den Fotoapparat.
Ich gebe ihn *dem Mann*.

When there is one noun object and one pronoun object, the pronoun object precedes the noun object.

Ich gebe *ihn* ihm.
Ich gebe *ihn* ihr.

When there are two pronoun objects, the direct object pronoun precedes the indirect object pronoun.

Prepositions that Take the Dative Case

aus:	Er trinkt **aus der Tasse.** Wir gehen **aus dem Haus.** Er kommt **aus England.**	*außer:*	Ist **außer mir** noch jemand hungrig? Kommt **außer deiner** Tante noch jemand?
bei:	Er ist **bei seinem Freund.** **Bei der Brücke** biegen Sie ab.	*mit:*	Sie schreibt **mit einem Füller.** Er spricht **mit seinem Lehrer.**
nach:	Ich sehe **nach den Sachen.** Wir fragen **nach dem Weg.** **Nach dem Picknick** fahren wir weiter. Er fährt **nach Deutschland.**	*von:*	Das Geschenk ist **von den Eltern.** Er kommt gerade **von seinem Chef.**
seit:	Wir sind schon **seit einem Monat** hier. **Seit dem Mittagessen** geht es mir nicht gut.	*zu:*	Ich fahre **zu meinen Großeltern.** Sie kommt **zu unsrem Geburtstag.**

Dative Prepositional Contractions

> Wir essen **beim** Fluß.
> Diese Karte ist **vom** Vater.
> Er geht **zum** Park.
> Gehen Sie bis **zur** Brücke!

The prepositions **bei, von,** and **zu** often contract with the dative form of the definite article. The following contractions occur frequently:

bei dem > beim	zu dem > zum
von dem > vom	zu der > zur

WIEDERHOLUNG

A Rewrite as questions:

1 Morgen fährt er nach Berlin.
2 Gestern hat es den ganzen Tag geregnet.
3 Sie haben drei Nächte beim Bauern geschlafen.
4 Er kommt aus Deutschland.
5 Sie geht mit ihnen in die Schule.
6 Er kommt immer um zehn nach fünf nach Hause.

B Supply the missing dative prepositions:

1 Bekommt ihr . . . . . deiner Tante noch Besuch?
2 Sie geht ins Haus, um . . . . . den andren Sachen zu sehen.
3 Er ist . . . . . dem Morgen hier.
4 Müllers sind . . . . . ihren Kindern gekommen.
5 Gestern haben wir einen Brief . . . . . ihm bekommen.
6 Im Sommer fahren wir immer . . . . . meinen Großeltern in die Ferien.
7 . . . . . der Brücke biegen Sie rechts ab.
8 Er hat mir in einem langen Brief . . . . . den Ferien erzählt.

C Give the prepositional contractions for the following phrases:

1 durch das Haus	5 um das Kino
2 bei dem Auto	6 von dem Vater
3 für das Zimmer	7 zu der Schule
4 zu dem Fluß	

Wenn es heiß ist, kann man in München beim Rinderbrunnen die Schuhe ausziehen und die Füße im Wasser kühlen.

Neben den Bremer Stadtmusikanten kann man Blumen kaufen. Die Sage erzählt, daß ein Esel, ein Hund, eine Katze und ein Hahn so schlecht gesungen haben, daß sich Räuber fürchteten und weggelaufen sind.

Bei Schlagsahne und Torte sehen sich Gäste die gotische Kathedrale in Köln an, den Kölner Dom.

Die meisten Leute wohnen und arbeiten in den Städten. Um acht und um fünf Uhr ist immer viel los auf den Straßen: Autobusse, Straßenbahnen, Autos und Fahrräder sind Hauptverkehrsmittel.

In Berlin steht die neue Kaiser-Wilhelm Gedächtniskirche neben der alten Ruine mitten in der Stadt.

Deutsche Schüler gehen auch samstags zur Schule.

Nach der Schule gibt es oft noch Fragen über Hausaufgaben.

Am Sonntag sind viele Familien zusammen zu Hause.

Manche Bauern arbeiten
noch mit Pferden und
alten Maschinen.

Aber Deutschland ist vor allem ein Industriestaat.

In modernen Berufsschulen lernen junge
Leute einen Beruf für die Zukunft.

D Rewrite the following as Georg's personal account:

1. Gestern hat Georg seinem Vater geholfen.* 2. Er hat die Sachen aus dem Kofferraum genommen. 3. Dann hat er das Gepäck eingepackt. 4. Seine Mutter hat nach dem Korb mit dem Essen gesehen. 5. Sie haben ein Picknick bei der Brücke am Fluß gemacht. 6. Sein Vater hat den Fotoapparat leider zu Hause gelassen. 7. Zu trinken hat es auch nichts gegeben, denn seine Mutter hat den Eistee zu Hause gelassen. 8. Nach der Brücke sind auch falsch abgebogen und sie sind erst sehr spät in Rothenbach angekommen.

*1. Gestern habe ich meinem Vater geholfen . . .

E Restate in the compound past:

1 Wir biegen bei der Kirche ab.
2 Er packt das Gepäck ein.
3 Siehst du die Brücke dort drüben?
4 Ich gebe das Paket bei der Hauptpost auf.
5 Ihr Vater hilft Rosemarie bei den Schulaufgaben.
6 Hoffentlich laßt ihr den Fotoapparat nicht zu Hause!

F Express in German:

1 Say that Klaus . . .
a/ is drinking from a glass. *b*/ comes from Germany. *c*/ has a letter from his boss. *d*/ is driving from Bonn to Frankfurt.

2 Say that Gerda . . .
a/ lives with an aunt. *b*/ is helping her brother with his work. *c*/ is speaking with her friend. *d*/ is writing with a pencil.

VOKABELN

Substantive

der **Bauer** (*dat.*, *acc.* **–n**), **–n** farmer
das **Bergtal**, ⸚**er** mountain valley
die **Brücke**, **–n** bridge
das **Damengeschäft**, **–e** women's clothing store
das **Dorf**, ⸚**er** village
die **Ecke**, **–n** corner
England (das) England
das **Essen** food
der **Fluß (die Flüsse)** river

der **Fotoapparat**, **–e** camera
Frankreich (das) France
das **Gepäck** luggage
die **Hauptpost** main post office
die **Hauptstraße** main street
die **Kirche**, **–n** church
der **Kofferraum** trunk of car
der **Korb**, ⸚**e** basket
das **Paket**, **–e** package
das **Picknick**, **–s** picnic
der **Polizist** (*dat.*, *acc.* **–en**), **–en** policeman

die Sache, –n thing
der Weg, –e way

Verben

ab-biegen (ist abgebogen) to turn
auf-geben (aufgegeben) to mail (at the post-office window)
auf-nehmen (aufgenommen) to take a picture
ein-packen to pack
finden (gefunden) to find
folgen (ist gefolgt) to follow
fürchten to fear
helfen (i; geholfen) to help
kennen to know
lassen (ä; gelassen) to leave
reichen to reach, hand

Andere Wörter

außer besides

entlang along
hungrig hungry
jemand somebody
links to the left
    nach links to the left
rechts to the right
    nach rechts to the right
seit since
unterwegs on the way
Verzeihung! pardon me
weit far

Besondere Ausdrücke

Bitte schön. You're welcome.
ein Bild machen to take a picture
ein Picknick machen to have a picnic
fragen nach to inquire about
sehen nach to look after
Wir sind seit acht Uhr unterwegs. We have been on the way since 8 o'clock.

Aufgabe 18

LESESTÜCKE

Reise mit Hindernissen

Am Abend vor der Reise

Die Familie Meier möchte morgen eine Reise nach Hamburg machen. Heute abend machen sie alles fertig. Rudi ist mit dem Wagen in die Stadt gefahren. Er tankt° in der Tankstelle° und der Mechaniker kontrolliert das Wasser und das Öl. Herr Meier sitzt zu Hause und studiert die Karte.° Frau Meier ist in der Küche und macht Wurstbrote. Renate hilft ihrer Mutter.

„Wenn wir morgen 500 Kilometer fahren und früh abfahren, können wir abends in Hamburg sein", sagt Herr Meier. „Wir werden die Autobahn° nehmen."

„Ausgezeichnet", sagt seine Frau.

Im Hamburger Hafen

Frau Meier und Renate haben schon vier Wurstbrote gemacht. Jetzt macht Renate vier Käsebrote. Ihre Mutter kocht inzwischen acht Eier, dann nimmt sie zehn Äpfel und vier Birnen aus dem Kühlschrank. Sie packt alles in den Picknickkorb ein. Dann macht sie noch zwei Flaschen° mit Eistee fertig.

„Wir haben vier Wurstbrote, vier Käsebrote, acht Eier, zehn Äpfel, vier Birnen und zwei Flaschen Eistee eingepackt", sagt Frau Meier zu ihrem Mann. „Wird es genug° sein?"

„Ganz bestimmt!° Das können wir niemals° alles essen", sagt Herr Meier.

FRAGEN   1 Wohin möchte die Familie Meier fahren?
2 Warum fährt Rudi den Wagen in die Stadt?
3 Was macht Herr Meier?
4 Wie viele Kilometer will die Familie Meier am nächsten Tag fahren?
5 Wohin packt Frau Meier das Essen?
6 Was nimmt Frau Meier zu trinken mit?

Auf der Fahrt°

Es ist zehn Uhr abends. Meiers sind schon seit dreizehn Stunden unterwegs. Herr Meier ist den ganzen Tag gefahren. Alle sind müde.° Zu essen und zu trinken gibt es auch nichts mehr und Rudi ist sehr hungrig.

„In einer halben Stunde werden wir in Hamburg sein", sagt Herr Meier.

Vor zwei Stunden ist Herr Meier von der Autobahn gefahren, denn sie war sehr voll° und Frau Meier hat gefürchtet, daß sie einen Unfall° haben werden. Jetzt fahren Meiers auf der Landstraße.° Es gibt viele Kurven.° Herr Meier hat seiner Familie gesagt, daß die Landschaft° sehr schön° ist, aber es ist sehr dunkel,° und man kann nichts sehen.

„Vati", sagt Rudi plötzlich,° „bist du sicher, wir sind auf der richtigen Straße?"

„Ja, du kannst mir glauben, daß ich den Weg kenne. Gestern abend habe ich die Karte studiert."

„Aber sieh mal auf die Karte, Vati! Hier sind wir und hier ist die Straße nach Hamburg. Wir fahren in falscher Richtung."°

Herr Meier hält° den Wagen an und sieht auf die Karte. Ein Bauer kommt auf seinem Fahrrad die Straße entlang. Herr Meier hält ihn an.

„Entschuldigen Sie! Wissen Sie vielleicht, wie man nach Hamburg kommt?"

„Nach Hamburg? Also, da nehmen Sie am besten° die Autobahn. Fahren Sie zurück!° In zwei Stunden sind Sie auf der Autobahn."

Renate hat ein bißchen° geschlafen und ist gerade aufgewacht.°

„Also, das nächste Mal fliegen° wir mit dem Flugzeug",° sagt sie schläfrig.°

1 Wie lange ist die Familie Meier schon unterwegs?
2 Wer ist hungrig?
3 Warum ist Herr Meier von der Autobahn gefahren?
4 Wie ist die Landstraße?
5 Warum sagt Herr Meier, daß er den Weg gut kennt?
6 In welcher Richtung fahren die Meiers?
7 Warum hält Herr Meier den Bauern an?
8 Wie kommt man am besten nach Hamburg?
9 Wie werden Meiers das nächste Mal nach Hamburg reisen?°

WORTSCHATZVERGRÖSSERUNG

Verkehrsmittel

1 das Flugzeug
2 das Schiff
3 der Zug

4 die Straßenbahn
5 der Bus
6 das Motorrad

Aufgabe 18

1 Fahren Sie gern mit dem Motorrad?
2 Sind Sie schon einmal mit dem Flugzeug geflogen?
3 Gibt es in Ihrer Stadt eine Straßenbahn?
4 Mit welchem Verkehrsmittel kann man von Chicago nach New York reisen?
5 Möchten Sie eine Schiffsreise machen?
6 Wie möchten Sie nach Europa reisen? Mit dem Schiff oder mit dem Flugzeug?
7 Fahren Sie mit dem Bus oder mit der Straßenbahn in die Schule?
8 Wie reisen Sie in die Ferien?

ÜBUNGEN

Verbs that Take the Dative Case

Er **antwortet** mir nicht.
Er **glaubt** ihm nicht.
Die Kirche **gefällt** uns.
Ich **danke** Ihnen für die Blumen.
Folgen Sie dieser Straße!
Wir **helfen** unsrer Mutter.

A Use *glauben* in your responses:

▷ Ich kenne den Weg.   *Hans glaubt mir nicht.*

1 Du kennst die Straße.   Hans glaubt dir nicht.
2 Er kennt das Buch.   Hans glaubt ihm nicht.
3 Sie kennt das Problem.   Hans glaubt ihr nicht.
4 Wir kennen das Land.   Hans glaubt uns nicht.
5 Ihr kennt den Lehrer.   Hans glaubt euch nicht.
6 Sie kennen die Familie.   Hans glaubt ihnen nicht.

B Use *gefallen* in your responses:

▷ Diese Landschaft ist schön.   *Sie gefällt unsren Freunden.*

1 Dieses Buch ist gut.
2 Dieser Film ist ausgezeichnet.
3 Diese Blumen sind hübsch.
4 Diese Universität ist ausgezeichnet.
5 Diese Reise ist interessant.
6 Dieses Dorf ist alt.

C Use *gefallen* in your responses:

▷ Karl ist sehr nett.   *Er gefällt mir.*

1 Ilse ist sehr nett.
2 Du bist sehr nett.
3 Die Kinder sind sehr nett.
4 Ihr seid sehr nett.
5 Meiers sind sehr nett.
6 Deine Freunde sind sehr nett.

D Use *danken* in your responses:

▷ Ich gebe Rudi ein Geschenk.   *Er dankt mir.*

1 Wir geben Rudi ein Geschenk.
2 Ihr gebt Rudi ein Geschenk.
3 Sie gibt Rudi ein Geschenk.
4 Du gibst Rudi ein Geschenk.
5 Er gibt Rudi ein Geschenk.
6 Sie geben Rudi ein Geschenk.
7 Das Mädchen gibt Rudi ein Geschenk.

E Pluralize the dative objects:

▷ Ich helfe meiner Schwester.   *Ich helfe meinen Schwestern.*

1 Ihr helft eurem Bruder.   Ihr helft euren Brüdern.
2 Du hilfst dem Jungen.   Du hilfst den Jungen.
3 Er hilft dem Kind.   Er hilft den Kindern.
4 Wir helfen der Frau.   Wir helfen den Frauen.
5 Sie hilft ihrer Kusine.   Sie hilft ihren Kusinen.
6 Sie helfen unsrem Freund.   Sie helfen unsren Freunden.
7 Ich helfe meiner Lehrerin.   Ich helfe meinen Lehrerinnen.

F Use *folgen* in your responses:

▷ diese Straße   *Folgen Sie dieser Straße!*

1 dieser Mann
2 dieses Auto
3 diese Leute
4 dieser Polizist
5 diese Straßenbahn
6 dieses Motorrad

G Answer with the persons indicated:

▷ Wem gefällt der Wagen? (Mutter)   *Der Wagen gefällt unsrer Mutter.*

1 Wem gefällt der Korb? (Schwester)   Der Korb gefällt unsrer Schwester.
2 Wem glaubt der Junge? (Vater)   Der Junge glaubt unsrem Vater.
3 Wem folgen die Schüler? (Lehrer)   Die Schüler folgen unsrem Lehrer.
4 Wem antwortet Karl? (Onkel)   Karl antwortet unsrem Onkel.
5 Wem dankst du? (Kusine)   Ich danke unsrer Kusine.
6 Wem hilft er? (Freundin)   Er hilft unsrer Freundin.

H Answer in the affirmative:

▷ Gefällt Ihnen dieser Wagen?   *Ja, er gefällt mir.*
  Folgen Sie dieser Straße?   *Ja, ich folge ihr.*

1 Antworten Sie diesem Polizisten?
2 Glauben Sie diesen Leuten?
3 Danken Sie dem Chef?
4 Helfen Sie der Verkäuferin?
5 Gefallen Ihnen diese Blumen?
6 Folgen Sie diesem Lehrer?

Present Tense to Express Duration of Time

Seit wann arbeitet sie hier?	Since when (how long) has she been working here?
Sie arbeitet seit dem Herbst hier.	She has been working here since this fall.
Wie lange sind Sie schon unterwegs?	How long have you been on your way?
Wir sind schon seit zwei Stunden unterwegs.	We have been on our way for two hours.

I Answer with the cued expression:

▷ Seit wann ist sie hier?
  (seit Juni)   *Sie ist seit Juni hier.*

1 Seit wann wohnt sie hier?
  (seit dem Sommer)
2 Seit wann arbeitet sie hier?
  (seit einer Woche)
3 Seit wann ist sie hier?
  (seit einer Stunde)

4 Seit wann spielt sie hier?
   (seit einem Monat)

5 Seit wann hilft sie hier?
   (seit einem Jahr)

6 Seit wann segelt sie hier?
   (seit vier Wochen)

J   Answer with the cued expression:

▷ Wie lange sind Sie schon in
   Deutschland? (seit vier
   Monaten)

*Ich bin schon seit vier Monaten in
Deutschland.*

1 Wie lange sind Sie schon unterwegs? (seit neun Uhr)

Ich bin schon seit neun Uhr unterwegs.

2 Wie lange sind Sie schon in Berlin?
   (seit gestern abend)

Ich bin schon seit gestern abend in
Berlin.

3 Wie lange sind Sie schon in
   Amerika? (seit September)

Ich bin schon seit September in
Amerika.

4 Wie lange sind Sie schon in
   München? (seit einer Woche)

Ich bin schon seit einer Woche in
München.

5 Wie lange sind Sie schon in der
   Schweiz? (seit einem Jahr)

Ich bin schon seit einem Jahr in der
Schweiz.

6 Wie lange sind Sie schon in
   Österreich? (seit 14 Tagen)

Ich bin schon seit 14 Tagen in
Österreich.

Kennen and *wissen*

kennen	wissen
Ich **kenne** Peter.	Ich **weiß,** wer Peter ist.
Ich **kenne** Berlin.	Ich **weiß,** wo Berlin liegt.
Ich **kenne** das Buch.	Ich **weiß,** wie das Buch heißt.

K   Use *kennen* in your responses:

▷ meine Schwester

Kennen Sie meine Schwester?

1 ihren Freund
2 Frau Müller
3 die Schweiz
4 den Rhein
5 die Situation
6 die Universität

L Use *wissen* in your responses:

▷ Wo ist Peter?   *Ich weiß nicht, wo Peter ist.*

1 Wo ist Helga?
2 Wer ist das Mädchen?
3 Wie spät ist es?
4 Wo liegt Hamburg?
5 Warum bleibt er?
6 Was bringt sie?

GRAMMATIK

Verbs that Take the Dative Case

Er **glaubt** seinen Eltern.	**Folgen** Sie dieser Straße!
Der Wagen **gefällt** uns.	Wir **helfen** unsrer Mutter.
Ich **danke** ihm fürs Geschenk.	**Antwortet** dem Lehrer!

The following verbs take the dative case in German:

antworten	to answer	**gefallen (ä)**	to be pleasing, to like
danken	to thank	**glauben**	to believe
folgen	to follow	**helfen (i)**	to help

Present Tense to Express Duration of Time

Seit wann arbeiten Sie hier?	How long have you been working here?
Ich arbeite seit einem Jahr hier.	I have been working here for a year.
Wie lange wohnt er schon in Berlin?	How long has he been living in Berlin?
Er wohnt schon seit drei Monaten in Berlin.	He has been living in Berlin for three months.

German uses the present tense with **seit** (or **schon seit**) to express action which started in the past and extends into the present. English uses the present perfect progressive tense in such cases.

Note that the time expression used with **schon seit** is always in the dative case.

Kennen and *wissen*

kennen	wissen
Ich **kenne** Peter gut.	Ich **weiß,** wer Peter ist.
Ich **kenne** Berlin.	Ich **weiß,** wo Berlin liegt.
Ich **kenne** das Buch.	Ich **weiß,** wie das Buch heißt.

Kennen means to be acquainted with a person, place, or thing.
Wissen means to know something as a fact.

Können is used with skills in the sense of *to know how to:*

Ich kann Deutsch.	I know (how to speak) German.
Ich kann den Wagen reparieren.	I know how to repair the car.

WIEDERHOLUNG

A   Supply the missing dative forms:

1 er   Ich gebe . . . eine Tasse Kaffee.
2 sie, *sing.*   Leih . . . bitte deinen Füller!
3 dieses Auto   Folgen Sie . . . bis zur Ecke!
4 die Verkäuferin   Diesen Sommer helfen wir . . .
5 wir   Ihre Blumen gefallen . . . sehr gut.
6 der Polizist   Wir antworten . . .
7 ich   Du kannst . . . glauben.
8 seine Lehrerin   Er antwortet . . .

B   Answer the question *Wie lange sind Sie schon hier?* with the cued phrases:

1 ein Jahr   6 eine Stunde
2 ein Monat   7 Juni
3 vier Wochen   8 zwanzig Minuten
4 gestern abend   9 das Mittagessen
5 vier Uhr   10 das Frühstück

C   Use a form of *kennen* or *wissen* to complete the sentences:

▷ Ich . . . den Mann.   *Ich kenne den Mann.*
  Ich . . . nicht, wann er kommt.   *Ich weiß nicht, wann er kommt.*

1 Ich . . . die Frau.   3 Ich . . . seinen Bruder nicht.
2 Ich . . . nicht, wie sie heißt.   4 Ich . . . , wie der Junge heißt.

5 Ich . . . nicht, wo Bonn liegt.
6 Ich . . . diese Stadt gut.
7 Ich . . . das Buch nicht.

8 Ich . . . , wieviel es kostet.
9 Ich . . . , wo mein Vater arbeitet.
10 Ich . . . das Büro.

D Answer in German:

1 Werden Sie dieses Jahr eine Reise machen?
2 Wohin wollen Sie fahren?
3 In welcher Jahreszeit kann man ein Picknick machen?
4 Was nimmt man gewöhnlich auf ein Picknick mit?
5 Was nehmen Sie zu trinken mit?
6 Wo machen Sie Ihr Picknick?
7 Wie kommen Sie jeden Tag nach Hause?
8 Können Sie autofahren?
9 Mit wieviel Jahren kann man in Amerika den Führerschein machen?
10 Kann man in Ihrer Schule autofahren lernen?
11 Hat Ihre Mutter einen Führerschein?
12 Wie viele Verkehrsmittel hat Ihre Stadt?
13 Wie kommt man am besten nach Europa?
14 Wie komme ich zur Tankstelle?

E Rewrite the following sentences in the compound past:

1 Ich vergesse den Fotoapparat.
2 Er holt die Post ab.
3 Wir kommen um neun Uhr an.
4 Wir antworten auf einer Postkarte.
5 Ihr arbeitet wieder spät.
6 Paßt du gut auf?
7 Was bekommt sie zum Geburtstag?
8 Ruft er schon wieder an?
9 Gehst du ins Kino?
10 Was gibt es zum Mittagessen?
11 Packt sie das Picknick ein?

F Write a dialog based on the following narrative:

Herr und Frau Weiß fahren nach Würzburg. Herr Weiß hat die Karte gestern abend studiert. Er sagt, daß er den Weg gut kennt. Aber Frau Weiß glaubt ihrem Mann nicht. Herr Weiß hält bei einer Tankstelle und fragt den Mechaniker nach der Straße nach Würzburg. Der Mechaniker sagt, daß Herr und Frau Weiß auf der richtigen Straße sind. In einer Stunde werden sie in Würzburg sein.

KULTURLESESTÜCK

All aboard!

Alles einsteigen!°

by train
age, era

Wenn die Deutschen reisen, fahren sie meistens mit der Eisenbahn.° In Amerika
ist es ganz anders. Im Zeitalter° des Flugzeugs und des Autos fahren nur wenige
Amerikaner mit der Eisenbahn. Aber Amerika ist ein großes Land, und die

distances
distant
for that reason
traveler/important

Entfernungen° zwischen den Großstädten sind enorm. In Deutschland liegen
die Städte nicht so weit voneinander entfernt.° Eine Reise per Flugzeug ist oft 5
gar nicht praktisch. Außerdem haben nicht alle Deutschen ein Auto. Daher°
ist die Eisenbahn für den Reisenden° immer noch so wichtig° wie früher. Im

express train

Winter fahren viele mit dem D-Zug (Durchgangszug)° in die Bayrischen Alpen
zum Wintersport, im Sommer an die Nordsee zum Schwimmen oder in einen

spa / place names

schönen Kurort.° Die vielen Ortsnamen° mit dem Wort „Bad" wie Bad Nau- 10
heim, Badenweiler, Bad Homburg, Baden-Baden sind meistens Kurorte. In

Hauptbahnhof Frankfurt am Main

parts

recover

diesen Orten gibt es natürliche Bäder. Kranke aus allen Teilen° Europas fahren in diese Bäder, um sich zu erholen.° Jedes Jahr fahren mehr als drei Millionen Deutsche und andere Europäer „zur Kur".

Die D-Züge fahren sehr schnell und halten nur an den Hauptstationen. Personenzüge fahren weniger schnell und halten an allen Stationen. 5

platform

In einem deutschen Bahnhof muß jede Person auf dem Bahnsteig° eine Karte haben: die Reisenden haben eine Fahrkarte, und Freunde, die „Auf Wiedersehen!" sagen, haben eine Bahnsteigkarte. Eine Bahnsteigkarte kostet nur zwanzig Pfennig.

corridor / compartments

comfortable

comfortably

pull out

Die Eisenbahnwagen sind in Deutschland anders als in Amerika. Sie haben 10 einen langen Gang.° Neben dem Gang sind viele Abteile.° Die Abteile zweiter Klasse sind für acht Reisende. Die Abteile erster Klasse sind nur für sechs Personen. Die Züge sind bequem° und praktisch. Wenn man nicht mehr sitzen möchte, geht man auf den Gang hinaus. Nachts kann man im Abteil sehr gemütlich° schlafen. Aus beiden Wänden des Abteils kann man „Betten" 15 herausziehen.°

close / conductor

„Alles einsteigen! Türen schließen!"° ruft der Schaffner.°

Die Reise geht los.

Ein Fahrplan

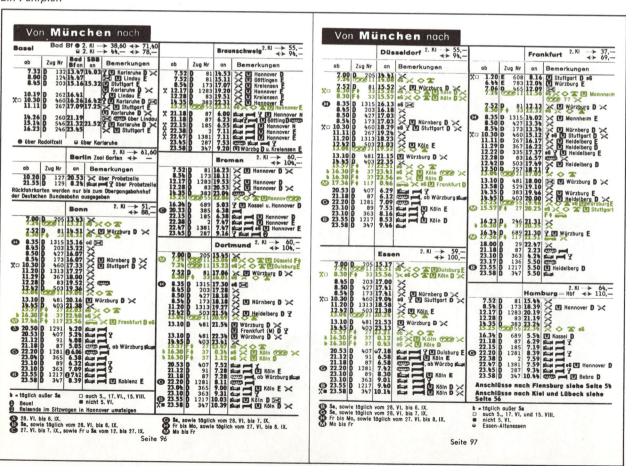

Wählen Sie die richtige Antwort!

1 Wenn die Deutschen reisen, fahren sie meistens . . .
   a/ mit dem Zug   *b/* mit dem Fahrrad   *c/* mit der Straßenbahn
   d/ mit dem Schiff

2 Die Entfernungen zwischen den amerikanischen Großstädten sind . . . als
   die zwischen den deutschen Großstädten.
   a/ kleiner   *b/* größer   *c/* bequemer   *d/* interessanter

3 Viele deutsche Kurorte haben das Wort . . . im Ortsnamen.
   a/ „Wasser"   *b/* „Park"   *c/* „Bad"   *d/* „Kur"

4 Man fährt in die Kurorte, . . .
   a/ um sich zu erholen   *b/* um Wintersport zu treiben
   c/ um zelten zu können   *d/* um ein Fußballspiel zu sehen

5 Wenn man schnell fahren will, fährt man mit dem . . .
   a/ Personenzug   *b/* S-Zug   *c/* A-Zug   *d/* D-Zug

6 Eine Bahnsteigkarte kostet . . .
   a/ nichts   *b/* einige Pfennig   *c/* einige Mark   *d/* zehn Mark

7 Deutsche Eisenbahnwagen haben . . .
   a/ ein langes Abteil   *b/* einen langen Gang   *c/* ein langes Fenster
   d/ lange Abteilwände

8 Der Schaffner ruft:
   a/ „Alles einsteigen!"   *b/* „Alles herausziehen!"   *c/* „Alles aussteigen!"
   d/ „Alles fahren!"

Richtig oder falsch?

1 Personenzüge halten an allen Stationen.
2 Wenn man auf den Bahnsteig gehen möchte, aber nicht mit dem Zug
  fahren will, muß man eine Bahnsteigkarte kaufen.
3 Man darf in den Abteilen nicht schlafen.
4 Aus beiden Fenstern des Abteils kann man „Betten" herausziehen.
5 Wenn man nicht mehr sitzen möchte, kann man auf den Gang gehen.

VOKABELN

Substantive

die Autobahn expressway
die Fahrt, –en trip

die Flasche, –n bottle
das Flugzeug, –e airplane
die Karte, –n map

das Käsebrot, –e cheese sandwich
der Kilometer, – 0.62 miles
die Kurve, –n curve
das Land, ̈er country
die Landschaft countryside
die Landstraße, –n highway
das Motorrad, ̈er motorcycle
das Öl oil
die Richtung, –en direction
das Schiff, –e ship
 die Schiffsreise boat trip

die Situation situation
die Tankstelle, –n service station
der Unfall, ̈e accident
das Verkehrsmittel, – means of transportation
das Wurstbrot, –e cold-meat sandwich

Verben

ab-fahren (ä; ist abgefahren) to start off
an-halten (ä; angehalten) to stop
auf-wachen (ist aufgewacht) to wake up
danken to thank
fertig-machen to make ready, prepare

fliegen (ist geflogen) to fly
kontrollieren (kontrolliert) to check
packen to pack
reisen (ist gereist) to travel
sitzen (gesessen) to sit
tanken to get gas
zurück-fahren (ä; ist zurückgefahren) to drive back, return

Andere Wörter

am besten (*superlative of* gut) best
bestimmt certainly; ganz bestimmt absolutely
dunkel dark
ein bißchen a little
genug enough
gestern yesterday; gestern abend last night
müde tired
niemals never
plötzlich suddenly
schläfrig sleepy
voll full, crowded
vor zwei Stunden two hours ago
zurück back

Aufgabe 19

GESPRÄCHE

Eine neue Jacke für den Studentenball

Heinz braucht eine neue Jacke.

HEINZ   Vati, ich brauche eine neue Jacke.
Am nächsten Samstag ist in Heidelberg Studentenball.

VATER   Aber wo soll ich denn das Geld hernehmen?
Ich bin kein Millionär.

HEINZ   Bei Müller ist Ausverkauf.
Jacken sind ganz billig.

VATER   Also gut, hier sind fünfzig Mark.
Geh hin und kauf dir eine!

VARIATIONEN   **1** Am **nächsten Samstag** gehe ich tanzen.
nächsten Freitag
nächsten Sonntag
ersten Mai
zweiten Juni
vierten Februar

    2 Wo soll ich denn **das Geld** hernehmen?
die Zeit
die Blumen
die Eier
die Erdbeeren
das Obst

Heinz braucht eine neue Jacke.

3 Ich bin kein **Millionär.**	4 **Geh hin** und kauf dir eine Jacke!
Elektriker	Geh schnell hin
Mechaniker	Lauf hin
Lehrer	Lauf schnell hin
Bauer	Fahr hin
Polizist	Fahr schnell hin

FRAGEN 1 Warum braucht Heinz eine neue Jacke?
2 Wo kann Heinz eine Jacke billig kaufen?
3 Wieviel Geld gibt ihm sein Vater?

Bei Müller

VERKÄUFER	Hier ist eine schöne Jacke.
	Probieren Sie sie mal an!
HEINZ	Sie paßt nicht.
	Sie ist unter dem Arm zu eng.
VERKÄUFER	Das können wir ändern.

HEINZ	Ist sie teuer?
VERKÄUFER	Ganz im Gegenteil.
	Sie kostet nur fünfzig Mark.

VARIATIONEN 1 Probieren Sie **die Jacke** mal an!   2 Die Jacke ist zu **eng.**

        sie   groß

        das Kleid°   klein

        es   dick

        den Rock°   dünn

        ihn   lang

3 Ist die Jacke **teuer?**

        billig

        gut

        blau

        braun

        grün

FRAGEN 1 Warum paßt die Jacke nicht?

        2 Was kann der Verkäufer mit der Jacke machen?

        3 Was kostet die Jacke?

Heinz kann seine Jacke nicht finden.

HEINZ	Mutti, weißt du, wo meine neue Jacke ist?
	Ich habe sie aufs Bett gelegt.
MUTTER	Hängt sie nicht im Schrank?
HEINZ	Nein, sie hängt auch nicht an der Tür.
MUTTER	Hast du sie schon in Peters Zimmer gesucht?
	Er hat sie heute morgen anprobiert.
HEINZ	Aha, du hast recht!
	Sie liegt dort über dem Stuhl am Fenster.

VARIATIONEN 1 **Weißt du,** wo meine Jacke ist?

        Wissen Sie

        Weiß er

        Wißt ihr

        Weiß Mutti

        Wissen sie

2 Ich habe die Jacke **aufs Bett** gelegt.

> auf den Stuhl
> über den Stuhl
> auf den Tisch
> auf die Bank
> aufs Sofa

3 Hängt sie nicht **im Schrank?**

> an der Tür
> über dem Stuhl
> im Schlafzimmer
> am Fenster
> an der Wand

4 Hast du sie schon **in Peters Zimmer** gesucht?

> im Wohnzimmer
> im Schlafzimmer
> in der Küche
> im Eßzimmer
> in deinem Zimmer

FRAGEN **1** Wohin hat Heinz seine Jacke gelegt?

2 Wo hat Heinz seine Jacke schon gesucht?

3 Wo findet Heinz seine Jacke?

Beim Einpacken

MUTTER	Wohin hast du denn den Koffer gestellt?
HEINZ	Er steht auf dem Stuhl.
MUTTER	Hast du auch Schuhe und Socken dabei?
HEINZ	Ja. Jetzt brauch' ich noch einen Schlips und ein Hemd.
MUTTER	Vielleicht leiht dir Peter seinen Schlips.
	Und hier ist ein weißes Hemd.

VARIATIONEN **1** Wohin hast du ihn **gestellt?**   **2** Er steht auf **dem Stuhl.**

> gelegt   dem Bett
> gesteckt   der Bank
> gehängt   dem Schreibtisch
> geschickt   dem Tisch
> gebracht   der Straße

3 Hast du **Socken** dabei ?
    Schuhe
    Schlipse
    Hefte
    Bücher
    Bleistifte

4 Peter leiht **dir** seinen Schlips.
    ihm
    uns
    Ihnen
    euch
    mir

FRAGEN
1 Wohin hat Heinz seinen Koffer gestellt ?
2 Was hat Heinz schon im Koffer ?
3 Was braucht er noch ?

AUSSPRACHE

Practice the following consonant sounds:

[ts] as in *zehn, Blitz, Ratskeller*

[ts] in final position	[ts] in initial position
Sa*tz*	*z*ehn
kur*z*	*z*ahlen
Schmer*z*	*z*eigen
nich*ts*	*Z*eile
geh*t's*	*Z*eit
spi*tz*	*Z*immer
Schmu*tz*	*z*u
gan*z*	*z*urück

[z] as in *sein, sehr, Bluse, gesund*

[z] in initial position	[z] in medial position
*S*ache	Blu*s*e
*s*agen	ge*s*und
*s*ehen	Ge*s*icht
*s*ein	Ho*s*e
*s*itzen	Rei*s*e
*s*o	al*s*o
*S*ofa	die*s*er
*s*oll	lei*s*e

[s] as in *es, essen, iß*t

[s]	[s] = ss	[s] = ß
alles	Wasser	außer
ausgeben	Essen	Fußball
etwas	wissen	groß
Hals	Klasse	heißen
losfahren	müssen	müßte
Rast	Tasse	reißen

Practice the following drills, first vertically, then horizontally:

[z]	[ts]
sehen	Zehen
Seile	Zeile
seit	Zeit
sieh	zieh
Siege	Ziege
sog	zog
Sang	Zange
Sohn	Zone
soll	Zoll
weisen	Weizen
heiser	Heizer
losen	lozieren
Reisen	reizen

[z]	[s]	[ts]
reisen	reißen	reizen
Kurse	Kurs	kurz
heiser	heißen	heizen
Geisel	Geiß	Geiz
Gase	Gasse	Gazelle
Felsen	Fels	Filz
Besen	beißen	beizen
weisen	weißen	Weizen

WORTSCHATZVERGRÖSSERUNG

Kleidung

1 die Socke, –n	5 die Jacke, –n	9 die Bluse, –n	13 die Handtasche, –n
2 das Hemd, –en	6 der Hut, ⸚e	10 der Pulli, –s	14 der Handschuh, –e
3 der Anzug, ⸚e	7 der Regenmantel, ⸚	11 der Strumpf, ⸚e	15 der Schuh, –e
4 die Hose, –n	8 der Rock, ⸚e	12 das Kleid, –er	16 der Mantel, ⸚

Answer the questions:

1 Was trägt . . .   (**tragen, ä:** to wear)

    a. ein Junge in der Schule?   d. eine Frau in der Stadt?
    b. ein Mädchen in der Schule?   e. eine Frau zu Hause?
    c. ein Mann im Büro?

2 Wie viele . . . haben Sie?

    a. Pullis   d. Anzüge
    b. Röcke   e. Hemden
    c. Blusen   f. Taschen

3 Wieviel kostet . . .

    a. ein Paar Schuhe?   c. ein Paar Socken?
    b. ein Paar Handschuhe?   d. ein Paar Strümpfe?

ÜBUNGEN

Hin and *her*

(a) **Hin** and **her** as separable prefixes

      Gehen Sie zu Müller!   Gehen Sie **hin**!
      Kommen Sie zu uns!   Kommen Sie **her**!

Hin expresses motion away from the speaker.
Her expresses motion toward the speaker.

A Substitute the verbs indicated:

▷ hingehen   *Er geht hin.*

1 hinfahren
2 hinlaufen
3 hinsegeln
4 hinwandern
5 hinreisen
6 hinfliegen

B Substitute the verbs indicated:

▷ herkommen   *Ich bin hergekommen.*

1 herlaufen
2 herschwimmen
3 hersegeln
4 herwandern
5 herreisen
6 herfliegen

C Use *hingehen* or *herkommen* in your responses:

▷ Ich bin zu Hause.   *Kommst du auch her?*
   Ich gehe nach Hause.   *Gehst du auch hin?*

1 Ich bin in München.   Kommst du auch her?
2 Ich reise nach München.   Reist du auch hin?

3 Ich bin im Büro.	Kommst du auch her?
4 Ich fahre ins Büro.	Fährst du auch hin?
5 Ich bin in der Stadt.	Kommst du auch her?
6 Ich gehe in die Stadt.	Gehst du auch hin?
7 Ich bin in England.	Kommst du auch her?
8 Ich fliege nach England.	Fliegst du auch hin?

(b) The interrogatives **wohin?** and **woher?**

Er geht nach Hause.	**Wohin geht er?**
Er kommt von zu Hause.	**Woher kommt er?**

Hin and **her** may be combined with the interrogative **wo?.**

D Form questions with *wo? wohin?* or *woher?*

▷ Er ist zu Hause. *Wo ist er?*
Er geht nach Hause. *Wohin geht er?*
Er kommt von zu Hause. *Woher kommt er?*

1 Er ist im Büro.
2 Er geht ins Büro.
3 Er kommt aus dem Büro.
4 Das Kind ist im Garten.
5 Das Kind geht in den Garten.
6 Das Kind kommt aus dem Garten.
7 Er kauft es in der Stadt.
8 Er bringt es in die Stadt.
9 Er bringt es aus der Stadt.
10 Der Brief liegt auf dem Tisch.
11 Er schickt den Brief nach Amerika.
12 Er bekommt den Brief aus Frankreich.

Prepositions With the Dative or Accusative Case

an: by, at, to

Hans steht **am (an dem)** Tisch.
Hans geht **an den** Tisch.

A number of prepositions in German may take either the dative or accusative case. The accusative is used when the verb expresses movement toward a new location; the dative is used when the verb does not express change of location.

E Use *an* with the dative or accusative:

▷ Stehen Sie am Tisch?   *Ja, ich stehe am Tisch.*
   Gehen Sie an den Tisch?   *Ja, ich gehe an den Tisch.*

1 Stehen Sie am Fenster?
2 Gehen Sie ans (an das) Fenster?
3 Stehen Sie an der Tür?
4 Gehen Sie an die Tür?
5 Stehen Sie an der Tafel?
6 Gehen Sie an die Tafel?

---

auf: on, on top of

Die Jacke liegt **auf dem** Bett.
Ich lege die Jacke **auf das** Bett.

F Use *auf* with the dative:

▷ Legen Sie den Mantel auf das Bett?   *Nein, er liegt schon auf dem Bett.*

1 Legen Sie den Hut auf das Bett?
2 Legen Sie die Bluse auf das Bett?
3 Legen Sie den Pulli auf das Bett?
4 Legen Sie die Strümpfe auf das Bett?
5 Legen Sie das Kleid auf das Bett?
6 Legen Sie die Handtasche auf das Bett?

---

hinter: behind
Das Kind steht **hinter der** Bank.
Das Kind läuft **hinter die** Bank.

G Use *hinter* with the dative or accusative:

▷ Wo steht der Junge? (Baum)   *Er steht hinter dem Baum.*
   Wohin läuft der Junge?   *Er läuft hinter den Baum.*

1 Wo steht das Mädchen? (Auto)   Sie steht hinter dem Auto.
   Wohin läuft das Mädchen?   Sie läuft hinter das Auto.
2 Wo steht Ilse? (Tisch)   Sie steht hinter dem Tisch.
   Wohin läuft Ilse?   Sie läuft hinter den Tisch.
3 Wo steht Georg? (Zelt)   Er steht hinter dem Zelt.
   Wohin läuft Georg?   Er läuft hinter das Zelt.

4 Wo steht der Schüler? (Tür)	Er steht hinter der Tür.
Wohin läuft der Schüler?	Er läuft hinter die Tür.
5 Wo steht das Kind? (Bank)	Es steht hinter der Bank.
Wohin läuft das Kind?	Es läuft hinter die Bank.

---

in: in, to

Ich bin **in der** Schule.
Ich gehe **in die** Schule.

H Use *in* with the dative or accusative:

▷ Wo wohnen wir? (Stadt)	*Wir wohnen in einer Stadt.*
Wohin fahren wir?	*Wir fahren in eine Stadt.*
1 Wo sind wir? (Dorf)	Wir sind in einem Dorf.
Wohin fahren wir?	Wir fahren in ein Dorf.
2 Wo spielen wir? (Park)	Wir spielen in einem Park.
Wohin laufen wir?	Wir laufen in einen Park.
3 Wo sitzen wir? (Garten)	Wir sitzen in einem Garten.
Wohin gehen wir?	Wir gehen in einen Garten.
4 Wo arbeiten wir? (Büro)	Wir arbeiten in einem Büro.
Wohin gehen wir?	Wir gehen in ein Büro.
5 Wo essen wir? (Restaurant)	Wir essen in einem Restaurant.
Wohin gehen wir?	Wir gehen in ein Restaurant.

---

neben: next to

Die Socken liegen **neben den** Handschuhen.
Wir legen die Socken **neben die** Handschuhe.

I Use *neben* with the dative or accusative:

▷ Wo liegt die Bluse?	*Die Bluse liegt neben dem Pulli.*
Wohin legst du die Bluse?	*Ich lege die Bluse neben den Pulli.*
1 Wo liegt die Hose?	Die Hose liegt neben dem Pulli.
2 Wohin legst du die Hose?	Ich lege die Hose neben den Pulli.
3 Wo liegen die Strümpfe?	Die Strümpfe liegen neben dem Pulli.
4 Wohin legst du die Strümpfe?	Ich lege die Strümpfe neben den Pulli.
5 Wo liegt der Rock?	Der Rock liegt neben dem Pulli.
6 Wohin legst du den Rock?	Ich lege den Rock neben den Pulli.
7 Wo liegt die Jacke?	Die Jacke liegt neben dem Pulli.
8 Wohin legst du die Jacke?	Ich lege die Jacke neben den Pulli.

über: over, above

Der Kalender hängt **über dem** Bett.
Ich hänge den Kalender **über das** Bett.

J Use *über* with the dative and accusative:

▷ Wo hängt das Bild?   *Das Bild hängt über dem Bett.*
   Wohin hängst du das Bild?   *Ich hänge das Bild über das Bett.*

1 Wo hängen die Papierblumen?
2 Wohin hängst du die Papierblumen?
3 Wo hängen die Postkarten?
4 Wohin hängst du die Postkarten?
5 Wo hängt die Karte?
6 Wohin hängst du die Karte?
7 Wo hängt die Uhr?
8 Wohin hängst du die Uhr?
9 Wo hängt der Kalender?
10 Wohin hängst du den Kalender?

unter: under, beneath

Die Schuhe stehen **unter dem** Bett.
Stelle die Schuhe **unter das** Bett!

K Use *unter* with the dative and accusative:

▷ das Bett   *Die Schuhe stehen unter dem Bett.*
                     Ich stelle die Schuhe unter das Bett.

1 der Stuhl
2 die Bank
3 der Schrank
4 der Tisch
5 das Sofa

vor: in front of

Steht der Stuhl **vor dem** Tisch?
Stellt sie den Stuhl **vor den** Tisch?

L Use *vor* with the dative or accusative:

▷ Steht er hinter dem Tisch?　　　　　　　*Nein, er steht vor dem Tisch.*
　Stellt sie ihn hinter den Tisch?　　　　　*Nein, sie stellt ihn vor den Tisch.*

1 Steht er hinter dem Schrank?
2 Stellt sie ihn hinter den Schrank?
3 Steht er hinter dem Kühlschrank?
4 Stellt sie ihn hinter den Kühlschrank?
5 Steht er hinter dem Bett?
6 Stellt sie ihn hinter das Bett?

---

zwischen: between

Der Korb steht **zwischen dem** Koffer und **der** Tasche.
Ich stelle den Korb **zwischen den** Koffer und **die** Tasche.

M Use *zwischen* with the dative or accusative:

▷ Wo steht der Teller?　　　　　　　　　　*Zwischen der Tasse und dem Glas.*
　(Tasse/Glas)
　Wohin stellen Sie den Teller?　　　　　　*Zwischen die Tasse und das Glas.*

1 Wo steht der Stuhl?
　(Bett/Tisch)
　Wohin stellen Sie den Stuhl?
2 Wo steht der Kuchen?
　(Gläser/Tassen)
　Wohin stellen Sie den Kuchen?
3 Wo steht das Fahrrad?
　(Bäume)
　Wohin stellen Sie das Fahrrad?
4 Wo steht der Fernsehapparat?
　(Schrank/Fenster)
　Wohin stellen Sie den Fernsehapparat?

GRAMMATIK

Hin and *her*

Karl wohnt in Berlin.　　　　Wir fahren morgen **hin.**
Wir wohnen in Bonn.　　　　Karl fährt morgen **her.**

Hin and **her** express direction with verbs of motion. They are often used as separable prefixes; i.e. **hinfahren, herfahren**. **Hin** is used when the direction of motion is away from the speaker; **her** is used when the direction of motion is towards the speaker.

Wir fahren **dorthin**.
Wir fahren **hierher**.

For the sake of emphasis, **dort** is often combined with **hin**; **hier** is often combined with **her**.

Er geht in die Schule.   **Wohin** geht er?
Er kommt aus der Schule.   **Woher** kommt er?

Hin and **her** are added to the interrogative **wo?** when verbs of motion are used.

Prepositions that Take the Dative or Accusative Case

an	Der Stuhl steht **am (an dem) Tisch.** Er geht **an den Tisch.**
auf	Die Jacke liegt **auf dem Bett.** Ich lege die Jacke **aufs (auf das) Bett.**
hinter	Die Schuhe stehen **hinter der Tür.** Das Kind läuft **hinter die Tür.**
in	Der Mantel hängt **im (in dem) Schrank.** Häng den Mantel **in den Schrank!**
neben	Die Bluse liegt **neben dem Pulli.** Wir legen die Bluse **neben den Pulli.**
über	Das Bild hängt **über dem Bett.** Hängen Sie das Bild **über das Bett!**
unter	Die Schuhe stehen **unter dem Bett.** Stell die Schuhe **unter das Bett!**
vor	Der Stuhl steht **vor dem Schreibtisch.** Stellen Sie den Stuhl **vor den Schreibtisch!**
zwischen	Die Lampe steht **zwischen dem Tisch und dem Sofa.** Stell die Lampe **zwischen den Tisch und das Sofa!**

The prepositions listed above may take either the accusative or the dative case. The accusative is used when the verb expresses movement toward a new location; the dative is used when the verb does not express movement or change of location.

Note that in many idiomatic expressions these prepositions have figurative, rather than literal, meanings; *e. g.* **warten auf** + *acc.*   In such cases it is best to learn the case for each expression individually.

WIEDERHOLUNG

A Make up questions with *wo? wohin?* or *woher?* to which the following sentences would be answers:

▷ Maria kauft eine Bluse in der Stadt.   *Wo kauft sie die Bluse?*

1 Meine Schuhe stehen unter dem Bett.
2 Den Koffer hat er auf den Stuhl gestellt.
3 Morgen kommt er von England.
4 Wir fahren in die Berge.
5 Der Fernsehapparat steht neben dem Schrank.
6 Er kommt von seinem Büro.

Sommerschlußverkauf

B   Pluralize as many nouns as possible:

   ▷ Der Stuhl steht vor dem Tisch.   *Die Stühle stehen vor den Tischen.*

   1 Ich lege das Hemd neben den Schlips.
   2 Die Jacke hängt im Schrank.
   3 Ich hänge das Bild über das Bett.
   4 Sie läuft hinter den Baum.
   5 Der Schuh steht unter dem Bett.
   6 Der Kuchen steht zwischen dem Teller und der Tasse.

C   Use the dative form of the personal pronoun:

   ▷ Die neue Jacke gefällt Heinz.   *Die neue Jacke gefällt ihm.*

   1 Wir haben den Großeltern gedankt.
   2 Er antwortet seinem Lehrer.
   3 Sie hilft ihrer Mutter.
   4 Wir reichen unsren Freunden den Korb.
   5 Folgen Sie dieser Straßenbahn!
   6 Leih deiner Schwester den Füller!

D   Begin each sentence with the italicized words:

   1 Sie arbeitet *jeden Morgen* im Garten.
   2 Er möchte seinen Aufsatz *nach dem Essen* schreiben.
   3 Ich werde *inzwischen* meine Schulaufgaben machen.
   4 Der Brief liegt nicht *zu Hause*.
   5 Am Samstag ist *in Heidelberg* ein Studentenball.
   6 Im Geschäft an der Ecke kauft *Heinz* seine Jacke.

E   Say in German that . . .

   1 she has been living here since September.
   2 you don't know him.
   3 you don't know where they live.
   4 you want to try on this coat.
   5 she has been waiting for two hours.
   6 the score is five to nothing.

F   Write a conversation based on the following narrative:

   Ilse möchte einen neuen Hut kaufen. Sie geht ins Hutgeschäft Meier an der Ecke. Sie probiert einen Hut an. Der Hut gefällt ihr sehr gut. Ilse fragt, wie

teuer er ist. Die Verkäuferin sagt, daß er nur 35 Mark im Ausverkauf kostet.
Sonst kostet er 50 Mark. Ilse kauft den Hut.

VOKABELN

Substantive

der Anzug, ⸚e suit
der Arm, –e arm
der Ausverkauf sale
die Bluse, –n blouse
das Gegenteil contrary, opposite
der Handschuh, –e glove
die Handtasche, –n handbag
das Hemd, –en shirt
die Hose, –n trousers
der Hut, ⸚e hat
die Jacke, –n jacket
das Kleid, –er dress
die Kleidung clothing
der Mantel, ⸚ coat
der Millionär, –e millionaire
das Paar, –e pair
der Pulli, –s pullover
der Regenmantel, ⸚ raincoat
der Rock, ⸚e skirt
der Schlips, –e tie
der Schrank, ⸚e closet
der Schuh, –e shoe
die Socke, –n sock
das Sofa, –s sofa
der Strumpf, ⸚e stocking
der Studentenball, ⸚e formal dance for
students
die Tasche, –n bag, pocket
(der) Vati Dad
der Verkäufer, – salesclerk

Verben

ändern to change, alter
an-probieren (anprobiert) to try on
hängen (gehangen) to hang
her-nehmen to get
legen to put down, to lay
passen to fit
stehen (gestanden) to stand
stellen to place
suchen to look for, to search
tragen (ä; getragen) to wear, to carry

Andere Wörter

aufs (auf + das) to the, on the
billig cheap, inexpensive
eng narrow, tight
her from
hin to, towards
hinter behind, in back of
neben next to, near
über over
unter under, beneath
woher? (from) where?
zwischen between

Besondere Ausdrücke

Ich habe es dabei. I have it with me.
Du hast recht. You are right.
ein Paar Handschuhe a pair of gloves
ganz im Gegenteil on the contrary

Beim Winterschlußverkauf

Ausverkauf

Heute ist bei Müller und Co. Ausverkauf. Gabi und Grete freuen sich° schon seit Wochen auf diesen Tag. Nach der Schule fahren sie gleich° mit der Straßenbahn in die Stadt. Bei Müller sind sehr viele Leute:° Hausfrauen, Schülerinnen, Sekretärinnen und einige Geschäftsleute. Gabi und Grete wollen Blusen kaufen. Grete braucht eine weiße Bluse zum Kostüm° und Gabi sucht eine Bluse zum neuen Rock.

Auf einem Tisch liegen Blusen zwischen zehn und fünfzehn Mark. Auf dem nächsten Tisch liegen Blusen über fünfzehn Mark. Einige Blusen sind sehr teuer. Gabi und Grete haben nicht viel Geld, sie suchen eine Bluse auf dem ersten Tisch.

„Sieh mal, Gabi, diese gelbe Bluse ist sehr hübsch", sagt Grete.

„Ja, aber die Ärmel sind lang und das ist zu warm fürs Kostüm. Und gelb paßt auch nicht zu grün."

„Warum nicht?" antwortet Grete. „Ich finde die Kombination schick."°

„Vielleicht nehme ich die Bluse", sagt Gabi. „Darf ich diese Bluse anprobieren?" fragt sie die Verkäuferin.

„Selbstverständlich",° antwortet die Verkäuferin. „Welche Größe° tragen Sie?"

„Größe achtunddreißig."°

„Der Anproberaum° ist dort drüben, wo der große Spiegel° hängt. Gehen Sie bitte durch die zweite Tür!"

Im Ausverkauf kann man billige Blusen kaufen.

FRAGEN 1 Wo ist heute Ausverkauf?
2 Wohin fahren Grete und Gabi nach der Schule?
3 Was wollen die Mädchen kaufen?
4 Wieviel Geld haben sie?
5 Warum paßt die gelbe Bluse nicht zum Kostüm?
6 Wo ist der Anproberaum?

Der billige Wintermantel

Herr und Frau Schmidt sind auch bei Müller und Co. Sie sehen° sich Wintermäntel an.

„Sieh mal, Fritz, wie billig dieser schöne Wintermantel ist!" sagt Frau Schmidt. „Probier ihn doch mal an!"

„Aber Luise, ich brauch' doch jetzt im Frühling keinen Wintermantel", antwortet Herr Schmidt.

„Also, der alte Wintermantel sieht schon sehr schlecht aus. Nächsten Herbst brauchst du bestimmt einen neuen. Und dann sind die Mäntel wieder teuer."

„Du hast recht. Dieser blaue Mantel gefällt mir. Ich werde ihn anprobieren. Wie findest du den Mantel?"

„Ich finde ihn sehr schön, aber der schwarze Mantel hier ist billiger."

„Also gut, der schwarze Mantel ist auch nicht schlecht, ich werde ihn nehmen", sagt Herr Schmidt.

FRAGEN
1 Was sehen sich Herr und Frau Schmidt an?
2 Warum soll Herr Schmidt im Frühling einen Wintermantel kaufen?
3 Wann wird Herr Schmidt einen neuen Mantel brauchen?
4 Welcher Mantel gefällt Herrn Schmidt?
5 Warum gefällt Frau Schmidt der schwarze Mantel so gut?

Die teure Handtasche

Herr Schmidt hat für seinen Wintermantel gezahlt und möchte jetzt nach Hause gehen.

„Einen Augenblick, bitte!" sagt seine Frau. „Sieh dir mal diese weiße Handtasche an! Ist sie nicht schick?"

„Das weiß ich nicht. Ich sehe nur, daß sie teuer ist und nicht im Ausverkauf. Diese braune Tasche ist im Ausverkauf, und du kannst sie im nächsten Winter zum Wintermantel tragen."

„Aber jetzt ist doch Frühling", sagt Frau Schmidt, „und die weiße Tasche paßt genau° zu meinem Kostüm."

„Also schön. Kaufen wir die weiße Tasche und dann gehen wir gleich nach Hause. Jetzt sind wir nämlich pleite."°

FRAGEN
1 Warum will Frau Schmidt nicht gleich nach Hause gehen?
2 Weiß Herr Schmidt, daß die weiße Tasche schick ist?
3 Welche Tasche ist im Ausverkauf?
4 Warum soll Frau Schmidt die braune Tasche kaufen?
5 Warum sagt Herr Schmidt: „Wir sind pleite."?

ÜBUNGEN

Preceded Adjectives Ending in –e

Der neue Hut	
Die weiße Handtasche	ist schön.
Das grüne Kleid	

In the nominative singular, an adjective preceded by **der, die,** or **das** ends in **–e.**

A Use the cued adjective:

▷ jung   *Der junge Mann macht eine Reise.*

1 alt
2 dick
3 ruhig
4 klein
5 nett
6 blaß

B Use the cued adjective:

▷ interessant   *Die interessante Frau hat auf der Bank gesessen.*

1 hübsch
2 krank
3 müde
4 schön
5 gut
6 jung
7 alt

C Use the cued adjective:

▷ klein   *Das kleine Mädchen kommt auf Besuch.*

1 gescheit
2 krank
3 groß
4 schön
5 nett
6 jung
7 dünn

$$
\text{Ich kaufe} \left|
\begin{array}{l}
\cdots \\
\textbf{die schick\textit{e} Tasche.} \\
\textbf{das bunt\textit{e} Kleid.}
\end{array}
\right.
$$

In the accusative singular, an adjective preceded by **die** or **das** ends in **–e**.

D Answer in the affirmative:

▷ Hast du das rote Kleid gekauft?   *Ja, ich habe das rote Kleid gekauft.*

1 Hast du die rote Bluse gekauft?
2 Hast du die schwarze Tasche gekauft?
3 Hast du das warme Kleid gekauft?
4 Hast du die dunkelblaue Hose gekauft?
5 Hast du das teure Hemd gekauft?
6 Hast du die billige Uhr gekauft?

Nominative		Accusative	
Dieser blau\textit{e} Mantel			$\cdots$
Diese weiß\textit{e} Tasche gefällt mir.		Ich sehe	*jene neu\textit{e} Tasche.*
Dieses neu\textit{e} Hemd			*jenes weiß\textit{e} Hemd.*

Adjectives preceded by **dieser, jener,** and other **der**-words follow a similar pattern.

E Answer in the affirmative:

▷ Gefällt Ihnen diese weiße
  Handtasche?   *Ja, diese weiße Handtasche gefällt mir.*

1 dieser grüne Pullover
2 dieses weiße Zelt
3 dieses neue Fahrrad
4 dieser braune Fußball
5 dieses moderne Klavier
6 diese kleine Trompete

F Answer in the affirmative:

▷ Ißt du dieses frische Obst gern?   *Ja, ich esse dieses frische Obst gern.*

1 diese gelbe Banane
2 diese gute Apfelsine
3 dieses junge Gemüse

4 diese rote Erdbeere
5 dieses gute Kirscheis
6 diese warme Suppe

Prepositional Contraction

> Er geht **ans (an das)** Fenster.
> Wir sind **im (in dem)** Kino.

A number of prepositions contract with the accusative and dative forms of the definite article **das** and **dem.**

G Give the appropriate prepositional contractions:

▷ in das Bergtal   *ins Bergtal*

1 an dem Tisch   am Tisch
2 vor das Auto   vors Auto
3 auf das Sofa   aufs Sofa
4 unter dem Bett   unterm Bett
5 über das Dorf   übers Dorf
6 hinter das Zelt   hinters Zelt

H Restate, using the prepositional contractions:

▷ Er geht an das Fenster.   *Er geht ans Fenster.*

1 Er geht auf das Schiff.
2 Wir stehen in dem Zelt.
3 Sie stellt es vor das Fahrrad.
4 Er sitzt in dem Auto.
5 Der Stuhl steht an dem Schreibtisch.
6 Das Rad steht hinter dem Baum.
7 Er stellt den Koffer hinter das Bett.
8 Das Bild hängt über dem Sofa.
9 Er läuft über das Eis.
10 Sie stellt die Schuhe unter das Bett.

Omission of the Indefinite Article

Er ist Polizist.   He is *a* policeman.
Sie ist Verkäuferin.   She is *a* saleslady.
Er ist Amerikaner.   He is *an* American.

I Identify the following persons, using the indicated nouns of profession or occupation:

▷ Karl . . . Schüler *Karl ist Schüler.*

1 Herr Schmidt . . . Polizist
2 Dr. Lange . . . Professor
3 Herr Kruse . . . Bauer
4 Herr Wagner . . . Direktor
5 Georg Fichtel . . . Elektriker
6 Thomas Braun . . . Mechaniker
7 Ursula . . . Studentin
8 Frau Köhler . . . Lehrerin

J Answer in the affirmative:

▷ Ist Paul Amerikaner? *Ja, er ist Amerikaner.*

1 Ist Helen Amerikanerin?
2 Ist Karl Deutscher?
3 Ist Marianne Deutsche?
4 Ist Franz Schweizer?
5 Ist Heidi Schweizerin?
6 Ist Paul Österreicher?
7 Ist Maria Österreicherin?

GRAMMATIK

Preceded Adjectives Ending in *–e*

In German, an adjective preceded by a **der**-word ends in **–e** in the following instances:

Nominative		Accusative	
Der (dieser) **alte** Mann			. . .
Die (diese) **nette** Frau	kennt mich.	Ich kenne	die (diese) **nette** Frau.
Das (dieses) **kleine** Kind			das (dieses) **kleine** Kind.

Prepositional Contraction

Ich gehe **ans (an das)** Fenster.
Ich stehe **am (an dem)** Fenster.

The following prepositions often contract with the accusative and dative forms of the definite article **das** and **dem**:

Prepositions	Accusative (das)	Dative (dem)
an	ans	am
auf	aufs	. . .
hinter	hinters	hinterm
in	ins	im
über	übers	überm
unter	unters	unterm
vor	vors	. . .

Omission of the Indefinite Article

Er ist Student.	He is *a* student.
Sie ist Verkäuferin.	She is *a* saleslady.
Ich bin Amerikaner.	I am *an* American.
Du bist Deutsche.	You are *a* German.

The indefinite article is omitted in the predicate nominative before a noun of profession, occupation, or nationality.

Note: Er ist **Deutscher.**   Er ist **Österreicher.**   Er ist **Schweizer.**
   Sie ist **Deutsche.**   Sie ist **Österreicherin.**   Sie ist **Schweizerin.**

   Er ist **Berliner.**   Er ist **Wiener.**
   Sie ist **Berlinerin.**   Sie ist **Wienerin.**

WIEDERHOLUNG

A Say that you buy the following items:

▷ Die Tasche ist schick.   *Ich kaufe die schicke Tasche.*

1 Die Uhr ist schön.   6 Das Obst ist frisch.
2 Das Kleid ist rot.   7 Das Gemüse ist billig.
3 Die Bluse ist elegant.   8 Die Milch ist kalt.
4 Die Hose ist schwarz.   9 Die Schokolade ist teuer.
5 Die Jacke ist grün.   10 Die Marmelade ist gut.

B   Substitute a pronoun for the direct object noun. Pay attention to the changed word order:

▷ Ich gebe meiner Mutter den Korb.   *Ich gebe ihn meiner Mutter.*

1 Ich bringe meinem Chef den Brief.
2 Er gibt seinem Bruder die Schokolade.
3 Wir erzählen ihnen die Sache.
4 Du leihst deiner Schwester den Füller.
5 Er reicht uns die Briefmarken.

C   Restate the following sentences in the positive:

▷ Ich bin kein Millionär.   *Ich bin Millionär.*

1 Er ist kein Bauer.
2 Wir sind keine Schüler.
3 Sie ist keine Lehrerin.
4 Du bist keine Hausfrau.
5 Er ist kein Mechaniker.
6 Sie sind keine Studenten.

D   Give the prepositional contractions of the following phrases wherever possible:

1 bei dem Kino   7 zu dem Bruder
2 auf der Straße   8 an der Tafel
3 um das Haus   9 über das Haus
4 von dem Chef   10 hinter der Tür
5 seit der Schule   11 vor das Bett
6 für die Mutter   12 gegen den Mann

E   Write a conversation based on the following situation:

Gisela and Julia have stopped to pick up Christel on the way to school. Christel comes out of the house and greets them. Her two friends are impressed with her appearance. Julia remarks that Christel's dress is new and looks very nice. Gisela adds that it is very chic and must be expensive. Christel tells her friends that she bought it at the sale at Müller's. Julia decides that they can all go there after school.

„Wien, Wien, nur du allein..."

Südöstlich von Deutschland, in der Mitte des europäischen Kontinents, liegt das deutschsprechende Land Österreich. Wahrscheinlich° wissen Sie nicht sehr viel über Österreich, denn es ist ein kleines Land ohne große politische Bedeutung.°

Wie anders war es doch einst!° Sie werden vielleicht kaum° glauben, daß 5 Österreich vor dem ersten Weltkrieg ein großes Reich° war. Jahrhundertelang war Österreich ein wichtiges° Land mit genau so großer politischer Bedeutung wie England oder Frankreich. Die wichtige Rolle Österreichs in der europäischen Politik verstehen Sie erst, wenn Sie europäische Geschichte° studieren. Nehmen Sie eine Landkarte von Europa! Sehen Sie Ungarn,° Jugoslawien und 10 die Tschechoslowakei? Diese Länder waren vor dem ersten Weltkrieg ein Teil von Österreich. Damals° war Österreich eine Monarchie unter einem Kaiser.

Heute ist Österreich eine Republik. Es ist kein großes Land mehr und spielt keine große Rolle in der Weltpolitik, aber *eines* hat Österreich noch: seine interessante Hauptstadt Wien. Wien ist nicht nur eine der großen Hauptstädte 15 der Welt, sondern auch eine elegante und historische Stadt mit einer besonderen Atmosphäre von modernem Leben und Gemütlichkeit. Was ist Gemütlichkeit? Das kann man kaum erklären, man muß es erleben.°

probably

significance
formerly / hardly
empire
important

history
Hungary

at that time

experience

Ein Gartenrestaurant in Grinzing

to chat / Viennese coffee cake layered cake / **whipped cream**

Die Wiener gehen gern in die vielen Kaffeehäuser und Restaurants, um sich mit ihren Freunden zu unterhalten.° Da essen sie gern ein Stück Gugelhupf° oder Sachertorte° und trinken eine Tasse Kaffee mit Schlagobers.° Manchmal fahren sie nach Grinzing, im Norden der Stadt, und trinken in einem Gartenrestaurant den „Heurigen", den neuen Wein.   5

state opera / **world famous** home

Neben gutem Essen und Trinken und einer guten Unterhaltung lieben die Wiener Musik. Die Wiener Staatsoper° ist weltberühmt.° Gute Musik ist in Wien alte Tradition. Diese Stadt war einmal die Heimat° von Komponisten wie Haydn, Mozart, Beethoven und Johann Strauß.

buildings / learn

Seit Jahrhunderten ist Wien ein großes Kulturzentrum. Man kann die 10 Geschichte der Stadt aus ihren historischen Gebäuden° erfahren.° Da sind zum Beispiel zwei Residenzen der Kaiser von Österreich. Die Winterresidenz, „die Hofburg", liegt im Stadtzentrum, und die elegante Sommerresidenz „Schönbrunn" liegt ein bißchen außerhalb° der Stadt. Heute wohnt niemand° mehr in diesen Palästen. Die Residenzen sind Museen. Zu den historischen Gebäuden 15 Wiens gehören° auch viele Kirchen und Theater. Der Stephansdom° ist weltberühmt. Viele Touristen kommen nach Wien, nur um die Theater zu besuchen.

outside of / no one

belong / St. Stephan's Cathedral

Wenn man von Wien erzählt, muß man auch vom Prater, Wiens „Coney Island", sprechen. Sein Riesenrad° ist fast ein Symbol der Stadt. Am Wochenende kommen Tausende in den Prater, um sich zu amüsieren.   20

ferris wheel

Das Riesenrad im Wiener Prater

Wählen Sie die richtige Antwort!

1 Die offizielle Sprache Österreichs ist . . .
a/ Österreichisch   *b*/ Französisch   *c*/ Deutsch   *d*/ Plattdeutsch

2 . . . war Österreich noch ein großes Reich.
a/ Vor dem zweiten Weltkrieg   *b*/ Vor dem ersten Weltkrieg
c/ Nach dem ersten Weltkrieg   *d*/ Nach dem zweiten Weltkrieg

3 Die Haupstadt von Österreich ist . . .
a/ Salzburg   *b*/ Berlin   *c*/ Bonn   *d*/ Wien

4 Um sich mit ihren Freunden zu unterhalten, gehen die Wiener gerne . . .
a/ in ein Kaffeehaus   *b*/ in die Wiener Staatsoper   *c*/ in die Hofburg
d/ in den Stephansdom

5 Der Gugelhupf ist . . .
a/ eine österreichische Maschine   *b*/ ein österreichischer Kuchen
c/ ein österreichischer Wein   *d*/ ein Wiener Park

6 Der „Heurige" ist . . .
a/ der neue Wein   *b*/ ein gutes Restaurant   *c*/ Kaffee mit Schlagobers
d/ ein schöner Park

7 Wien war einmal die Heimat von berühmten Komponisten wie . . .
a/ Händel   *b*/ Wagner   *c*/ Bach   *d*/ Johann Strauß

8 Die elegante Sommerresidenz der österreichischen Kaiser heißt . . .
a/ Grinzing   *b*/ Hofburg   *c*/ Prater   *d*/ Schönbrunn

9 Tausende von Menschen gehen in den Prater, um . . .
a/ das Museum zu sehen   *b*/ die Oper zu besuchen
c/ sich zu amüsieren   *d*/ zu studieren

VOKABELN

Substantive

der Amerikaner, – the American
der Anproberaum dressing room
der Ärmel, – sleeve
der Berliner, – the Berliner
der Deutsche, –n | the (male) German
 ein Deutscher
  die Deutsche, –n the (female) German
der Direktor, –en manager, principal
das Eis ice
die Größe, –n size
die Hausfrau, –en housewife

das Kirscheis cherry ice cream
die Kombination combination
das Kostüm, –e suit
die Leute (*pl.*) people
der Österreicher, – the Austrian
der Professor, –en professor, teacher
der Schweizer, – the Swiss
der Spiegel, – mirror

Verben

sich an-sehen to look at
aus-sehen to look, appear to be

sich freuen (auf) to look forward to
passen to fit, to match

Andere Wörter

dunkelblau dark blue
elegant elegant
genau exactly
gleich immediately
modern modern
pleite bankrupt, broke
schick smart, chic
selbstverständlich certainly

Besondere Ausdrücke

eine Bluse zum Kostüm a blouse to go with the suit
Ich finde es schick. I think it's smart.
Wie finden Sie das? How do you like this?
im Ausverkauf on sale
Sie paßt zu meinem Kostüm. It goes with my suit.
Sieh dir das an! Just look at that!
Größe 38 a (size) 10

GESPRÄCHE

Gute Besserung!

Beate hat Schnupfen.

HEIDI   Du siehst schlecht aus.
        Hast du nicht gut geschlafen?
BEATE Nein, ich habe so einen schlimmen Schnupfen!
HEIDI   Wie hast du dich erkältet?
BEATE Ich habe gestern einen Spaziergang gemacht
        und meine warme Jacke nicht angehabt.

VARIATIONEN   **1** Hast du nicht gut **geschlafen?**
              gegessen
              gesehen
              gespielt
              geübt
              gearbeitet

        2 Ich habe so einen **schlimmen Schnupfen!**
              großen Durst
              großen Hunger
              großen Appetit
              netten Chef
              guten Bruder

3 **Hast du dich** erkältet?   4 Ich habe meine **warme Jacke** angehabt.
   Hat er sich   dicke Jacke
   Hat sie sich   lange Hose
   Habt ihr euch   kurze Hose
   Haben sie sich   neue Bluse
   Haben Sie sich   weiße Bluse

FRAGEN 1 Wie sieht Beate aus?
2 Warum hat Beate nicht gut geschlafen?
3 Wie hat sie sich erkältet?

Thomas ist im Krankenhaus.

PAUL   Was gibt es Neues?
RUDI   Thomas hat einen Autounfall gehabt.
       Er hat sich das Bein gebrochen.
PAUL   Wann ist das passiert?
RUDI   Vor einer Stunde.
       Man hat ihn ins Krankenhaus gebracht.
PAUL   Der arme Kerl!
       Gehen wir ihn heute nachmittag besuchen!

VARIATIONEN   1 **Thomas** hat einen Autounfall gehabt.   2 Er hat sich **das Bein** gebrochen.
                 Der alte Mann   den Fuß
                 Die junge Frau   die Hand
                 Das hübsche Mädchen   den Arm
                 Der arme Kerl   den Finger

3 Das ist **vor einer Stunde** passiert.
     vor einem Jahr
     vor vierzehn Tagen
     vor einer Woche
     vor einem Monat

4 Man hat ihn ins Krankenhaus **gebracht.**
     gefahren
     getragen
     geschickt
     geholt

1 Was hat sich Thomas gebrochen?
2 Wann ist der Unfall passiert?
3 Wo ist Thomas jetzt?
4 Was wollen Paul und Rudi heute nachmittag tun?

In der Sprechstunde

ARZT   Setzen Sie sich, bitte!
Fühlen Sie sich nicht wohl?
PATIENT   Nein, Herr Doktor.
Seit drei Tagen habe ich Kopfschmerzen.
ARZT   Soso. Tut Ihnen der Hals auch weh?
PATIENT   Ja, und außerdem habe ich Magenschmerzen.
Was soll ich machen?
ARZT   Bleiben Sie drei Tage im Bett,
und nehmen Sie viermal täglich zwei Aspirin.

VARIATIONEN

1 Ich setze mich auf die Bank.
Du setzt dich
Er setzt sich
Sie setzen sich
Wir setzen uns
Ihr setzt euch

2 Fühlen Sie sich nicht wohl?
Fühlt er sich
Fühlt sie sich
Fühlst du dich
Fühlt ihr euch
Fühlen sie sich

3 Seit **drei Tagen** habe ich Kopfschmerzen.
    einer Stunde
    einer Woche
    heute morgen
    gestern abend
    heute mittag

4 Der Hals tut **mir** weh.
    ihm
    ihr
    dir
    uns
    ihnen

FRAGEN

1 Wie fühlt sich der Patient?
2 Wie lange hat er schon Kopfschmerzen?
3 Was tut dem Patienten auch weh?
4 Was soll der Patient tun?
5 Wie viele Aspirin soll er täglich nehmen?

AUSSPRACHE

Practice the following consonant sounds:

[Sp] as in *spielen, Sport, Gespann*

[St] as in *stehen, Straße, Verstand*
These two sounds occur at the beginning of a word or syllable.

Practice the drills first vertically, then horizontally:

[Sp]	[St]
*Sp*itzen	*St*utzen
*Sp*rossen	*st*oßen
*sp*erren	*st*eil
*Sp*eck	*st*ill
*sp*enden	*St*ücke
*Sp*atz	*St*all
Ge*sp*enst	Ge*st*öhn
ab*sp*ringen	ab*st*ecken

In medial or final position, the letters **sp** and **st** represent the sounds [sp] and [st]: *lispeln, Knospe; kosten, Lust*

Practice the two sounds represented by the letters **sp** and **st**:

[sp]	[Sp]	[st]	[St]
li*sp*eln	*Sp*itzen	Lu*st*	*St*utzen
Kno*sp*e	*Sp*rossen	ko*st*en	*st*oßen
knu*sp*ern	*sp*erren	lei*st*en	*st*eil
Ka*sp*er	*Sp*eck	Li*st*	*st*ill
E*sp*en	*sp*enden	Kü*st*e	*St*ücke
Ha*sp*e	*Sp*atz	La*st*	*St*all
We*sp*e	Ge*sp*enst	Ka*st*e	ab*st*ecken
ra*sp*eln	ab*sp*ringen	Wü*st*e	Ge*st*öhn

body

Der Körper°

1 das Haar, –e	6 der Kopf, ¨e
2 der Arm, –e	7 das Auge, –n
3 der Finger, –	8 der Mund, ¨er
4 die Nase, –n	9 der Fuß, ¨e
5 das Ohr, –en	10 das Bein, –e

ÜBUNGEN

The Reflexive Construction

Accusative reflexive pronoun

Ich wasche **mich.**	Wir waschen **uns.**
Du wäschst **dich.**	Ihr wascht **euch.**
Er (sie, es) wäscht **sich.**	Sie waschen **sich.**

A   Use the appropriate plural reflexives in your responses:

▷ Ich setze mich.   *Wir setzen uns.*

1 Ich wasche mich.   Wir waschen uns.
2 Ich freue mich.   Wir freuen uns.
3 Ich entschuldige mich.   Wir entschuldigen uns.
4 Ich fühle mich wohl.   Wir fühlen uns wohl.
5 Ich erkälte mich.   Wir erkälten uns.

▷ Du setzt dich.   *Ihr setzt euch.*

1 Du wäschst dich.   Ihr wascht euch.
2 Du freust dich.   Ihr freut euch.
3 Du entschuldigst dich.   Ihr entschuldigt euch.
4 Du fühlst dich wohl.   Ihr fühlt euch wohl.
5 Du erkältest dich.   Ihr erkältet euch.

▷ Er setzt sich.   *Sie setzen sich.*

1 Er wäscht sich.   Sie waschen sich.
2 Er freut sich.   Sie freuen sich.
3 Er entschuldigt sich.   Sie entschuldigen sich.
4 Er fühlt sich wohl.   Sie fühlen sich wohl.
5 Er erkältet sich.   Sie erkälten sich.

B   Substitute the pronouns indicated:

▷ Ich fühle mich wohl. (du)   *Du fühlst dich wohl.*

1 Er entschuldigt sich jetzt. (sie)   Sie entschuldigt sich jetzt.
2 Sie hat sich erkältet. (wir)   Wir haben uns erkältet.
3 Wir freuen uns auf den Sommer. (ihr)   Ihr freut euch auf den Sommer.
4 Ihr wascht euch oft. (er)   Er wäscht sich oft.
5 Du setzt dich neben ihn. (sie, *pl.*)   Sie setzen sich neben ihn.
6 Sie fühlen sich nicht wohl. (ich)   Ich fühle mich nicht wohl.

Dative reflexive pronoun

Ich wünsche **mir**			Wir wünschen **uns**	
Du wünschst **dir**	eine Jacke.		Ihr wünscht **euch**	eine Jacke.
Er wünscht **sich**			Sie wünschen **sich**	

Ein Sommerabend in den Bergen

C   Use the appropriate plural reflexives in your responses:

   ▷ Ich hole mir etwas.   *Wir holen uns etwas.*

    1 Ich wünsche mir nichts.
    2 Ich sehe mir alles an.
    3 Ich kaufe mir viel.
    4 Ich koche mir ein Ei.
    5 Ich breche mir das Bein.

   ▷ Du hast dir etwas geholt.   *Ihr habt euch etwas geholt.*

    1 Du hast dir nichts gewünscht.
    2 Du hast dir alles angesehen.
    3 Du hast dir viel gekauft.
    4 Du hast dir ein Ei gekocht.
    5 Du hast dir das Bein gebrochen.

▷ Er wird sich etwas holen.   *Sie werden sich etwas holen.*

   1 Er wird sich nichts wünschen.
   2 Er wird sich alles ansehen.
   3 Er wird sich viel kaufen.
   4 Er wird sich ein Ei kochen.
   5 Er wird sich das Bein brechen.

D   Substitute the subject indicated:

▷ Ich schneide mir die Haare. (du)   *Du schneidest dir die Haare.*

   1 Heinz kauft sich eine Jacke. (wir)   Wir kaufen uns eine Jacke.
   2 Heidi bricht sich den Arm. (du)   Du brichst dir den Arm.
   3 Wir sehen uns alles an. (ich)   Ich sehe mir alles an.
   4 Du kochst dir eine Suppe. (sie)   Sie kocht sich eine Suppe.
   5 Ihr wünscht euch ein Zelt. (Hans)   Hans wünscht sich ein Zelt.
   6 Sie holen sich Milch. (ihr)   Ihr holt euch Milch.

Definite Article with Parts of Body

Der Hals tut mir weh.	**My** throat hurts.
Er hat sich *den* Arm gebrochen.	**He broke his arm.**

E   Substitute the parts of the body indicated:

▷ Hals   *Der Hals tut mir weh.*

   1 Magen
   2 Kopf
   3 Ohren
   4 Augen
   5 Finger
   6 Bein

F   Substitute the pronouns indicated:

▷ Ich wasche mir die Haare.

   1 du
   2 er
   3 ihr
   4 sie (*pl.*)

▷ Ich habe mir das Bein gebrochen.

1 du
2 sie
3 ihr
4 wir

Idiomatic Expressions: *was für ein . . . ?; so ein*

Was für ein . . . ? What kind of . . . ?

Was für **ein** Wagen ist das?
Was für **einen** Wagen haben Sie?
In was für **einem** Wagen fahren Sie?

G Ask questions about the following objects:

▷ Was für eine Platte ist das?
Buch   *Was für ein Buch ist das?*

1 Füller
2 Klavier
3 Tisch
4 Motorrad
5 Flugzeug
6 Geschäft

▷ Was für ein Auto hast du?

1 Haus
2 Uhr
3 Kühlschrank
4 Radio
5 Plattenspieler
6 Fahrrad

▷ In was für einem Krankenhaus ist er?

1 Stadt
2 Schule
3 Büro
4 Geschäft
5 Werkstatt
6 Dorf

---

so ein   such a

> So **ein** Sommer war schon lange nicht da.
> Ich habe so **einen** Schnupfen!
> In so **einer** Stadt wohnen wir.

H   Use the appropriate form of *so ein* in your responses:

> ▷   Seine Uhr ist billig.   *So eine Uhr habe ich auch.*

1 Sein Schreibtisch ist teuer.   So einen Schreibtisch habe ich auch.
2 Sein Plattenspieler spielt nicht.   So einen Plattenspieler habe ich auch.
3 Sein Fahrrad ist kaputt.   So ein Fahrrad habe ich auch.
4 Seine Hose ist schwarz.   So eine Hose habe ich auch.
5 Sein Campingkocher ist klein.   So einen Campingkocher habe ich auch.
6 Seine Karte ist alt.   So eine Karte habe ich auch.

> ▷   Diese Stadt gefällt mir.   *Wir arbeiten in so einer Stadt.*

1 Dieses Krankenhaus ist modern.   Wir arbeiten in so einem Krankenhaus.
2 Dieses Restaurant ist elegant.   Wir arbeiten in so einem Restaurant.
3 Diese Werkstatt ist klein.   Wir arbeiten in so einer Werkstatt.
4 Dieses Geschäft ist alt.   Wir arbeiten in so einem Geschäft.
5 Diese Tankstelle ist neu.   Wir arbeiten in so einer Tankstelle.
6 Diese Konditorei ist hübsch.   Wir arbeiten in so einer Konditorei.

Diese Männer sind begeisterte Schachspieler.

GRAMMATIK

The Reflexive Construction

Ich wasche mich.	I wash *myself.*
Du kaufst dir ein Kleid.	You buy a dress for *yourself.*
Er setzt sich.	He sits down.
Wir freuen uns.	We are happy.

Reflexive pronouns are pronouns which refer back to the subject. Reflexive pronouns may be in the accusative or dative case. The **er(sie, es)**- and **sie**(*pl.*)- form of the reflexive pronoun is always **sich.**

Summary of reflexive forms

Accusative	Dative
mich	*mir*
dich	*dir*
sich	sich
uns	uns
euch	euch
sich	sich

The reflexive construction is used more frequently in German than in English. Some verbs take reflexive pronouns in German whereas their equivalents in English do not. Here is a list of familiar verbs which are ordinarily not reflexive in English:

sich ändern (*acc.*) to change (oneself)	Wir ändern uns nicht.
sich ansehen (*dat.*) to take a look at (for oneself)	Wir sehen uns das Buch an.
sich etwas brechen (*dat.*) to break some part of the body	Wir brechen uns das Bein.
sich erkälten (*acc.*) to catch a cold	Wir erkälten uns.

Aufgabe 21

sich fühlen (*acc.*) to feel (well or not well)	Wir fühlen uns wohl.
sich fürchten (*acc.*) to be afraid	Wir fürchten uns nicht.
sich freuen (*acc.*) to be happy	Wir freuen uns immer.
sich hinlegen (*acc.*) to lie down	Wir legen uns nachmittags hin.
sich setzen (*acc.*) to sit down	Wir setzen uns.
sich wünschen (*dat.*) to wish for something (for oneself)	Wir wünschen uns ein Fahrrad.

Definite Article with Parts of the Body

***Der* Hals tut mir weh.**	*My* throat hurts.
Er hat sich *den* Arm gebrochen.	He broke *his* arm.

German frequently uses the definite article with parts of the body in situations where English requires a possessive adjective.

Idiomatic Expressions: *was für ein . . . ? so ein*

was für ein . . . ?

Was für **ein** Wagen ist das?
Was für **einen** Wagen haben Sie?
In was für **einem** Wagen fahren Sie?

so ein

So **ein** Sommer war schon lange nicht da.
Ich habe so **einen** Schnupfen!
In so **einer** Stadt arbeite ich.

In the expressions **was für ein?** and **so ein,** the word **ein** changes according to its function in the sentence.

WIEDERHOLUNG

A   Supply the appropriate forms of *ein:*

    1 In was für . . . Geschäft arbeitet Frau Baumann?
    2 Was für . . . Wagen haben Sie?
    3 Was für . . . Fernsehapparat ist das?
    4 Wir wohnen in so . . . Haus.
    5 Hans arbeitet in so . . . Restaurant.
    6 So . . . Straße gibt es nicht.

B   Supply the appropriate dative or accusative reflexives:

    1 Fritz fühlt . . . nicht wohl.
    2 Herr Schneider hat . . . das Bein gebrochen.
    3 Hast du . . . erkältet?
    4 Wir sehen . . . die Stadt an.
    5 Sie freuen . . . über das Geschenk.
    6 Zum Geburtstag wünsche ich . . . ein Fahrrad.
    7 Heidi sucht . . . ein Zimmer.
    8 Wascht ihr . . . jeden Morgen?

C   Express the following sentences as imperatives:

    ▷   Du sollst dich jeden Morgen waschen.   *Wasch dich jeden Morgen!*

    1 Ihr sollt euch ein Eis kaufen.
    2 Sie sollen sich nicht erkälten.
    3 Du sollst dir eine Wohnung suchen.
    4 Sie sollen sich nicht fürchten.
    5 Du sollst dir etwas wünschen.
    6 Ihr sollt euch nicht zu früh freuen.

D   Rewrite in the compound past:

    Beate schläft heute nacht nicht gut. Sie hat Halsschmerzen. Sie steht spät auf. Ihre Freundin Heidi kommt auf Besuch. Die beiden Mädchen gehen in die Stadt und kaufen ein. Aber Beate fühlt sich nicht wohl. Sie fährt bald nach Hause. Sie legt sich ins Bett.

E   Make up 10 questions based on the following dialog:

    LIESE   Tag, Dora! Hast du schon von Walter Weiß gehört?
    DORA   Nein, was ist passiert?
    LIESE   Er hat einen Autounfall gehabt.

DORA   Ach, nein! Walter einen Autounfall? Er fährt doch so gut. Ist er verletzt?°

LIESE   Er hat sich den Arm gebrochen.

DORA   Der arme Kerl.

LIESE   Das ist er wirklich. Vor sechs Monaten hat er sich beim Skilaufen ein Bein gebrochen.

DORA   Wo ist der Autounfall passiert?

LIESE   Du kennst die Ecke bei der Post, nicht wahr? Da ist es passiert. Der andere Wagen hat nicht gehalten.

DORA   Das ist wirklich Pech.° Gehen wir ihn heute abend besuchen! Ist er zu Hause?

LIESE   Nein, er liegt im Krankenhaus.

VOKABELN

Substantive

der Arzt, ⸚e doctor
das Auge, –n eye
das Bein, –e leg
der Doktor, –en doctor
der Finger, – finger
der Fuß, ⸚e foot
der Hals throat, neck
die Hand, ⸚e hand
der Kerl, –e fellow, guy
der Kopf, ⸚e head
der Körper, – body
das Krankenhaus, ⸚er hospital
der Magen stomach
der Mund, ⸚er mouth
die Nase, –n nose
das Ohr, –en ear
der Patient (*acc., dat.* **–en**), **–en** patient
das Pech bad luck
das Restaurant, –s restaurant
die Schmerzen (*pl.*) pain
der Schnupfen head cold
der Spaziergang, ⸚e walk, stroll
die Sprechstunde doctor's office hour

Verben

sich ändern (*acc.*) to change (oneself)
an-haben to wear, have on

brechen (**i; gebrochen**) to break
sich brechen (*dat.*) to break some part of the body
sich erkälten (*acc.;* **sich erkältet**) to catch a cold
sich freuen (**über**) to be happy (about)
sich fühlen (*acc.*) to feel (well or not well)
sich fürchten (*acc.*) to be afraid
sich hinlegen (*acc.*) to lie down
passieren (**ist passiert**) to happen
sich setzen (*acc.*) to sit down
sich suchen (*dat.*) to look for (for oneself)
verletzen (**verletzt**) to hurt
sich wünschen (*dat.*) to wish for something (for oneself)

Andere Wörter

ander other
arm poor
schlimm bad
täglich daily
wohl well

Besondere Ausdrücke

Gute Besserung! Get well soon!
einen Spaziergang machen to take a walk
Es tut weh. It hurts.
so einen Schnupfen such a cold

Aufgabe 22

LESESTÜCKE

Großen Hunger, aber wenig Schlaf

Jürgen hat schlecht geschlafen.

Gestern abend hat Jürgen bis zwölf Uhr über seinen Schulaufgaben gesessen. Dann ist er endlich° ins Bett gegangen und hat sehr schlecht geschlafen. Er hat von Zahlen geträumt,° denn heute soll er eine Klassenarbeit in Mathematik schreiben.

Um sieben Uhr ist er aufgestanden. Er hat sich gewaschen, gekämmt° und die Zähne° geputzt.° Dann ist er zum Frühstück in die Küche gegangen.

„Du siehst schlecht aus", sagt Jürgens Mutter. „Bist du gestern spät aufgeblieben?"

„Ja, ich habe bis zwölf gearbeitet und dann habe ich einen schlimmen Traum gehabt."

„Erzähl mir von deinem Traum", sagt Jürgens Mutter.

„Ich habe von der Mathearbeit° geträumt. Der Lehrer hat uns die Hefte und Aufgaben gegeben, und alle Schüler haben gleich mit den Aufgaben angefangen. Nur ich habe nichts gewußt. Dann hat es geklingelt, und ich habe dem Lehrer mein leeres Heft gegeben."

„So schlimm wird es schon nicht sein", sagt Jürgens Mutter.

„Heute abend kannst du dann hoffentlich früh ins Bett gehen. Viel Glück° bei der Klassenarbeit und vergiß deine Brötchen nicht!"

1 Wie lange ist Jürgen gestern abend aufgeblieben?
2 Warum hat er schlecht geschlafen?
3 Wovon hat Jürgen geträumt?
4 Was macht Jürgen vor dem Frühstück?
5 Wo ist Jürgens Mutter?
6 Erzählen Sie Jürgens Traum!
7 Was wünscht Jürgens Mutter ihrem Sohn?

Beim Arzt

Jürgen hat sich in den letzten Wochen nicht wohl gefühlt. Er ist schon zweimal beim Arzt gewesen, und heute geht er wieder hin.

ARZT Ah, guten Tag, Jürgen! Bist du wieder krank? Setz dich bitte! Was fehlt dir denn heute? Hoffentlich hast du keine Magenschmerzen mehr.

JÜRGEN Nein, Herr Doktor. Die Magenschmerzen sind weg. Aber jetzt tut mir der Hals weh. Besonders beim Essen und Trinken. Und ich kann nicht schlafen.

ARZT Ißt du etwas vor dem Schlafengehen?

JÜRGEN Ja, sonst kann ich nicht schlafen. Ich habe immer Hunger.

ARZT So, wir werden mal sehen. Hm, dein Hals sieht gar nicht so schlecht aus. Ich werde dir Tabletten° geben. In zwei Tagen bist du wieder gesund.

JÜRGEN Werde ich jetzt auch schlafen können?

ARZT Ja, aber iß nicht so viel vor dem Schlafengehen!

1 Wie oft ist Jürgen schon beim Arzt gewesen?
2 Was hat Jürgen das letzte Mal gefehlt?
3 Was tut ihm jetzt weh?
4 Wann tut Jürgen der Hals weh?
5 Wie sieht Jürgens Hals aus?
6 Was gibt ihm der Arzt?
7 Wann wird Jürgen wieder gesund sein?

Ein Wochenende auf dem Land

Jürgens Onkel Friedrich hat einen kleinen Bauernhof° an einem See.° Letztes Wochenende hat er Jürgen eingeladen,° und in der Schule hat Jürgen seinen Mitschülern dann vom Wochenende erzählt.

„Onkel Friedrichs Bauernhof ist nicht groß. Er hat zwei Kühe,° ein Pferd° und ein paar Hühner.° Seinen Hund° hab' ich sehr gern. Er ist schwarz und heißt ‚Strolch‘, und die Katzen° haben viele Farben aber keine Namen, denn es

Auf dem Land

gibt acht. Sie müssen die Mäuse° fangen,° denn auf dem Land gibt es viele Mäuse.

Am Samstagnachmittag bin ich angeln° gegangen und habe auch drei Fische gefangen. Abends haben wir eine Wanderung° durch den Wald° gemacht. Der Mond° hat geschienen, und wir haben den Weg gut gesehen.

Alles war sehr schön. Ich habe aber sehr wenig geschlafen. Am Sonntagmorgen hat mich der Hahn° schon um fünf Uhr geweckt, und die Vögel° haben dann auch bald angefangen zu singen. Morgens bin ich ein bißchen geritten und im See geschwommen. Mittags haben wir auf der Wiese° ein Picknick gemacht. Leider waren da viele Mücken° und Fliegen.° So war das Essen kein Vergnügen. Ich habe immer Hunger gehabt.

Am Nachmittag bin ich dann wieder nach Hause gefahren. Mir ist aufgefallen,° daß es in der Stadt viele Leute gibt, auf dem Land aber mehr Tiere.‘‘°

FRAGEN
1 Wo liegt Onkel Friedrichs Bauernhof?
2 Wem erzählt Jürgen von seinem Wochenende?
3 Was für Tiere gibt es auf dem Bauernhof?
4 Wie heißt der Hund?

5 Warum haben die Katzen keine Namen?
6 Was müssen die Katzen tun?
7 Was hat Jürgen am Samstagnachmittag gemacht?
8 Warum konnte man bei der Wanderung gut sehen?
9 Wer hat Rudi am Sonntagmorgen geweckt?
10 Wo hat die Familie ein Picknick gemacht?
11 Warum war das Picknick kein Vergnügen?
12 Was ist Jürgen zu Hause aufgefallen?

ÜBUNGEN

Past Participles of Strong Verbs

Past participles with short **o**

beginnen: ich habe begonnen
brechen: ich habe es gebrochen
helfen: ich habe geholfen
kommen: ich bin gekommen

nehmen: ich habe es genommen
sprechen: ich habe gesprochen
schwimmen: ich bin geschwommen
werfen: ich habe es geworfen

A Restate in the compound past:

▷ Ich helfe ihm.   *Ich habe ihm geholfen.*

1 Er beginnt nicht.   Er hat nicht begonnen.
2 Sie nimmt das Geld.   Sie hat das Geld genommen.
3 Sie sprechen heute.   Sie haben heute gesprochen.
4 Du schwimmst gut.   Du bist gut geschwommen.
5 Wir kommen oft.   Wir sind oft gekommen.
6 Ihr brecht euch das Bein.   Ihr habt euch das Bein gebrochen.
7 Du wirfst den Ball.   Du hast den Ball geworfen.

B Restate in the present tense:

▷ Du hast ihm geholfen.   *Du hilfst ihm.*

1 Er hat sich das Bein gebrochen.   Er bricht sich das Bein.
2 Sie hat abends immer viel gesprochen. Sie spricht abends immer viel.
3 Er hat ihn weit geworfen.   Er wirft ihn weit.
4 Du hast die Blumen genommen.   Du nimmst die Blumen.
5 Sie hat beim Einpacken geholfen.   Sie hilft beim Einpacken.

C Restate in the compound past:

▷ Ich nehme meinen Bruder mit. *Ich habe meinen Bruder mitgenommen.*

1 Wo nimmt er das Geld her?
2 Du nimmst ein Bild auf.
3 Sie wirft den Brief ein.
4 Wir kommen um 7 Uhr an.
5 Ihr kommt nicht mit.
6 Sie nehmen den Korb mit.

Past participles with short **a**

anfangen: ich habe angefangen
aufstehen: ich bin aufgestanden
backen: ich habe gebacken
fangen: ich habe es gefangen
gefallen: es hat mir gefallen
gehen: ich bin gegangen

halten: ich habe gehalten
hängen: es hat gehangen
stehen: ich habe gestanden
verstehen: ich habe verstanden
waschen: ich habe gewaschen
übriglassen: ich habe es übriggelassen

D Restate in the compound past:

▷ Er steht morgens früh auf. *Er ist morgens früh aufgestanden.*

1 Der Mantel hängt im Schrank.	Der Mantel hat im Schrank gehangen.
2 Die Schuhe stehen unterm Bett.	Die Schuhe haben unterm Bett gestanden.
3 Wir gehen in die Stadt.	Wir sind in die Stadt gegangen.
4 Sie steht morgens um 7 Uhr auf.	Sie ist morgens um 7 Uhr aufgestanden.
5 Wir verstehen kein Wort.	Wir haben kein Wort verstanden.
6 Ich stehe spät auf.	Ich bin spät aufgestanden.
7 Um 4 Uhr geht das Spiel los.	Um 4 Uhr ist das Spiel losgegangen.
8 Du gehst nicht mit.	Du bist nicht mitgegangen.

E Answer affirmatively in the present tense:

▷ Hat sie einen Kuchen gebacken? *Ja, und sie bäckt wieder einen Kuchen.*

1 Hat er spät angefangen?	Ja, und er fängt wieder spät an.
2 Hat es dir gefallen?	Ja, und es gefällt mir wieder.
3 Hast du dich gewaschen?	Ja, und ich wasche mich wieder.
4 Hat er an der Brücke gehalten?	Ja, und er hält wieder an der Brücke.
5 Hast du ein Brot gebacken?	Ja, und ich backe wieder ein Brot.
6 Hat das Kleid im Schrank gehangen?	Ja, und es hängt wieder im Schrank.

7 Hat er drei Fische gefangen?	Ja, und er fängt wieder drei Fische.
8 Hast du mir etwas übriggelassen?	Ja, und ich lasse dir wieder etwas übrig.
9 Ist ihm das aufgefallen?	Ja, und es fällt ihm wieder auf.

Past participles with long **a**

blasen: er hat geblasen	tragen: er hat es getragen
fahren: er ist gefahren	tun: er hat es getan
schlafen: er hat geschlafen	

F Restate in the compound past:

▷ Das tut mir weh.　　　　　　　*Das hat mir weh getan.*

1 Wir blasen auf der Trompete.	Wir haben auf der Trompete geblasen.
2 Ihr fahrt in die Ferien.	Ihr seid in die Ferien gefahren.
3 Sie schlafen lange.	Sie haben lange geschlafen.
4 Ich trage diese Schuhe gern.	Ich habe diese Schuhe gern getragen.
5 Der Hals tut ihm weh.	Der Hals hat ihm weh getan.
6 Wir fahren nicht mit.	Wir sind nicht mitgefahren.
7 Ich fahre mit ihm zurück.	Ich bin mit ihm zurückgefahren.

G Restate in the present tense:

▷ Der Wind hat nicht geblasen.　　*Der Wind bläst nicht.*

1 Er ist nicht nach Hause gefahren.	Er fährt nicht nach Hause.
2 Du hast den Korb nicht getragen.	Du trägst den Korb nicht.
3 Sie hat nicht lange geschlafen.	Sie schläft nicht lange.
4 Du bist nicht mitgefahren.	Du fährst nicht mit.
5 Er ist vielleicht nicht zurückgefahren.	Er fährt vielleicht nicht zurück.

Past participles with long **i** (spelled **ie**)

bleiben: wir sind geblieben	schreiben: wir haben geschrieben
leihen: wir haben es geliehen	steigen: wir sind gestiegen
scheinen: es hat geschienen	treiben: wir haben Sport getrieben

H Restate in the present tense:

▷ Was haben Sie ihm geschrieben?　*Was schreiben Sie ihm?*

1 Wer hat dir den Füller geliehen?
2 Wo seid ihr geblieben?
3 Hat die Sonne geschienen?

4 Wann hast du geschrieben?

5 Wie lange haben wir Sport getrieben?

6 Auf welchen Berg ist er gestiegen?

I Restate in the compound past:

▷ Er bleibt lange weg.   *Er ist lange weggeblieben.*

1 Wir leihen euch das Buch.	Wir haben euch das Buch geliehen.
2 Die Sonne scheint heute nicht.	Die Sonne hat heute nicht geschienen.
3 Das schreibe ich mir auf.	Das habe ich mir aufgeschrieben.
4 Ich steige auf den Berg.	Ich bin auf den Berg gestiegen.
5 Ihr treibt zu wenig Sport.	Ihr habt zu wenig Sport getrieben.
6 Er bleibt bis Mittwoch.	Er ist bis Mittwoch geblieben.

Past participles with long e

geben: ich habe es gegeben   legen: ich habe gelegen

lesen: ich habe gelesen   sehen: ich habe gesehen

J Restate in the compound past:

▷ Er liegt im Bett.   *Er hat im Bett gelegen.*

1 Sie gibt mir eine Tasse Kaffee.	Sie hat mir eine Tasse Kaffee gegeben.
2 Du liest ein Buch.	Du hast ein Buch gelesen.
3 Ich lese den Satz.	Ich habe den Satz gelesen.
4 Er sieht sich das Buch an.	Er hat sich das Buch angesehen.
5 Sie sieht im Schrank nach.	Sie hat im Schrank nachgesehen.
6 Wir sehen das Wort.	Wir haben das Wort gesehen.
7 Der Bleistift liegt dort.	Der Bleistift hat dort gelegen.

Past participles with short e

essen: ich habe gegessen

sitzen: ich habe gesessen

vergessen: ich habe vergessen

K Restate in the present tense:

▷ Hat er dort gesessen?   *Sitzt er dort?*

1 Hast du nichts gegessen?	Ißt du nichts?
2 Hat sie das vergessen?	Vergißt sie das?
3 Habt ihr in der Schule gesessen?	Sitzt ihr in der Schule?

Jürgen und seine Freunde reiten gern.

4 Haben Sie zu Mittag gegessen? Essen Sie zu Mittag?
5 Habt ihr die Sache vergessen? Vergeßt ihr die Sache?
6 Hat sie neben ihm gesessen? Sitzt sie neben ihm?

*Past participles with short **u** and long **u***

short **u**	long **u**
finden: ich habe es gef**u**nden	anrufen: ich habe angerufen
trinken: ich habe getr**u**nken	
singen: ich habe ges**u**ngen	

L   Restate in the compound past:

▷ Ich finde es nicht.   *Ich habe es nicht gefunden.*

1 Ich trinke keinen Kaffee.   Ich habe keinen Kaffee getrunken.
2 Die Vögel singen morgens.   Die Vögel haben morgens gesungen.
3 Er ruft mich mittags an.   Er hat mich mittags angerufen.
4 Findest du die Jacke hübsch?   Hast du die Jacke hübsch gefunden?
5 Trinken Sie viel Saft?   Haben Sie viel Saft getrunken?
6 Ruft ihr oft an?   Habt ihr oft angerufen?
7 Findet ihr den Ball gut?   Habt ihr den Ball gut gefunden?
8 Singst du gerne?   Hast du gerne gesungen?

*Past participles with long **o** and short **i***

long **o**	short **i**
abbiegen: ich bin abgeb**o**gen	reiten: ich bin geritten
fliegen: ich bin gefl**o**gen	schneiden: ich habe es geschnitten

M   Answer the following questions with the cues given:

▷ Wohin bist du geflogen?
  (nach Deutschland)   *Ich bin nach Deutschland geflogen.*

1 Wohin sind wir geflogen?
  (nach Berlin)   Wir sind nach Berlin geflogen.
2 Wo ist er abgebogen?
  (bei der Brücke)   Er ist bei der Brücke abgebogen.
3 Wo seid ihr abgebogen?
  (bei der Post)   Wir sind bei der Post abgebogen.
4 Wo bist du geritten? (im Wald)   Ich bin im Wald geritten.
5 Wohin ist er geritten?
  (über die Brücke)   Er ist über die Brücke geritten.
6 Was hat er geschnitten?
  (das Brot)   Er hat das Brot geschnitten.
7 Was habe ich geschnitten?
  (Blumen)   Du hast Blumen geschnitten.

N   Restate in the compound past:

    ▷ Ihr fliegt über London.   *Ihr seid über London geflogen.*

1 Beim Park biegen Sie rechts ab.
2 Fliegt ihr nach Wien?
3 Biegt er hier ab?
4 Ihr reitet durch den Park.
5 Er schneidet sich.
6 Reitest du schnell?
7 Schneidet sie den Kuchen?

Irregular Past Participles

bringen: ich habe es **gebracht**	nennen: ich habe es **genannt**
kennen: ich habe ihn **gekannt**	wissen: ich habe es **gewußt**

O   Answer in the affirmative:

    ▷ Kennst du München?   *Ja, ich kenne München.*

1 Hast du die Frau gekannt?	Ja, ich habe die Frau gekannt.
2 Nennt ihr eure Großmutter „Oma"?	Ja, wir nennen unsre Großmutter „Oma".
3 Hat er das Buch genannt?	Ja, er hat das Buch genannt.
4 Weiß sie von der Sache?	Ja, sie weiß von der Sache.
5 Habt ihr das gewußt?	Ja, das haben wir gewußt.
6 Bringst du das Bild?	Ja, ich bringe das Bild.
7 Hat er den Korb gebracht?	Ja, er hat den Korb gebracht.

GRAMMATIK

Past Participles of Strong Verbs

The following strong verbs are listed according to their vowel in the past participle. The **er (sie, es)**-form of **sein** is indicated with the past participle of verbs that use **sein** in the compound past (*e.g.* **schwimmen: ist geschwommen**). Note that the past participle of **sein** is **gewesen.**

short o

beginnen: begonnen
brechen: gebrochen
helfen: geholfen
kommen: ist gekommen
nehmen: genommen
sprechen: gesprochen
schwimmen: ist geschwommen
werfen: geworfen

long o

abbiegen: ist abgebogen
fliegen: ist geflogen

long a

blasen: geblasen
einladen: eingeladen
fahren: ist gefahren
lassen: gelassen
schlafen: geschlafen
tragen: getragen
tun: getan

short i

reiten: ist geritten
schneiden: geschnitten

long i (spelled ie)

bleiben: ist geblieben
leihen: geliehen
scheinen: geschienen
schreiben: geschrieben
steigen: ist gestiegen
treiben: getrieben

short a

anfangen: angefangen
auffallen: ist aufgefallen
aufstehen: ist aufgestanden
backen: gebacken
fangen: gefangen
gehen: ist gegangen
halten: gehalten
hängen: gehangen
stehen: gestanden
verstehen: verstanden
waschen: gewaschen
übriglassen: übriggelassen

short e

essen: gegessen
sitzen: gesessen
vergessen: vergessen

long e

geben: gegeben
lesen: gelesen
liegen: gelegen
sehen: gesehen

short u

finden: gefunden
trinken: getrunken
singen: gesungen

long u

anrufen: angerufen

Irregular Past Participles

A few verbs change their stem vowel in one or more of the past tenses, as do strong verbs, but have a past participle ending in **–t**, as do weak verbs.

bringen: gebracht nennen: genannt
kennen: gekannt wissen: gewußt

A Rewrite the following sentences in the compound past:

1 Er wäscht sich die Hände.
2 Wir kämmen uns.
3 Ich putze mir die Zähne.
4 Sie bricht sich den Arm.
5 Ihr freut euch.
6 Du fühlst dich wohl.
7 Er kauft sich eine Jacke.
8 Ich wünsche mir einen Pulli.
9 Ihr erkältet euch.
10 Wir legen uns hin.

B Restate the following sentences in the present tense:

▷ Ich habe den Satz aufgeschrieben.   *Ich schreibe den Satz auf.*

1 Wir haben den Hund mitgenommen.
2 Wo hat er das Geld hergenommen?
3 Tante Helene hat den Kuchen mitgebracht.
4 Der Zug ist zu früh angekommen.
5 Sie hat den Brief eingeworfen.
6 Das ist mir aufgefallen.
7 Ich habe dir ein Stück Kuchen übriggelassen.
8 Er ist mit ihnen mitgegangen.
9 Dein Freund hat gerade angerufen.
10 Sie hat im Schrank nachgesehen.

C Give the *ich-* and *er*-form of the following verbs in the present tense:

▷ fahren   *ich fahre*
             er fährt

1 essen	7 sprechen	13 backen
2 wissen	8 werfen	14 fangen
3 vergessen	9 blasen	15 halten
4 brechen	10 schlafen	16 hängen
5 helfen	11 tragen	17 waschen
6 nehmen	12 anfangen	18 übriglassen

D Answer the following questions:

1 Haben Sie einen Hund oder eine Katze?
2 Wo kann man Kühe sehen?
3 Welche Tiere können fliegen?
4 Welche Tiere sind Haustiere?
5 Welche Tiere können schwimmen?

E Write a dialog between Heidi and Gerda based on the following paragraph:

Heidi ist übers Wochenende in die Berge gefahren. Sie ist einen Berg zu schnell hinuntergefahren. In der Kurve hat sie nicht aufgepaßt und ist vom Rad gefallen. Sie hat sich das Bein und den Arm verletzt. Aber es war nicht so schlimm. Am Montagmorgen erzählt Heidi ihrer Freundin Gerda von ihrem Unfall.

KULTURLESESTÜCK

Albert Einstein

An einem Frühlingstag des Jahres 1921 wartet eine Gruppe von Reportern und Fotografen ungeduldig° am Pier im New Yorker Hafen. Ein großes Schiff liegt nach einer langen Atlantikreise im Dock. Nach einiger Zeit dürfen die Reporter und Fotografen an Bord gehen, um einen der Passagiere zu interviewen. Wer kann das sein, daß so viele Reporter da sind? Es ist bestimmt ein Filmstar oder ein sehr bekannter° Staatsmann. Nein, es ist ein Professor. Dieser Professor ist Albert Einstein, ein sehr berühmter° Physiker. Man nennt Einstein den „Kopernikus des zwanzigsten Jahrhunderts".° Durch seine Relativitätstheorie hat er unser ganzes Bild des Universums geändert. Später wird er dafür° den Nobelpreis für Physik bekommen.

Die Fotografen machen ihre Aufnahmen° und die Reporter stellen° eine Frage nach der anderen. Einstein beantwortet ihre Fragen mit Geduld.° Manche Reporter stellen Fragen über seine Relativitätstheorie, denn die Leser möchten mehr von dieser komplexen Theorie wissen. Andere Reporter interessieren sich mehr für Einstein als Menschen.° Diese Reporter hören, daß Einstein kein guter Schüler war, daß er zum Beispiel° in Latein und Griechisch eine schlechte Note hatte,° daß er Musik liebt° und gern auf seiner Violine spielt.

Das war Einsteins erster Besuch in Amerika. Niemand ahnte damals,° daß Amerika einige Jahre später Einsteins neue Heimat werden würde.°

Im Jahre 1933 kommt Hitler in Deutschland an die Macht.° Unter seinem Regime müssen alle jüdischen Professoren ihre Posten an den deutschen Universitäten aufgeben. Viele Universitäten anderer Länder möchten Einstein als Professor haben, aber er kommt nach Princeton, N.J., an das neue „Institute for Advanced Study".

In Princeton findet er eine ruhige Atmosphäre, wo er an seinen wissenschaftlichen° Theorien weiterarbeiten kann. Hier spricht er auch gern mit

Margin glosses:
- impatiently
- well-known
- famous
- des ... Jahrhunderts: of the 20th century
- for that
- photographs / ask
- patience
- man
- for example
- had / loves
- ahnte damals: foresaw at that time
- werden würde: would become
- kommt ... Macht: comes to power
- scientific

Line numbers: 5, 10, 15, 20, 25

Albert Einstein

difficult
death

pipe / originate
forgetfulness

anderen Physikern über schwierige° Probleme. In Princeton fühlt sich Einstein zu Hause. Er lebt dort bis zu seinem Tode° im Jahre 1955. In den Princetoner Jahren wird aus dem großen Wissenschaftler eine legendäre Figur. Fast jeder Amerikaner kennt das Bild dieses Mannes mit den langen weißen Haaren, im Pullover, ohne Schlips und mit einer Pfeife° in der Hand. Anekdoten entstehen° 5 über Einsteins Vergeßlichkeit° im täglichen und persönlichen Leben.

to take part /
*Ganz . . . versun-
ken:* completely
lost in thought
recognizes

lost

get off

Eines Tages fährt Einstein mit der Eisenbahn in eine Stadt, um an einer Konferenz teilzunehmen.° Ganz in Gedanken versunken,° sitzt er im Zug. Der Schaffner kommt und möchte Einsteins Fahrkarte sehen. Einstein sucht danach, kann sie aber nicht finden. Da erkennt° der Schaffner den bekannten Passagier und sagt zu ihm: „Schon gut, Herr Professor. Sie haben sicher die 5 Fahrkarte verloren.° Das macht nichts." — „Vielen Dank", antwortet der große Wissenschaftler, „aber das hilft mir nichts. Ohne meine Fahrkarte weiß ich leider nicht, wo ich aussteigen° soll."

Wählen Sie die richtige Antwort!

1 Die . . . warten geduldig auf Einstein.
a/ Reporter und Fotografen   *b*/ Wissenschaftler und Fotografen
c/ Studenten und Reporter   *d*/ Passagiere und Wissenschaftler

2 Die Reporter interviewen Einstein . . .
a/ in seinem Hotelzimmer   *b*/ am Bahnhof   *c*/ im Flugzeug
d/ am Hafen

3 Durch Einsteins Relativitätstheorie ist heute unser ganzes Bild . . . anders.
a/ des Universums   *b*/ des neunzehnten Jahrhunderts
c/ der deutschen Universität   *d*/ der deutschen Sprache

4 Als Schüler war Einstein . . . schlecht.
a/ in Sprachen   *b*/ in Musik   *c*/ in Physik   *d*/ in Biologie

5 Die Reporter hören, daß Einstein besonders gern . . . spielt.
a/ Trompete   *b*/ Tennis   *c*/ Fußball   *d*/ Violine

6 . . . wird einige Jahre nach diesem Besuch Einsteins neue Heimat.
a/ Philadelphia   *b*/ New York   *c*/ Boston   *d*/ Princeton

7 Nach 1933 bleibt Einstein nicht in Deutschland, denn er ist . . .
a/ Professor   *b*/ Wissenschaftler   *c*/ Jude   *d*/ Physiker

8 Einstein kommt an das „Institute for Advanced Study", denn dort kann er . . .
a/ ruhig weiterarbeiten   *b*/ sich erholen   *c*/ sich amüsieren
d/ Violine üben

9 Bekannte Aufnahmen von Einstein zeigen ihn . . .
a/ mit kurzen weißen Haaren   *b*/ im Pullover
c/ mit einem Füller in der Hand   *d*/ mit Schlips und Pullover

10 . . . war Einstein oft vergeßlich.
a/ Im täglichen Leben   *b*/ Im wissenschaftlichen Leben
c/ In der Mathematik   *d*/ In der Musik

11 In unsrer Anekdote . . .

a/ steigt Einstein an der falschen Station aus   b/ hat Einstein zwei Fahrkarten gekauft   c/ sitzt Einstein in Gedanken versunken im Zug   d/ hat Einstein die Aufnahmen verloren

12 Der Schaffner möchte Einsteins . . . haben.

a/ Violine   b/ Fahrkarte   c/ Aufnahme   d/ Theorie

13 Ohne seine Fahrkarte weiß Einstein nicht, . . .

a/ wieviel sie kostet   b/ wo er einsteigen soll
c/ wo er aussteigen soll   d/ warum er im Zug ist

VOKABELN

Substantive

der Bauernhof, ⸚e farm
der Fisch, –e fish
die Fliege, –n fly
das Glück luck
der Hahn, ⸚e rooster
das Huhn, ⸚er chicken
der Hund, –e dog
die Katze, –n cat
die Kuh, ⸚e cow
das Land (rural) country
die Mathematik mathematics
  Mathe math
die Mathearbeit, –en written test in math
die Maus, ⸚e mouse
der Mitschüler, – classmate
der Mond moon
die Mücke, –n mosquito
das Pferd, –e horse
der See, –n lake
die Tablette, –n pill
das Tier, –e animal
der Traum, ⸚e dream
der Vogel, ⸚ bird

der Wald, ⸚er forest
die Wanderung, –en hike
die Wiese, –n meadow
das Wochenende, –n weekend
der Zahn, ⸚e tooth

Verben

angeln to fish
auf-bleiben (ist aufgeblieben) to stay up
auf-fallen (ä; ist aufgefallen) to notice
ein-laden (ä; eingeladen) to invite
fallen (ist gefallen) to fall
fangen (ä; gefangen) to catch
sich kämmen to comb
putzen to clean, brush
singen (gesungen) to sing
träumen to dream
wecken to awaken

Andere Wörter und besondere Ausdrücke

endlich finally
mir fällt auf it occurs to me, I notice
Viel Glück! Good luck!
Was fehlt dir? What's wrong with you?

GESPRÄCHE

Hast du dich gut amüsiert?

Am Wörthersee

FELIX Wo bist du voriges Wochenende gewesen?
HUGO Wir sind an den Wörthersee gefahren.
FELIX Seid ihr wieder in dem hübschen, alten Hotel abgestiegen?
HUGO Nein, wir haben bei Freunden übernachtet.
      Sie haben ein Wochenendhaus am See.
FELIX Wann bist du wiedergekommen?
HUGO Wir sind erst Montagabend zurückgekommen.

VARIATIONEN **1** Wo bist du **voriges Wochenende** gewesen?
             letztes Wochenende
             gestern abend
             vorige Woche
             letzte Woche
             gestern nachmittag

2 Wir sind **an den Wörthersee** gefahren.
     in die Berge
     aufs Land
     nach Deutschland
     in die Schweiz
     an den Rhein

Wir sind an den Worthersee gefahren.

3 Seid ihr in dem **alten** Hotel abgestiegen?
                neuen
                modernen
                eleganten
                teuren
                hübschen

4 Wann bist du **wiedergekommen?**
        zurückgekommen
        hergekommen
        angekommen
        weggefahren
        weggegangen

FRAGEN   1 Wo ist Hugo letztes Wochenende gewesen?
           2 Wo hat Hugos Familie übernachtet?
           3 Wo liegt das Wochenendhaus?
           4 Wann ist Hugo zurückgekommen?

Sport am Wörthersee

FELIX   Habt ihr euch am Wörthersee gut amüsiert?
HUGO   Allerdings. Wir sind schwimmen gegangen
        und auch Wasserski gefahren.
FELIX   Haben denn eure Freunde ein Motorboot?
HUGO   Ja, mit einem neuen, großen Motor.
FELIX   Fährst du gern Wasserski?
HUGO   Nicht besonders.
        Ich bin dreimal ins Wasser gefallen.

VARIATIONEN   1 Habt ihr euch gut **amüsiert?**   2 Wir sind **schwimmen gegangen.**
                  gekämmt   segeln gegangen
                  gewaschen   angeln gegangen
                  erholt   Wasserski gefahren
                  gefühlt   Motorboot gefahren.

           3 Sie haben ein Motorboot mit einem **neuen** Motor.
                  großen
                  teuren
                  kaputten
                  großartigen
                  guten

           4 Gehst du gern **wasserskifahren?**
                  segeln
                  angeln
                  wandern
                  skifahren
                  bergsteigen

1 Wie hat sich Hugo am Wörthersee amüsiert?
2 Was für ein Boot haben Hugos Freunde?
3 Fährt Hugo gern Wasserski?
4 Wie oft ist er ins Wasser gefallen?

Eine Einladung

HELGA	Tag, Inge! Ich habe dich das ganze Wochenende angerufen. Wo bist du gewesen?
INGE	Ich bin mit meinen Eltern in den Spessart gefahren.
HELGA	Was habt ihr im Spessart gemacht?
INGE	Wir haben einen langen Spaziergang gemacht. Mutti und ich haben auch einen schönen Blumenstrauß gepflückt.
HELGA	Das hört sich herrlich an. Ich bin noch nie im Spessart gewesen.
INGE	Mein Vater hat gesagt, das nächste Mal sollst du mitkommen.

VARIATIONEN

1 Ich habe das ganze Wochenende **angerufen.**
gearbeitet
geangelt
gesungen
gegessen
geschlafen

2 Ich bin mit **meinen Eltern** gefahren.
seiner Kusine
ihrer Tante
eurem Vetter
deiner Mutter
unsren Großeltern

3 Wir machen einen **langen** Spaziergang.
kurzen
herrlichen
schönen
späten
netten

4 Ich war noch nie **im Wald.**

in der Stadt
im Dorf
am Fluß
bei der Brücke
in den Bergen

FRAGEN 1 Wann hat Helga ihre Freundin angerufen?
2 Wo war Inge übers Wochenende?
3 Was haben Inge und ihre Mutter gemacht?
4 Was hat Inges Vater gesagt?

AUSSPRACHE

Practice the following consonant sounds:

[f]   as in *Fuß, fliegen*
[pf] as in *Apfel, Pferd*

Do the following drill:

[f]	[pf]
*f*ahl	*Pf*ahl
*f*ad	*Pf*ad
*f*alzen	*Pf*alz
*f*and	*Pf*and
*f*eil	*Pf*eil
*f*logen	*pf*logen
*F*locke	*Pf*lock
*f*licken	*Pf*lücken
*F*lug	*Pf*lug
*f*ort	*Pf*orte
*f*ühl	*Pf*ühl
*F*und	*Pf*und

[n]   as in *neu, gehen*
[kn] as in *Knie, Knoten*

Do the following drill:

[n]	[kn]
*N*abe	*Kn*abe
*N*acken	*kn*acken
*N*arren	*kn*arren
*n*eben	*kn*ebeln
*n*icken	*kn*icken
*n*ie	*Kn*ie
*N*oten	*Kn*oten
*N*ute	*Kn*ute

WORTSCHATZVERGRÖSSERUNG

Ein Spaziergang

1 der Himmel	4 der Baum, ⸚e	7 der Bach, ⸚e
2 die Wolke, –n	5 der Vogel, ⸚	8 der Hund, –e
3 der Teich, –e	6 der Berg, –e	9 die Wiese, –n

Bildbeschreibung°

Herr Schmidt macht einen Spaziergang. Er nimmt seinen Hund „Harras" mit.
Herr und Hund wandern erst durch den Wald und dann über eine Wiese. Sie
kommen am Teich vorbei° und gehen jetzt zum Bach bei der Wiese. Der Bach
fließt° vom Berg. Harras ist sehr durstig und möchte etwas Wasser im Bach
trinken. Manchmal jagt° Harras die Vögel. Aber sie können sehr schnell
fliegen und setzen sich auf den Baum.

Das Wetter ist herrlich. Der Himmel ist blau und es gibt nur eine dicke,
weiße Wolke.

kommen . . . vorbei:
pass
flows
chases

FRAGEN

1 Wer hat einen Spaziergang gemacht?
2 Wen hat Herr Schmidt mitgenommen?
3 Wo sind Herr und Hund zuerst gewandert?
4 Wo sind sie vorbeigekommen?
5 Warum sind sie zum Bach bei der Wiese gegangen?
6 Was tut Harras manchmal?
7 Warum kann Harras die Vögel nicht fangen?
8 Wo sitzen die Vögel?
9 Wie ist das Wetter gewesen?
10 Wie hat der Himmel ausgesehen?

ÜBUNGEN

Preceded Adjectives Ending in *–en*

Er gibt mir den **roten** Apfel.
Du hast keinen **roten** Apfel.

In the accusative singular, an adjective modifying a **der**-noun ends in **–en** when
preceded by a **der**- or **ein**-word.

A Use the cued adjective:

▷ Kennen Sie den freundlichen Mann?
jung *Kennen Sie den jungen Mann?*

1 nett
2 gut
3 alt
4 krank
5 arm
6 klein

B Answer in the affirmative:

▷ Möchten Sie diesen alten Wagen? *Ja, ich möchte diesen alten Wagen.*

1 Möchten Sie einen neuen Kühlschrank?
2 Brauchen Sie einen modernen Plattenspieler?
3 Bringen Sie Ihren modernen Campingkocher?
4 Braucht ihr euren alten Schrank?
5 Kaufst du diesen schwarzen Mantel?
6 Nehmen Sie Ihren jungen Hund mit?
7 Kennst du meinen netten Lehrer?

---

	dem **netten** Jungen	
Ich gebe	dieser **armen** Frau	zwei Mark.
	seinem **kleinen** Kind	

In the dative singular, an adjective ends in **–en** when it is preceded by a **der**- or **ein**-word.

C Use *helfen* in your responses:

▷ Der Junge ist klein. *Ich helfe dem kleinen Jungen.*

1 Dieser Mann ist verletzt.   Ich helfe diesem verletzten Mann.
2 Ein Schüler ist verletzt.   Ich helfe einem verletzten Schüler.
3 Unser Vater ist krank.   Ich helfe unsrem kranken Vater.
4 Dein Großvater ist alt.   Ich helfe deinem alten Großvater.
5 Mein Lehrer ist nett.   Ich helfe meinem netten Lehrer.
6 Dieser Schüler ist gescheit.   Ich helfe diesem gescheiten Schüler.

D   Use *antworten* in your responses:

▷ Die Frau ist freundlich. *Du antwortest der freundlichen Frau.*

1 Die Schülerin ist nett. Du antwortest der netten Schülerin.
2 Ein Mädchen ist hübsch. Du antwortest einem hübschen Mädchen.
3 Dieses Kind ist gescheit. Du antwortest diesem gescheiten Kind.
4 Diese Verkäuferin ist blaß. Du antwortest dieser blassen Verkäuferin.
5 Meine Mutter ist gut. Du antwortest meiner guten Mutter.
6 Die Amerikanerin ist müde. Du antwortest der müden Amerikanerin.
7 Das Fräulein ist blaß. Du antwortest dem blassen Fräulein.
8 Unser Kindermädchen ist   Du antwortest unsrem freundlichen
   freundlich. Kindermädchen.

Plural

Nom.   Die **neuen** Fahrräder stehen dort.
Acc.   Ich sehe keine **neuen** Fahrräder.
Dat.   Er erzählt von den **neuen** Fahrrädern.

In the plural, an adjective ends in **–en** when it is preceded by a **der-** or **ein**-word.

E   Combine the sentences:

▷ Die Mädchen reiten gern.
   Sie sind groß. *Die großen Mädchen reiten gern.*

1 Diese Männer fahren gern.
   Sie sind jung.
2 Meine Freunde kommen gern.
   Sie sind interessant.
3 Diese Bauern sitzen gern.
   Sie sind müde.
4 Ihre Kinder lesen gern.
   Sie sind gescheit.
5 Deine Freundinnen kaufen gern ein.
   Sie sind schick.
6 Solche Tabletten nimmt sie nicht.
   Sie sind weiß.

F   Express in the plural:

▷ Wir kaufen den schwarzen Mantel *Wir kaufen die schwarzen Mäntel.*

1 diesen engen Rock Wir kaufen diese engen Röcke.
2 jenes warme Kleid Wir kaufen jene warmen Kleider.
3 jenen schönen Pulli Wir kaufen jene schönen Pullis.

4 diese schicke Bluse	Wir kaufen diese schicken Blusen.
5 die bessere Hose	Wir kaufen die besseren Hosen.
6 keine dünne Jacke	Wir kaufen keine dünnen Jacken.

G Use *danken* in your responses:

▷ Unsre Tanten sind nett.   *Ich danke unsren netten Tanten.*

1 Die Schwestern sind freundlich.	Ich danke den freundlichen Schwestern.
2 Ihre Schüler sind gescheit.	Ich danke Ihren gescheiten Schülern.
3 Meine Onkel sind gut.	Ich danke meinen guten Onkeln.
4 Seine Brüder sind groß.	Ich danke seinen großen Brüdern.
5 Eure Freundinnen sind hübsch.	Ich danke euren hübschen Freundinnen.
6 Deine Großeltern sind alt.	Ich danke deinen alten Großeltern.

Three Verbs with the Auxiliary *sein*

Present	Compound past
Er **ist** in Deutschland.	Er **ist** in Deutschland **gewesen.**
Ich **werde** langsam müde.	Ich **bin** langsam müde **geworden.**
Sie **bleiben** eine Stunde.	Sie **sind** eine Stunde **geblieben.**

In the compound past, **sein** is used as the auxiliary of the verbs **sein, werden,** and **bleiben.**

H Restate in the present:

▷ Er ist bei seinem Onkel gewesen.   *Er ist bei seinem Onkel.*

1 Ich bin auf einem Bauernhof gewesen.	Ich bin auf einem Bauernhof.
2 Die Bücher sind teuer geworden.	Die Bücher werden teuer.
3 Er ist oft krank gewesen.	Er ist oft krank.
4 Seid ihr müde geworden?	Werdet ihr müde?
5 Sie ist zu Hause geblieben.	Sie bleibt zu Hause.
6 Wir sind lange geblieben.	Wir bleiben lange.
7 Die Kinder sind ruhig gewesen.	Die Kinder sind ruhig.

I Restate in the compound past:

▷ Du bist ruhig.   *Du bist ruhig gewesen.*

1 Der Wagen ist kaputt.
2 Bleibst du im Büro?
3 Der Mann wird dick.
4 Ich werde mit der Arbeit fertig.

5 Wir bleiben einen Tag.

6 Seid ihr krank?

7 Sie bleiben einen Augenblick hier.

GRAMMATIK

Preceded Adjectives Ending in *–en*

An adjective preceded by a **der-** or **ein-**word ends in **–en** in the following instances:

Singular

Acc. Ich kenne diesen (einen) **alten** Mann.

Dat. Wir antworten diesem (einem) **jungen** Mann.

Wir antworten diesem (einem) **jungen** Mädchen.

Wir antworten dieser (einer) **jungen** Frau.

Plural

Nom. Diese (meine) **schwarzen** Handschuhe sind neu.

Acc. Ich kaufe diese (keine) **großen** Taschen.

Dat. Ich danke diesen (meinen) **netten** Kindern.

Three Verbs with the Auxiliary *sein*

Present	Compound past
Er **ist** in Deutschland.	Er **ist** in Deutschland **gewesen.**
Ich **werde** langsam müde.	Ich **bin** langsam müde **geworden.**
Sie **bleiben** eine Stunde.	Sie **sind** eine Stunde **geblieben.**

In the compound past, **sein** is used as the auxiliary of the verbs **sein, werden,** and **bleiben.**

WIEDERHOLUNG

A Supply the appropriate adjective endings:

1 Ich kaufe einen schwarz . . . Pulli bei der nett . . . Verkäuferin.

2 Der Pulli paßt zu meinem grün . . . Rock.

3 Rudi hat einen braun . . . Schlips.

4 Der grün . . . Anzug paßt leider nicht zum braun . . . Schlips.

5 Wir kaufen ihm einen neu . . . Schlips.

6 Die warm . . . Handschuhe kaufen wir für unsre klein . . . Schwester.

7 Mein Vater braucht dieses weiß . . . Hemd.

8 Meiner gut . . . Mutter kaufe ich diese hübsch . . . Bluse.

B Tell a story using the following verbs and verbal expressions in the *ich*-form:

1 aufstehen   7 zu spät kommen

2 sich waschen   8 sich entschuldigen

3 sich kämmen   9 sich nicht wohl fühlen

4 Frühstück essen   10 nach Hause gehen

5 sich die Zähne putzen   11 sich ins Bett legen

6 in die Schule gehen   12 sich erkältet haben

C Supply the appropriate forms of the auxiliaries *haben* and *sein*:

1 Ich . . . mit dem Flugzeug geflogen.   9 Erich . . . am See gezeltet.

2 . . . du mit dem Auto gefahren?   10 Wir . . . einen Spaziergang gemacht.

3 Wir . . . ihm geholfen.   11 Wir . . . durch den Wald gewandert.

4 Sie . . . ans Fenster gegangen.   12 Warum . . . du zu spät gekommen?

5 Anna . . . gern geritten.   13 Das . . . ich nicht geglaubt.

6 Ihr . . . zu lange geschlafen.   14 Ich . . . dieser Straße gefolgt.

7 Sie . . . Berlin gesehen.   15 Er . . . seinen alten Anzug getragen.

8 Ich . . . über den See geschwommen.   16 Sie . . . die Blumen geschnitten.

D Rewrite the following sentences (a) in the *future*, (b) in the *compound past:*

1 Wo seid ihr am Sonntag?

2 Sie haben ein Wochenendhaus.

3 Du kommst bald zurück.

4 Sie amüsieren sich immer.

5 Du fällst sehr oft ins Wasser.

E Express in German:

1 We had a good time.

2 They took a walk.

3 What kind of boat do you have?

4 He went waterskiing yesterday.

5 Good luck! Have fun! Happy birthday!

6 My stomach aches.

7 I have a cold.

8 He caught a cold.

9 Get well soon!

Ein Interview mit deutschen Schülern

secondary school
school newspaper

Howard Stein, ein amerikanischer Schüler, besucht ein deutsches Gymnasium,° um die Schüler zu interviewen. Er möchte einen Artikel für seine Schülerzeitung° schreiben, denn er hat gesehen, daß die deutschen Schulen anders sind. Er spricht mit Rolf Fiedler und seinen Freunden.

HOWARD   Es ist nett von euch, daß ihr mir meine vielen Fragen beantworten wollt. Ich bin jetzt schon drei Wochen in Deutschland und habe einiges gesehen. Nun möchte ich noch wissen, wie es mit euren Schulen ist.

zum Beispiel: for
example

ROLF   Also, was möchtest du denn zum Beispiel° wissen?

HOWARD   Wann kommt ihr täglich aus der Schule? Gestern habe ich schon am frühen Nachmittag viele Schüler auf der Straße gesehen.

ROLF   Wir fangen jeden Tag um acht Uhr an und kommen meistens um ein oder zwei Uhr aus der Schule. Wir essen dann zu Hause. Ihr bekommt *lunch* in der Schule, nicht wahr?

HOWARD   Stimmt. Nun sagt einmal, es gibt in eurer Stadt nur *ein* Gymnasium. Es gibt aber doch viel mehr junge Leute in unsrem Alter. Gehen sie denn nicht in die Schule?

different

HANS   Doch. Es gibt bei uns verschiedene° Schulen. Sie sind so ähnlich wie eure *high schools.* Hier heißen sie anders. Die einen sind Mittel-

vocational schools

schulen, die anderen Berufsschulen.°

HOWARD   Und warum habt ihr so viele verschiedene *high schools?*

ELKE   Bei uns müssen alle Jungen und Mädchen bis 16 in die Schule gehen. Aber nicht alle wollen auf der Universität studieren. Darum haben wir diese anderen Schulen. Von der Mittelschule kann ein Junge zum

professional
school
nurses

Beispiel auf eine Fachschule° für Ingenieure gehen und ein Mädchen kann auf eine Fachschule für Krankenschwestern° gehen.

geht . . . Lehre:
enters appren-
ticeship

HANS   Ja, und ein Junge, der Elektriker werden will, geht in eine Lehre.° Aber ein oder zwei Tage geht er jede Woche in die Berufsschule. Dort lernt er Physik, Mathematik und Mechanik. Natürlich auch ein bißchen Deutsch, Geschichte und Englisch, aber hauptsächlich

profession

lernt er das, was er für seinen Beruf° braucht.

Es . . . an: It depends
on
according to that

HOWARD   *Okay.* Ich verstehe. Es kommt also darauf an,° was man werden will. Danach° sucht man sich die Schule aus. Und wie ist das nun mit eurem Gymnasium?

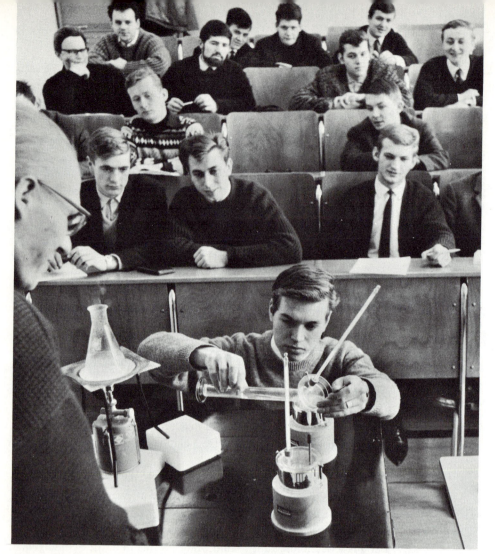

Ein Experiment in einer Chemiestunde

	ROLF	Das Gymnasium ist wirklich die schwerste Schule. Wir müssen auch
entrance exam		alle eine Aufnahmeprüfung° machen, bevor wir aufs Gymnasium kommen.
previously / school-yard test	HOWARD	In der Pause habe ich vorhin° auf dem Hof° viele kleine Schüler gesehen. Wann werden denn die die Prüfung° machen?
elementary school	ELKE	O, die haben sie schon hinter sich. Alle Schüler gehen vier Jahre auf die Grundschule° und machen dann die Aufnahmeprüfung fürs Gymnasium.
	HOWARD	Du meine Güte, diese kleinen Schüler müssen schon eine Prüfung machen?

	ELKE	Ja, das ist wirklich so.
	HANS	Ich fand sie nicht so schwer. Ich finde es viel schwerer, fürs Abitur zu lernen.
	HOWARD	Und was ist das?
final comprehensive exam diploma	ROLF	Das Abitur ist die Abschlußprüfung° im Gymnasium. Nur mit einem Abiturzeugnis° kann man auf die Universität kommen.
conversed	HOWARD	Ich war vorhin in eurer Englischstunde. Wir haben uns da ziemlich gut auf englisch unterhalten.° Wie lange habt ihr schon Englisch?

Eine Turnstunde

	ELKE	Schon sieben Jahre. Bis zum Abitur sind es dann neun. Und außerdem haben wir noch einige Jahre Französisch oder Latein.
subjects	HOWARD	Was für Fächer° habt ihr noch?
history/science/art gym	HANS	In unsrem Gymnasium haben wir hauptsächlich moderne Sprachen, aber auch Deutsch, Geschichte,° Naturwissenschaften,° Kunst,° Religion und Turnen.°
	HOWARD	Gibt es auch andere Gymnasien?
depending on	ROLF	Ja, es gibt auch Gymnasien für alte Sprachen und für Naturwissenschaften. In den letzten drei Jahren können wir uns spezialisieren, je nachdem,° was wir auf der Universität studieren wollen.
	HOWARD	Und alle Fächer, die du vorhin aufgezählt hast, muß ein Schüler nehmen?
eine Menge: a lot	ROLF	Ja, darum müssen wir auch jeden Tag eine Menge° Hausaufgaben machen. Ich sitze oft den ganzen Abend an meinen Aufgaben. Es ist ziemlich schwer, eine Eins oder eine Zwei im Abitur zu bekommen.
	HOWARD	Das glaube ich dir.
unsatisfactory	ELKE	Schlimm wird es erst, wenn man in einem Fach „ungenügend"° hat. Dann bleibt man sitzen.
	HOWARD	So, was ist denn das?
	HANS	„Sitzen bleiben" heißt, man muß das ganze Schuljahr wiederholen.
	HOWARD	Na, ihr habt's nicht leicht. Habt ihr überhaupt Zeit für andere Dinge? Wahrscheinlich seid ihr froh, wenn der Samstag kommt.
	ROLF	Am Samstag ist auch Schule.
	HOWARD	Also, da würden die amerikanischen Schüler streiken. Wann habt ihr denn mal Zeit für Sport oder Klubs?
	ELKE	Sport haben wir manchmal nachmittags, aber Klubs gibt es ganz wenige. Jeder amüsiert sich, wie er will.
	HOWARD	Ich sehe schon, bei euch ist alles ganz anders. Das wird die Schüler in meiner Schule in Amerika sicher interessieren.

Wählen Sie die richtige Antwort!

1 In Deutschland geht man . . . in die Schule.
a/ den ganzen Tag   *b*/ morgens bis 11   *c*/ abends
d/ frühnachmittags bis 2

2 In Deutschland gibt es . . . *high schools.*
a/ keine   *b*/ verschiedene   *c*/ zwei   *d*/ neue

3 Ein deutscher Schüler muß . . . in die Schule gehen.
a/ bis 19   *b*/ bis 21   *c*/ bis 16   *d*/ bis 14

4 Ein deutsches Kind kommt . . . auf das Gymnasium.
   a/ mit dem Abitur   **b/** nach der Lehre   **c/** mit einer Aufnahmeprüfung
   d/ nach neun Jahren

5 Es gibt verschiedene Gymnasien . . .
   a/ für Sport   **b/** für alte und neue Sprachen   **c/** für Mechanik
   d/ für Krankenschwestern

6 Mit dem Abiturzeugnis kommt man . . .
   a/ in die Lehre   **b/** ins Gymnasium   **c/** in die Schule
   d/ auf die Universität

7 Die beste Note in einem deutschen Zeugnis ist . . .
   a/ ein E   **b/** eine Eins   **c/** ein „Ungenügend"   **d/** ein A

8 „Sitzen bleiben" heißt:
   a/ Man muß die Prüfung noch einmal machen.
   b/ Man muß das ganze Jahr wiederholen.
   c/ Man bleibt in der Schule.
   d/ Man muß ein Fach wiederholen.

9 Deutsche Schüler gehen auch . . . in die Schule.
   a/ nachts   **b/** sonntags   **c/** abends   **d/** samstags

VOKABELN

Substantive

der Bach, ⸚e brook
der Baum, ⸚e tree
die Bildbeschreibung description of a picture
der Blumenstrauß, ⸚e bunch of flowers
die Einladung, –en invitation
der Himmel sky, heaven
das Hotel, –s hotel
das Motorboot, –e motorboat
der Rhein Rhine River
der Spessart hilly-wooded area along the Main
der Teich pond
das Wochenendhaus weekend house
die Wolke, –n cloud

Verben

ab-steigen (ist abgestiegen) to stop (stay) at a hotel

sich amüsieren (amüsiert) to have a good time
sich an-hören to sound
fließen (ist geflossen) to flow
jagen to chase, hunt
pflücken to pick
übernachten (übernachtet) to spend the night
vorbei-kommen (ist vorbeigekommen) to come by

Andere Wörter

allerdings to be sure, certainly
durstig thirsty
freundlich friendly
herrlich great, splendid
vorig last

Besondere Ausdrücke

Wasserski fahren to go water skiing

Appendix

Aufgabe 1

Guten Tag!

		Hello, how are you?

Wie geht's? — How are you?

PETER	Tag, Anna!	Hi, Anna!
	Wie geht's?	How are you?
ANNA	Danke, gut.	I'm fine, thanks.
	Und dir?	And you?
PETER	Auch gut.	I'm fine, too.

Wie geht es Ihnen? — How are you?

HERR BUBER	Guten Tag, Fräulein Neuse!	Hello, Miss Neuse.
	Wie geht es Ihnen?	How are you?
FRÄULEIN NEUSE	Danke, es geht mir gut.	I'm fine, thank you.
	Und Ihnen?	And you?
HERR BUBER	Nicht so gut.	Not so well.
FRÄULEIN NEUSE	Das tut mir leid.	I'm sorry.

Aufgabe 2

Bist du krank? — Are you sick?

Wo ist Emil? — Where is Emil?

HANS SCHMIDT	Guten Morgen, Frau Fischer!	Good morning, Mrs. Fischer.
	Ist Emil hier?	Is Emil here?
FRAU FISCHER	Ja, er ist oben.	Yes, he's upstairs.
	Einen Augenblick, bitte.	Just a moment, please.

Emil ist krank. — Emil is sick.

HANS	Emil, warum bist du so blaß?	Emil, why are you so pale?
EMIL	Ich bin krank.	I'm sick.

HANS	Dann gehe ich wieder.	Then I'll be going (again).
	Hoffentlich bist du morgen gesund!	I hope you feel better tomorrow!
EMIL	Auf Wiedersehen, Hans!	Good-by, Hans.

Aufgabe 3

Wie . . . ? Wo . . . ?
Was . . . ?

How . . . ? Where . . . ? What . . . ?

Wie heißt du?

What is your name?

KLAUS	Wie heißt du?	What's your name?
HORST	Ich heiße Lehmann, Horst Lehmann.	My name is Lehmann, Horst Lehmann.
KLAUS	Hast du Brüder?	Do you have any brothers?
HORST	Nein, aber ich habe drei Schwestern.	No, but I have three sisters.
KLAUS	Wo wohnt ihr?	Where do you live?
HORST	Wir wohnen beim Park.	We live near the park.

Annas Schwester fehlt heute.

Anna's sister is absent today.

LUISE	Wo bleibt denn Annas Schwester Erika?	Where is Anna's sister Erika?
	Fehlt sie heute?	Is she absent today?
KÄTHE	Ja, sie ist krank zu Hause.	Yes, she's home sick.
LUISE	Kommt sie morgen in die Schule?	Is she coming to school tomorrow?
KÄTHE	Ich glaube nicht.	I don't think so.

Erika geht in die Schule.

Erika goes to school.

LEHRER	Was hast du da, Erika?	What have you got there, Erika?
ERIKA	Ich habe Bleistifte und Papier.	I have pencils and paper.
LEHRER	Aber wo hast du die Schulbücher?	But where do you have the school books?
ERIKA	Sie sind zu Hause.	They are at home.

Aufgabe 4

Dünn, dick, groß und klein

Thin, fat, tall and short

Peter ist sehr gescheit.

Peter is very intelligent.

LEHRERIN	Wer ist der Junge da drüben?	Who is the boy over there?

LEHRER	Das ist Peter Schneiders Bruder.		That is Peter Schneider's brother.
LEHRERIN	Er ist sehr gescheit, nicht wahr?		He is very intelligent, isn't he?
LEHRER	Ja, und noch so jung.		Yes, and still so young.

Emils Schwester

Emil's sister

FRITZ	Wie alt ist deine Schwester?		How old is your sister?
EMIL	Sie ist sechzehn Jahre alt . . . und groß und dünn.		She is sixteen . . . and tall and thin (skinny).
FRITZ	Das ist schade.		That's too bad.
EMIL	Warum?		Why?
FRITZ	Ich bin erst fünfzehn . . . und klein und dick.		I'm only fifteen . . . and short and fat.

Wie ist es?

What's it like?

LEHRER	Ist die Kreide schwarz?		Is the chalk black?
SCHÜLER	Nein, sie ist nicht schwarz, sie ist weiß.		No, it's not black, it's white.
LEHRER	Und die Bleistifte?		And the pencils?
SCHÜLER	Die Bleistifte sind gelb, rot und blau.		The pencils are yellow, red, and blue.
LEHRER	Was für eine Farbe hat das Zimmer?		What color is the room?
SCHÜLER	Die Wände sind grün, und die Tür ist braun.		The walls are green, and the door is brown.

Aufgabe 5

Wie spät ist es?

What time is it?

Beim Frühstück

At breakfast

HERR BRAUN	Wie spät ist es?		What time is it?
FRAU BRAUN	Es ist schon acht Uhr.		It is already eight o'clock.
	Kommst du wieder spät nach Hause?		Are you coming home late again tonight?
HERR BRAUN	Ja, erst um viertel vor neun.		Yes, not until a quarter to nine.
FRAU BRAUN	Mit dem Abendessen warte ich dann nicht.		Then I won't wait with dinner.

Wann stehst du auf?

When do you get up?

DORA	Um wieviel Uhr stehst du morgens auf?		(At) What time do you get up in the morning?
KÄTHE	Gewöhnlich stehe ich um halb sieben auf.		Usually I get up at six-thirty.

DORA	Gehst du früh ins Bett?		Do you go to bed early?
KÄTHE	Ja, ich gehe um viertel nach zehn schlafen.		Yes, I go to bed at a quarter after ten.

Was machst du heute?

What are you doing today?

WALTER	Was machst du heute vormittag?		What are you doing this morning?
DIETER	Ich mache meine Schulaufgaben.		I'm doing my homework.
	Morgen schreiben wir eine Klassenarbeit.		We're having a written test tomorrow.
WALTER	Und heute nachmittag?		And this afternoon?
DIETER	Heute nachmittag spiele ich Tennis.		This afternoon I'm playing tennis.
	Komm doch mit!		Why don't you come along?
WALTER	Gerne!		Be glad to! (Gladly!)

Gehen wir ins Kino!

Let's go to the movies.

WALTER	Morgen abend bin ich frei.		Tomorrow evening I'm free.
	Warum gehen wir nicht ins Kino?		Why don't we go to the movies?
ERNST	Wann beginnt die Vorstellung?		When does the show start?
WALTER	Um zehn Minuten nach sieben.		At ten past seven.
ERNST	Um sieben habe ich leider keine Zeit.		Unfortunately I don't have time at seven.

Aufgabe 7

Guten Appetit!

Enjoy your meal!

Ein Stück Torte

A piece of cake

MUTTER	Emil, nimm dir noch ein Stück Torte!		Emil, take (have) another piece of cake.
EMIL	Danke, Mutti, deine Torte schmeckt immer auzgezeichnet.		Thanks, Mom, your cake always tastes great.
MUTTER	Vielleicht ißt dein Freund Peter noch ein Stück?		Perhaps your friend Peter will eat another piece?
	Sein Teller ist leer.		His plate is empty.
PETER	Danke, ich esse Torte gern, aber ich habe keinen Hunger mehr.		No thanks, I like cake, but I'm not hungry any more.

Inge muß in die Konditorei gehen.

Inge has to go to the coffee-and-pastry shop.

INGE	Tag, Eva! Ich muß jetzt in die Konditorei.		Hi, Eva. I have to go to the coffee-and-pastry shop now.

EVA	Was willst du denn kaufen?	What are you going (do you intend) to buy?
INGE	Ich muß einen Apfelkuchen und ein Brot kaufen.	I have to buy an apple cake and a loaf of bread.
EVA	Prima! Dann können wir in der Konditorei eine Tasse Kaffee trinken.	Fine. Then we can drink a cup of coffee in the coffee shop.

In der Konditorei — In the coffee shop

OBER	Was wünschen Sie, meine Damen?	What would you like, ladies?
EVA	Bringen Sie bitte zwei Tassen Kaffee.	Bring two cups of coffee, please.
OBER	Wünschen die Damen auch etwas zu essen?	Would you ladies also like something to eat?
INGE	Nein, danke. Wir haben keinen Hunger.	No, thanks. We aren't hungry.
	Wir haben nur Durst.	We're only thirsty.

Eva hat kein Geld. — Eva has no money.

INGE	Ich möchte die Rechnung, bitte.	I'd like the check, please.
OBER	Das macht zusammen zwei Mark fünfzig.	That will be two marks fifty altogether.
EVA	Ach, du meine Güte! Ich habe kein Geld bei mir.	Oh, my goodness! I don't have any money with me.
INGE	Das macht nichts.	That doesn't matter.
	Ich kann zahlen.	I can pay.
EVA	Danke, das ist nett von dir.	Thanks, that's nice of you.

Aufgabe 9

Sport und Freizeit — Sports and recreation

Walter wird Fußball spielen. — Walter is going to play soccer.

GÜNTHER	Willst du dieses Jahr Sport treiben?	Do you intend to go out for sports this year?
WALTER	Klar! Das heißt nicht jetzt, sondern im Frühling.	Certainly. That is, not now, but in the spring.
GÜNTHER	Wirst du Fußball oder Korbball spielen?	Are you going to play soccer or basketball?
WALTER	Ich werde Fußball spielen.	I'm going to play soccer.

Halbzeit im Stadion

Half-time at the stadium

KÄTHE   Entschuldige, bitte, daß ich so spät komme!
Wie steht das Spiel?

Excuse me, please, for being so late.

What's the score?

THOMAS   Es steht sehr schlecht, null zu fünf.

It's very bad, five to nothing.

KÄTHE   Warum spielt unsre Mannschaft so schlecht?

Why is our team playing so badly?

THOMAS   Walter Schneider fehlt.
Aber paß auf! Es geht wieder los.

Walter Schneider isn't playing.
But look. They're starting again.

KÄTHE   Hoffentlich geht's jetzt besser.

I hope things will be better now.

Peter muß Trompete üben.

Peter has to practice his trumpet.

FRANZ   Komm doch heute abend kegeln!

Why don't you come bowling this evening.

PETER   Ich möchte schon, darf aber leider nicht.
Ich soll Trompete üben.

I would like to, but unfortunately I can't.
I'm supposed to practice the trumpet.

FRANZ   Schade, aber das macht nichts.
Wir gehen jede Woche kegeln.

That's too bad, but it doesn't matter.
We go bowling every week.

PETER   Gut, dann werde ich nächstes Mal mitkommen.

Fine, I'll come along next time.

Bei Helene

At Helen's

BRUNO   Sag mal, Helene, was ist denn los?

Tell me, Helen, what's the matter?

HELENE   Es gibt nichts zu tun.

There's nothing to do.

BRUNO   Dürfen wir vielleicht fernsehen?

Maybe we could watch television?

HELENE   Nein, unser Apparat ist leider kaputt.

No, unfortunately our set is broken.

BRUNO   Und wie wäre es mit Tanzen?

How about dancing?

HELENE   Das geht auch nicht.
Mein Plattenspieler ist bei der Reparatur.

That won't work either.
My record player is at the repair shop.

Aufgabe 11

Unser Wagen ist kaputt.

Our car is broken down.

Balkes Kindermädchen am Telefon.

Balke's maid on the phone.

KINDERMÄDCHEN   Hier bei Balke.

The Balke residence.

HERR BALKE   Ah, Sie sind es Erika!

Oh, it's you, Erika.

	Ist meine Frau zu sprechen?	May I speak to my wife?
KINDERMÄDCHEN	Ja, sie ist gerade im Wohnzimmer. Soll ich sie holen?	Yes, she's in the living room right now. Shall I get her?
HERR BALKE	Ja, bitte, holen Sie sie schnell!	Yes, please, get her quickly.

Balkes Wagen ist kaputt.
Balke's car has broken down.

HERR BALKE	Anni, hör mal! Ich bin in der Bergstraße.	Anni, listen. I'm on Bergstraße.
	Unser Wagen läuft nicht.	Our car won't run.
FRAU BALKE	Und was soll ich machen?	What am I supposed to do?
HERR BALKE	Ruf bitte unsre Werkstatt an!	Please call up the garage.
	Dann nimm ein Taxi, und warte hier auf den Abschleppwagen!	Then take a taxi, and wait here for the tow truck.

Frau Balke wird sofort in die Stadt fahren.
Mrs. Balke will drive to town immediately.

FRAU BALKE	Warum soll denn ich unsren Wagen abholen?	Why in the world should I pick up our car?
HERR BALKE	Ich hab's eilig.	I'm in a hurry.
	Man erwartet mich schon im Büro.	They're expecting me at the office.
FRAU BALKE	Dann komme ich sofort.	Then I'll come immediately.
	Frau Lehmann fährt mich sicher in die Stadt.	Mrs. Lehmann will surely drive me to town.
HERR BALKE	Gut. Tschüß, Anni! Hier kommt meine Straßenbahn.	O.K. Anni. So long. Here comes my streetcar.
	Und vergiß deinen Führerschein nicht!	And don't forget your driver's license.

Aufgabe 13

Herzlichen Glückwunsch zum Geburtstag!
Happy birthday!

Sonntag hat Ursulas Bruder Geburtstag.
Ursula's brother has his birthday next Sunday.

URSULA	Den wievielten haben wir heute?	What's the date today?
INGE	Heute haben wir den ersten Februar. Warum fragst du?	Today is the first of February. Why are you asking?
URSULA	Sonntag hat mein Bruder Geburtstag. Ich muß noch ein Geschenk für ihn kaufen.	My brother has a birthday Sunday. I still have to buy a present for him.

Geburtstagspläne

INGE	Bekommt ihr am Sonntag Besuch?
URSULA	Ja, Tante Gerda und Onkel Rudi kommen.
	Sie werden den ganzen Tag bleiben.
INGE	Kommt auch dein Vetter Peter?
URSULA	Nein, sie kommen leider ohne ihn.
	Er bleibt zu Hause, um zu lernen.

Birthday plans

Are you having guests on Sunday?
Yes, Aunt Gerda and Uncle Rudi are coming.
They'll stay all day.
Is your cousin Peter coming, too?
No, unfortunately they are coming without him.
He's staying home to study.

Herzlichen Glückwunsch!

ONKEL RUDI	Herzlichen Glückwunsch zum Geburtstag, Albert!
ALBERT	Danke schön. Und vielen Dank für das Fahrrad!
ONKEL RUDI	Leider ist das Wetter heute schlecht.
	Es ist zu kalt, um zu fahren.
ALBERT	Ja, es regnet und der Wind bläst.
	Aber morgen scheint vielleicht die Sonne.

Happy Birthday!

Happy Birthday, Albert.
Thank you. And thanks a lot for the bicycle.
Unfortunately the weather is bad today.
It's too cold to ride.
Yes, it's raining and the wind is blowing.
But maybe the sun will shine tomorrow.

Eine Radtour in die Schweiz

ALBERT	Nächsten Sommer machen Hans und ich eine Radtour.
	Wir fahren durch die Berge in die Schweiz.
TANTE GERDA	Wo werdet ihr denn schlafen?
ALBERT	Wir werden zelten, um Geld zu sparen.
TANTE GERDA	Wie lange werdet ihr wegbleiben?
ALBERT	Nur drei Wochen.

A bicycle trip to Switzerland

Next summer Hans and I are going to take a bicycle trip.
We are going to Switzerland through the mountains.
Where are you going to sleep?
We're going to camp in a tent to save money.
How long are you going to be gone?
Only three weeks.

Aufgabe 15

Leih mir bitte deinen Füller!

May I borrow your pen?

Trudi muß einen Aufsatz schreiben.

Trudi has to write an essay.

TRUDI	Werner, tu mir bitte einen Gefallen! Leih mir bitte deinen Füller!	Werner, please do me a favor. Lend me your pen, please.
WERNER	Und warum soll ich dir meinen Füller leihen?	And why should I lend you my pen?
TRUDI	Ich muß bis morgen einen Aufsatz mit Tinte schreiben.	I have to write an essay in ink by tomorrow.
WERNER	Nachher. Erst muß ich unsrem Vetter Fritz einen Brief schreiben.	Afterwards. First I have to write our cousin Fritz a letter.

Werner schreibt noch eine Karte.

Werner also writes a post-card.

TRUDI	Werner, es ist schon vier Uhr. Gib mir den Füller, bitte!	Werner, it's already four o'clock. Please give me the pen.
WERNER	Später. Erst muß ich meinem Freund Max eine Karte schreiben.	Later. First I have to write a post-card to my friend Max.
TRUDI	Was soll ich inzwischen machen?	What should I do in the meantime?
WERNER	Du kannst mir noch Papier und Umschläge bringen.	You can bring me some more paper and envelopes.

Trudi geht auf die Post.

Trudi goes to the post office.

WERNER	Trudi, geh bitte auf die Post!	Trudi, please go to the post office for me.
	Kauf mir vier Briefmarken zu 20 Pfennig!	Buy me four twenty-pfennig stamps.
TRUDI	Soll ich auch den Brief und die Karte einwerfen?	Should I also mail your letter and post-card?
WERNER	Ja, bitte. Und schick den Brief per Luftpost!	Yes, please. And send the letter by airmail.
TRUDI	Und dann leihst du mir den Füller, nicht wahr?	And then you'll lend me your pen, won't you?
WERNER	Mal sehen. Ich muß erst meine Englischaufgabe machen.	I'll see. I have to do my English assignment first.

Schon wieder so viele Fehler!

So many mistakes again!

LEHRER	Zeig mir mal deinen Aufsatz, Trudi!	Show me your composition, Trudi.
TRUDI	Bitte schön, Herr Braun.	Here you are, Mr. Braun.
LEHRER	Schon wieder so viele Fehler . . . ! Und ohne Tinte . . . !	So many mistakes again! And not in ink!
TRUDI	Ich habe keinen Füller, Herr Braun. Mein Bruder will mir nie seinen Füller geben.	I don't have a pen, Mr. Braun. My brother never wants to give me his pen.
LEHRER	Dann sag ihm, er soll dir zum Geburtstag einen Füller schenken!	Then tell him, he should give you a pen for your birthday.

Aufgabe 17

Wir machen einen Ausflug. We go on an outing.

Beim Einpacken

While packing

GEORG	Kann ich dir helfen?	Can (May) I help you?
VATER	Ja, nimm diese Sachen aus dem Kofferraum!	Yes, take these things out of the trunk.
	Ich will das Gepäck einpacken.	I want to pack the luggage.
MUTTER	Inzwischen sehe ich nach dem Korb mit dem Essen.	Meanwhile I'll look after the basket with the food.
VATER	Vergiß den Fotoapparat nicht!	Don't forget the camera!
	Letztes Mal hast du ihn zu Hause gelassen.	Last time you left it at home.

Vater möchte ein Bild machen.

Father would like to take a picture.

VATER	Reich mir bitte den Fotoapparat!	Please hand me the camera.
	Ich möchte ein Bild von diesem Bergtal machen.	I'd like to take a picture of that mountain valley.
GEORG	Und nimm auch diese Brücke auf!	And take the bridge, too.
	Aber wo ist denn der Apparat?	But where is the camera?
MUTTER	Ich fürchte, ich habe ihn zu Hause gelassen.	I'm afraid I left it at home.
VATER	Hoffentlich hast du den Korb nicht vergessen!	I hope you didn't forget the basket!

Vater fragt nach dem Weg.

Father asks directions.

VATER	Verzeihung, können Sie mir sagen, wie wir nach Rothenbach kommen?	Pardon me, can you tell me how to get to Rothenbach?
BAUER	Ja, das Dorf ist nicht weit von hier.	Yes, the village isn't far from here.
	Folgen Sie dieser Straße bis zur Brücke!	Follow this road to the bridge.
	Bei der Brücke biegen Sie nach rechts ab!	Turn right at the bridge.

Das Picknick

The Picnic

| GEORG | Wir sind schon seit acht Uhr unterwegs. | We've been on the way since 8 o'clock. |
| | Ist außer mir noch jemand hungrig? | Is anyone besides me hungry? |

MUTTER	Ja, machen wir jetzt ein Picknick!	Yes, let's have a picnic now.
	Georg, der Korb ist im Kofferraum.	George, the basket is in the trunk.
	Gib ihn mir, bitte!	Give it to me, please.
VATER	Geht schon zum Fluß dort drüben!	Just go on to the river over there.
	Ich bring' euch den Korb.	I'll bring you the basket.

Vater kommt zum Fluß.
Father comes to the river.

| MUTTER | Ich sehe, du hast den Fotoapparat gefunden. | I see, you found the camera. |
| VATER | Ja, er war im Kofferraum. Der Korb mit dem Essen aber nicht. | Yes, it was in the trunk. But the picnic basket wasn't. |

Aufgabe 19

Eine neue Jacke für den Studentenball
A new jacket for the college dance

Heinz braucht eine neue Jacke.
Heinz needs a new jacket.

HEINZ	Vati, ich brauche eine neue Jacke.	Dad, I need a new jacket.
	Am nächsten Samstag ist in Heidelberg Studentenball.	Next Saturday there's a college prom in Heidelberg.
VATER	Aber wo soll ich denn das Geld hernehmen?	But just where am I supposed to get the money?
	Ich bin kein Millionär.	I'm not a millionaire.
HEINZ	Bei Müller ist Ausverkauf.	There's a sale at Müller's.
	Jacken sind ganz billig.	Jackets are very cheap.
VATER	Also gut, hier sind fünfzig Mark.	Well, O.K., here are fifty marks.
	Geh hin und kauf dir eine!	Go buy yourself one.

Bei Müller.
At Müller's.

VERKÄUFER	Hier ist eine schöne Jacke.	Here is a nice-looking jacket.
	Probieren Sie sie mal an!	Why don't you try it on!
HEINZ	Sie paßt nicht.	It doesn't fit.
	Sie ist unter dem Arm zu eng.	It's too tight under the arms.
VERKÄUFER	Das können wir ändern.	We can alter that.
HEINZ	Ist sie teuer?	Is it expensive?
VERKÄUFER	Ganz im Gegenteil.	On the contrary.
	Sie kostet nur fünfzig Mark.	It only costs fifty marks.

Heinz kann seine Jacke nicht finden.

Heinz can't find his jacket.

HEINZ	Mutti, weißt du, wo meine neue Jacke ist?	Mom, do you know where my new jacket is?
	Ich habe sie aufs Bett gelegt.	I put it on the bed.
MUTTER	Hängt sie nicht im Schrank?	Isn't it hanging in the closet?
HEINZ	Nein, sie hängt auch nicht an der Tür.	No, it's not hanging on the door either.
MUTTER	Hast du sie schon in Peters Zimmer gesucht?	Did you look for it in Peter's room, yet?
	Er hat sie heute morgen anprobiert.	He tried it on this morning.
HEINZ	Aha, du hast recht!	Aha, you're right!
	Sie liegt dort über dem Stuhl am Fenster.	It's lying there over a chair by the window.

Beim Einpacken

Packing up

MUTTER	Wohin hast du denn den Koffer gestellt?	Where did you put the suitcase?
HEINZ	Er steht auf dem Stuhl.	It's on the chair.
MUTTER	Hast du auch Schuhe und Socken dabei?	Do you have shoes and socks, too?
HEINZ	Ja. Jetzt brauch' ich noch einen Schlips und ein Hemd.	Yes. Now I still need a tie and a shirt.
MUTTER	Vielleicht leiht dir Peter seinen Schlips.	Maybe Peter will lend you a tie.
	Und hier ist ein weißes Hemd.	And here is a white shirt.

Aufgabe 21

Gute Besserung!

Get better soon!

Beate hat Schnupfen.

Beate has a cold.

HEIDI	Du siehst schlecht aus.	You look bad.
	Hast du nicht gut geschlafen?	Didn't you sleep well?
BEATE	Nein, ich habe so einen schlimmen Schnupfen!	No, I have such a bad cold.
HEIDI	Wie hast du dich erkältet?	How did you catch cold?
BEATE	Ich habe gestern einen Spaziergang gemacht	I took a walk yesterday
	und meine warme Jacke nicht angehabt.	and didn't have my warm jacket on.

Thomas ist im Krankenhaus.

Thomas is in the hospital.

PAUL	Was gibt es Neues?	What's new?
RUDI	Thomas hat einen Autounfall gehabt.	Thomas had an automobile accident.
	Er hat sich das Bein gebrochen.	He broke his leg.
PAUL	Wann ist das passiert?	When did that happen?
RUDI	Vor einer Stunde.	An hour ago.
	Man hat ihn ins Krankenhaus gebracht.	They took him to the hospital.
PAUL	Der arme Kerl!	The poor guy.
	Gehen wir ihn heute nachmittag besuchen!	Let's go visit him this afternoon.

In der Sprechstunde

At the doctor's

ARZT	Setzen Sie sich, bitte!	Sit down, please.
	Fühlen Sie sich nicht wohl?	Don't you feel well?
PATIENT	Nein, Herr Doktor.	No, doctor.
	Seit drei Tagen habe ich Kopfschmerzen.	I have had a headache for three days.
ARTZ	Soso. Tut Ihnen der Hals auch weh?	Well, well. Does your throat hurt, too?
PATIENT	Ja, und außerdem habe ich Magenschmerzen.	Yes, and besides that I have a stomach ache.
	Was soll ich machen?	What shall I do?
ARZT	Bleiben Sie drei Tage im Bett,	Remain in bed for three days
	und nehmen Sie viermal täglich zwei Aspirin.	and take two aspirin four times a day.

Aufgabe 23

Hast du dich gut amüsiert?

Did you have a good time?

Am Wörthersee

At Lake Wörther

FELIX	Wo bist du voriges Wochenende gewesen?	Where were you last weekend?
HUGO	Wir sind an den Wörthersee gefahren.	We went to Lake Wörther.
FELIX	Seid ihr wieder in dem hübschen, alten Hotel abgestiegen?	Did you stay in that beautiful old hotel again?
HUGO	Nein, wir haben bei Freunden übernachtet.	No, we spent the night with friends.
	Sie haben ein Wochenendhaus am See.	They have a cottage on the lake.

FELIX	Wann bist du wiedergekommen?	When did you return?
HUGO	Wir sind erst Montagabend zurückgekommen.	We didn't come back until Monday night.

Sport am Wörthersee

Recreational activities at Lake Wörther

FELIX	Habt ihr euch am Wörthersee gut amüsiert?	Did you have a good time at Lake Wörther?
HUGO	Allerdings. Wir sind schwimmen gegangen und auch Wasserski gefahren.	Certainly. We went swimming and also went water skiing.
FELIX	Haben denn eure Freunde ein Motorboot?	Do your friends have a motorboat?
HUGO	Ja, mit einem neuen, großen Motor.	Yes, with a big, new motor.
FELIX	Fährst du gern Wasserski?	Do you like to waterski?
HUGO	Nicht besonders. Ich bin dreimal ins Wasser gefallen.	Not very much. I fell into the water three times.

Eine Einladung

An invitation

HELGA	Tag, Inge! Ich habe dich das ganze Wochenende angerufen. Wo bist du gewesen?	Hi, Inge. I tried to call you all weekend. Where were you?
INGE	Ich bin mit meinen Eltern in den Spessart gefahren.	I drove to the Spessart with my parents.
HELGA	Was habt ihr im Spessart gemacht?	What did you do in the Spessart?
INGE	Wir haben einen langen Spaziergang gemacht. Mutti und ich haben auch einen schönen Blumenstrauß gepflückt.	We took a long walk. Mom and I also picked a beautiful bouquet.
HELGA	Das hört sich herrlich an. Ich bin noch nie im Spessart gewesen.	That sounds marvelous. I've never been in the Spessart.
INGE	Mein Vater hat gesagt, das nächste Mal sollst du mitkommen.	My father said you should come along next time.

Index

E

ein
    accusative 7 (78, 87)
    dative 15 (202, 207)
    nominative 6 (61, 64)
    no plural 6 (65)
    omission before nouns of profession
        and nationality 20 (281, 283)
ein– words
    accusative 7 (78, 83, 87, 88)
        8 (94, 102)
    dative 15 (202, 207)
    nominative 6 (61, 64) 7 (82, 88)
es (impersonal subject pronoun) 16 (217)

F

flavoring particles
    denn 3 (29)
    doch 5 (54)
    gar 8 (107)
    mal 9 (125)
foods 7 (74)
future tense 9 (113, 121)

G

gar 8 (107)
gern 5 (54) 7 (91)

H

haben 3 (25, 27)
hin, her 19 (266, 271)

I

ihr (du, Sie) 2 (13, 14)
imperative forms **du, ihr, Sie** 9 (118, 122)
    verbs with stem changes **a** to **ä**
        12 (154, 156)
imperative **wir–** form 10 (132, 134)
impersonal subject pronoun **es** 16 (217)
indefinite article
    accusative 7 (78, 87)
    dative 15 (202, 207)
    nominative 6 (61, 64)
    omission with nouns of profession
        and nationality 20 (281, 283)

indirect object 15 (206)
    word order when used with direct
        object 17 (233, 234, 241)
infinitive
    with future 3 (26)
    with modals 8 (103)
    ohne . . . zu 13 (172, 175)
    um . . . zu 13 (172, 175)
interrogatives
    was für ein? 4 (41) 21 (297, 300)
    wer? was? accusative 12 (155, 157)
    wer? dative 16 (214, 218)
    wer? was? wo? nominative 1 (6, 7)

J

jeder 10 (130, 133)
jener 10 (133)

K

kein
    accusative 7 (78, 87)
    dative 15 (202, 207)
    nominative 6 (61, 64)
kennen vs. **wissen** 18 (251, 253)
können 8 (100, 103) 18 (253)

M

mal 9 (125)
man 7 (91) 11 (148)
maps 6 (67, 69)
mancher 10 (130, 133)
meals 7 (74)
möchte 9 (118, 122)
modal auxiliaries
    müssen, können, wollen 8 (98, 103)
    dürfen, sollen, mögen 9 (115, 121)
mögen 9 (118, 121)
months 14 (180)
müssen 8 (98, 103)

N

nach Hause 5 (49, 52)
negative 6 (62)
nominative case

Vocabulary

A

ab-biegen (ist abgebogen) to turn off (in a direction)

der Abend, -e evening; **guten Abend** good evening; **heute abend** this evening, tonight; **morgen abend** tomorrow evening (night)

das Abendbrot evening meal, supper

das Abendessen evening meal, supper

abends in the evening(s), evenings

die Abendvorstellung, -en evening show, evening performance

aber but, however

ab-fahren (ist abgefahren) to start off, leave

ab-holen to go get, collect

der Abschleppwagen, - tow truck

ab-steigen (ist abgestiegen) to stop (stay) at a hotel

ab-waschen (ä; abgewaschen) to wash dishes

ach oh; **ach so!** oh, I see! **ach du meine Güte!** oh, my goodness!

acht eight

achtzehn eighteen

achtzig eighty

das Adjektiv, -e adjective

aha! I see!

allein alone

allerdings to be sure, certainly

alles everything, everybody

also well; thus, therefore; **also schön** OK then

alt old

älter older

am = an + dem by, near, at; **dort am Fluß** there by the river

Amerika (das) America

der Amerikaner, - the American

amerikanisch American

sich amüsieren (amüsiert) to have a good time

an up to, next to, by, to; **ein Brief an Vater** a letter to Father

ander other, different; **andere Wörter** other words

ändern to change, alter

an-fangen (ä; angefangen) to begin, start

angeln to fish

an-haben to wear, have on

an-halten (ä; angehalten) to stop

sich an-hören to sound

an-kommen (ist angekommen) to arrive

der Anproberaum, ⸚e dressing room

an-probieren (anprobiert) to try on

an-rufen (angerufen) to call up, telephone

ans = an + das to the

sich an-sehen (ie; angesehen) to look at

die Antwort, -en answer

antworten to answer

der Anzug, ⸚e man's suit

der Apfel, ⸚ apple

der Apfelkuchen, - single-layered pastry made with apples

der Apfelsaft apple juice

die Apfelsine, -n orange

der Apparat, -e apparatus, machine, instrument

der Appetit appetite, „guten Appetit!" enjoy your meal!

der April April

die Arbeit, -en work

arbeiten to work

der Arm, -e arm

arm poor

der Ärmel, - sleeve

der Arzt, ⸚e doctor, physician

das Aspirin aspirin

auch also, too; **auch nicht** not either

auf on, on top of, upon, at, to; **antworte auf deutsch!** answer in German; **auf Wiedersehn!** good-bye; **auf die Post** to the post office

auf-bleiben (ist aufgeblieben)
   to stay up
auf-fallen (ä; ist aufgefallen) to notice;
   mir fällt auf it occurs to me, I notice
die Aufgabe, –n lesson; assignment
auf-geben (i; aufgegeben) to mail
   (at post office window)
auf-machen to open
auf-nehmen (nimmt; aufgenommen) to
   take a picture
auf-passen to pay attention, to watch
aufs = auf + das to the
der Aufsatz, ⁼e essay, theme
auf-schreiben (aufgeschrieben) to write
   down
auf-stehen (ist aufgestanden) to get up,
   stand up
auf-wachen to wake up
das Auge, –n eye
der Augenblick, –e moment; einen
   Augenblick, bitte! just a moment,
   please; jeden Augenblick any moment
der August August
aus out, out of, from
Ausdrücke: besondere Ausdrücke special
   expressions
der Ausflug an outing
ausgezeichnet great, excellent
aus-sehen (ie; ausgesehen) to look;
   wie sieht das aus? what does it look
   like?
außer besides, other than, except
außerdem besides, moreover
die Aussprache pronunciation
der Ausverkauf sale; im Ausverkauf
   on sale
das Auto, –s auto, car
die Autobahn, –en expressway
der Autobus, –se bus

B

das Baby, Babies baby
der Bach, ⁼e brook
backen (ä; gebacken) to bake
der Bahnhof, ⁼e railroad station
bald soon
der Ball, ⁼e ball

die Banane, –n banana
die Bank, ⁼e bench
der Bauer (dat. acc. –n), –n peasant,
   farmer
der Bauernhof, ⁼e farm
der Baum, ⁼e tree
begeistert enthused, inspired, animated
beginnen (begonnen) to begin
bei by, at, near, at the place of,
   at the home of; ich habe nichts bei
   mir I have nothing with me (on me);
   bei Karl at Karl's house
die Bekleidung clothing
beim = bei + dem at the
das Bein, –e leg
bekommen (bekommen) to get, receive
der Berg, –e mountain
das Bergtal, ⁼er mountain valley
bergsteigen to climb a mountain
Bergstraße Mountain Street; in der
   Bergstraße on Mountain Street
der Berliner, – Berliner
der Bericht, –e report
besonder special; besondere Ausdrücke
   special expressions
besonders especially, particularly
besser better
Besserung: gute Besserung! get better
   soon!
best best; am besten the best
bestimmt certain(ly); ganz bestimmt
   absolutely
der Besuch (no pl.) company, visitors
besuchen (besucht) to visit, attend
das Bett, –en bed; im Bett in bed; wann
   gehst du zu Bett? when do you go to
   bed?
das Bild, –er picture; ein Bild machen
   to take a picture
die Bildbeschreibung description of a
   .. picture
billig cheap, inexpensive
die Birne, –n pear
bis until, as far as, up to; bis später
   till later, "see you later"; bis morgen
   by tomorrow
bißchen: ein bißchen a little
bitte please; bitte schön you're welcome,

here you are

blasen (ä; geblasen) to blow

blaß pale

blau blue

bleiben (ist geblieben) to remain, stay; **wo bleibt sie?** where is she?

der Bleistift, –e pencil

die Blume, –n flower

der Blumenstrauß ⸚e bunch of flowers

die Bluse, –n blouse

die Bratkartoffeln (pl.) fried potatoes

brauchen to need, want, require

braun brown

sich brechen (i; gebrochen) to break a part of one's body

der Brief, –e letter

das Briefpapier stationery

die Briefmarke, –n postage stamp

bringen (gebracht) to bring

das Brot, –e bread

das Brötchen, – roll

die Brücke, –n bridge

der Bruder, ⸚ brother

das Buch, ⸚er book

das Büro, –s office

der Bus, –se bus

die Butter butter

C

der Campingkocher, – camping stove

der Chef boss

die Cola coke

die Compagnie (Co.) company, firm

D

da there; **da drüben** over there

dabei along; **ich habe es dabei** I have it with me

die Dame, –n lady

das Damengeschäft, –e women's clothing store

danke thank you, thanks; **vielen Dank!** many thanks! **danke schön** thank you

danken to thank

dann then

das the; that

daß (*conj.*) that

dein your (*fam. sing.*)

denn flavoring word which emphasizes the questioning tone; *conj.*: because, for

der the; that

das Deutschbuch, ⸚er German textbook

der Deutsche the German; **ein Deutscher** a (male) German; **eine Deutsche** a (female) German

Deutschland Germany

der Dezember December

dich accusative form of **du**

dick thick, big, fat

die the, that

der Dienstag Tuesday

dieser this, that

diktieren (diktiert) to dictate

dir dative form of **du; wie geht es dir?** How are you?

doch certainly, of course; flavoring particle used for emphasis; **komm doch mit!** Why don't you come along?; **doch** yes (after a negative statement or question)

der Doktor, –en doctor

der Donnerstag Thursday

das Dorf, ⸚er village, small town

dort there; **dort drüben** over there

dran: ich bin dran it's my turn; **du bist nicht dran** it's not your turn

drei three

dreißig thirty

dreizehn thirteen

dritt third

drüben over there

du you (*fam. sing.*)

dunkel dark

dunkelblau dark blue

dünn thin

durch through

durchs = durch + das through the

dürfen (*modal verb*) to be permitted to, be allowed to; **darf ich gehen?** may I go?

der Durst thirst; **ich habe Durst** I am thirsty

durstig thirsty

E

die Ecke, –n corner; **an der Ecke** (on) at the corner

das Ei, –er egg

eilen to hurry; **eilt: es eilt** it is urgent; **der Brief eilt sehr** the letter is very urgent

eilig: ich habe es eilig I am in a hurry

ein a, an, one

einhundert one hundred

einige some, several

ein-kaufen to buy, shop; **Einkaufen gehen** to go shopping

ein-laden (ä; eingeladen) to invite

die Einladung invitation

ein-packen to pack up (something); **beim Einpacken** packing

eins one

ein-werfen (i; eingeworfen) to mail a letter

das Eis ice cream

elegant elegant

der Elektriker, – electrician

elf eleven

die Eltern (pl.) parents

endlich finally

eng narrow, tight

England England

Englisch English

das Enkelkind, –er grandchild

entlang along

entschuldigen to pardon, to excuse; **sich entschuldigen** to ask to be excused; **entschuldige, bitte!** excuse me, please!

er he, it

die Erbse, –n pea

die Erdbeere, –n strawberry

erholt relaxed

sich erkälten (erkältet) to catch a cold

erst only, not until, not before; *adj.* first

erwarten (erwartet) to await, expect

erzählen (erzählt) to tell, narrate

es it, he or she; **es ist kalt** it is cold; **es gibt** there is, there are

der Esel donkey

essen (i; gegessen) to eat

das Essen food, meal

das Eßzimmer dining room

etwas something

euch *acc. dat.* of **ihr**

euer your *(fam. pl.)*

Europa Europe

F

fahren (ä; ist gefahren) to drive, travel

das Fahrrad, ⸚er bicycle

die Fahrt trip

fallen (ä; ist gefallen) to fall

falsch wrong

die Familie, –n family

fangen (ä; gefangen) to catch

die Farbe, –n color

der Februar February

fehlen to be absent; **was fehlt Ihnen?** what's wrong with you?

der Fehler, – mistake

das Fenster, – window

die Ferien (pl.) vacation

der Ferienbericht, –e report on a vacation

die Ferienpläne (*pl.*) vacation plans

der Fernsehapparat, –e television set

das Fernsehen television

fernsehen (ie; ferngesehen) to watch TV

fertig finished, ready

fertig-machen to make ready, prepare

das Fest, –e festivity, holiday

das Fieber fever

der Film, –e movie, film

finden (gefunden) to find; **ich finde es schick** I think it's smart; **wie finden Sie das?** how do you like that?

der Finger, – finger

der Fisch, –e fish

flach flat

die Flasche, –n bottle

das Fleisch meat

die Fliege, –n fly

fliegen (ist geflogen) to fly

fließen (ist geflossen) to flow

das Flugzeug, –e airplane

der Fluß, Flüsse river

folgen (ist gefolgt) to follow

der Fotoapparat, –e camera

die Frage, –n question

fragen to ask; **fragen nach** to inquire about

das Fragewort, ⁼er interrogative

Frankreich (das) France

die Frau, –en woman; **Frau Schmidt** Mrs. Schmidt

das Fräulein, – young lady; **Fräulein Neuse** Miss Neuse

frei free; unoccupied

der Freitag Friday

die Freizeit recreation

sich freuen to look forward to; **er freut sich auf die Ferien** he is looking forward to his vacation; **er freut sich über das Fahrrad** he is happy about his bike

der Freund, –e (boy) friend

die Freundin, –nen (girl) friend

freundlich friendly

frisch fresh

früh early

der Frühling spring (season)

der Frühlingsmonat, –e spring month

das Frühlingswetter spring weather

das Frühstück, –e breakfast

sich fühlen to feel (well or not well)

der Führerschein, –e driver's license; **den Führerschein machen** to take a driver's test

der Füller, – fountain pen

fünf five

fünfzehn fifteen

fünfzig fifty

für for

fürs = für + das for the

fürchten to fear; **sich fürchten** to be afraid

der Fuß, ⁼e foot

der Fußball, ⁼e football; **Fußball** soccer game; **die Fußballmannschaft, –en** soccer team; **das Fußballspiel, –e** soccer

G

ganz whole, entire, full, intact

gar flavoring word used to emphasize the negative quality; **gar nicht** not at all

der Garten, ⁼ garden

geben (i; gegeben) to give; **es gibt** there is, there are

der Geburtstag, –e birthday

die Geburtstagspläne (*pl.*) plans for a birthday party

der Gefallen favor; **tu mir einen Gefallen!** do me a favor!

gefallen (ä; gefallen) to like, to be pleased with; **das gefällt mir** I like that

gegen against

das Gegenteil contrary, opposite; **ganz im Gegenteil** on the contrary

gehen (ist gegangen) to go; **wie geht es dir?** how are you (*fam.*)? **es geht mir gut** I'm fine; **das geht nicht** that's impossible, that doesn't work; **es geht jetzt los** it's starting now

gelb yellow

das Geld money

das Gemüse, – vegetable

genau exactly, just

genug enough

das Gepäck baggage

gerade just now, right now, presently

gern(e) gladly; **ich esse gern** I like to eat

das Geschäft, –e business house, shop, store

der Geschäftsbrief, –e business letter

die Geschäftsleute (*pl.*) businessmen

der Geschäftsmann businessman

gescheit smart, intelligent

das Geschenk, –e present

die Geschichte, –n story, history

die Geschwister (*pl.*) brother(s) and sister(s)

das Gespräch, –e dialog, conversation

gestern yesterday; **gestern abend** last night

gesund healthy

gewinnen win

gewöhnlich usually

das Glas, ⁼er glass

glauben to believe, think

gleich immediately

das Glück luck; **viel Glück!** good luck!

der Glückwunsch, ⁼e congratulation; **herzlichen Glückwunsch!** congratulations! **herzlichen Glückwunsch zum Geburtstag!** happy birthday!

die **Grammatik** grammar
groß big, tall
großartig great, fantastic
die **Größe, –n** size
die **Großeltern** (*pl.*) grandparents
die **Großmutter, ⸚** grandmother
der **Großvater, ⸚** grandfather
grün green
gut good, well, fine; **guten Tag!** hello!
　es geht mir gut I'm fine; **guten
　Morgen!** good morning!
Güte: ach du meine Güte! oh, my
　goodness!

H

das **Haar, –e** hair
haben to have; **heute haben wir den
　ersten Februar** today is the first of
　February
der **Hahn, ⸚e** rooster
halb half; **halb neun** half past eight
die **Halbzeit** half time
der **Hals, ⸚e** neck, throat
die **Hand, ⸚e** hand
der **Handschuh, –e** glove
die **Handtasche, –n** purse, handbag
der **Hang, ⸚e** slope
hängen (gehangen) to hang
die **Hauptmahlzeit, –en** main meal
die **Hauptpost** main post office
die **Hauptstraße** main street
das **Haus, ⸚er** house; **zu Hause** at home;
　nach Hause homeward, home
die **Hausarbeit, –en** homework,
　assignment
die **Hausaufgabe, –n** homework
die **Hausfrau, –en** housewife
die **Haustür, –en** front door
das **Heft, –e** notebook
heißen (geheißen) to be called, be
　named; **wie heißt du?** what is your
　name?
helfen (i; geholfen) to help
das **Hemd, –en** shirt
her from; word indicating motion
　toward the speaker; **wo kommen Sie
　her?** where do you come from?
　kommen Sie her! come here!

der **Herbst** fall, autumn
her-nehmen (i; hergenommen) to get;
　wo soll ich das Geld hernehmen?
　where should I get the money from?
der **Herr** (*dat. acc.* **–n**), **–en** gentleman;
　Herr Fischer Mr. Fischer
herrlich great, splendid
herzlich cordial, affectionate;
　herzlichen Glückwunsch!
　congratulations! **herzlichen
　Glückwunsch zum Geburtstag!**
　happy birthday!
heute today; **heute abend** this evening,
　tonight; **heute nachmittag** this
　afternoon; **heute vormittag** this
　morning
hier here
der **Himmel** sky, heaven
hin to; towards, word indicating motion
　away from the speaker; **gehen Sie
　hin!** go there!
Hindernisse: Reise mit Hindernissen
　a troubled trip
sich **hin-legen** to lie down
hinter behind
hinters = **hinter** + **das**
hinterm = **hinter** + **dem**
höchst – highest
hoffentlich I hope (so), hopefully;
　hoffentlich bist du morgen gesund
　I hope you'll feel all right tomorrow
holen to get, fetch
hören to hear
die **Hose, –n** trousers
das **Hotel, –s** hotel
hübsch pretty
das **Huhn, ⸚er** chicken
der **Hund, –e** dog
hundert hundred
der **Hunger** hunger; **ich habe Hunger**
　I am hungry
hungrig hungry; **ich bin hungrig** I am
　hungry
der **Hut, ⸚e** hat

I

ich I
die **Idee, –n** idea

ihm *dat.* of **er**

ihn *acc.* of **er**

ihnen *dat.* of **sie**, *pl.*; **Ihnen** *dat.* of **Sie**

ihr you (*fam. pl.*); *adj.* her, their

Ihr your (*formal*)

im = in + dem in, inside, at; **ich komme im Frühling** I'm coming in the spring

immer always

in in, inside, into

ins = in + das

die Insel, −n island

interessant interesting

inzwischen in the meantime, meanwhile

ist is

J

ja yes; flavoring word used to emphasize the affirmative tone (when not at the beginning of a sentence); **na ja**

die Jacke, −n jacket

jagen to chase, hunt

das Jahr, −e year

die Jahreszeit, −en season

der Januar January

jawohl yes, indeed

jeder each, every

jemand someone

jener that

jetzt now

die Jugendherberge, −n youth hostel

der Juli July

jung young

der Junge (*dat. acc.* −n), −n boy

der Juni June

K

der Kaffee coffee; **zum Kaffee** for coffee

der Kalender, − calender

kalt cold

kämmen to comb

kaputt broken, out of order

die Karotte, −n carrot

die Karte, −n postcard, map, playing cards, ticket

die Kartoffel, −n potato

der Kartoffelsalat potato salad

der Käse cheese; **das Käsebrot** cheese sandwich

die Katze, −n cat

kaufen to buy

kegeln to bowl

kein not any, not a, no

kennen (gekannt) to know

kennen-lernen to get to know, to meet

der Kerl, −e guy, fellow

der Kilometer, − 0.62 miles

das Kind, −er child

das Kindermädchen, − girl employed to take care of children in a family

das Kino, −s movie theater

die Kirche, −n church

die Kirsche, −n cherry

das Kirscheis cherry ice cream

klar clear, obvious; **na klar!** certainly, of course

die Klasse, −n class

die Klassenarbeit, −en written test

das Klassenzimmer, − classroom

das Klavier, −e piano

die Klavierstunde, −n piano lesson

das Kleid, −er dress

die Kleidung clothing

klein little, short

klingeln to ring

kochen to cook

der Koffer, − suitcase

der Kofferraum, ⸚e trunk of a car

die Kombination combination (suit)

kommen (ist gekommen) to come

die Konditorei, −en coffee shop

können (*modal verb*) to be able to, can; **er kann kein Englisch** he knows no English

kontrollieren (kontrolliert) to check, control

der Kopf, ⸚e head

der Korb, ⸚e basket

der Korbball, ⸚e basketball; **ich spiele Korbball** I play basketball

der Körper, − body

kosten to cost

das Kostüm, −e suit

krank sick

das Krankenhaus, ⸚er hospital

die Kreide, −n chalk

die Küche, –n kitchen
der Kuchen, – cake
die Kuh, ="e cow
kühl cool
der Kühlschrank, ="e refrigerator
der Kuli, –s ballpoint pen
die Kurve, –n curve
die Kusine, –n cousin

L

das Land, ="er country, rural country
die Landschaft countryside
die Landstraße, –n highway
lang long; lange for a long time;
    wie lange? how long?
lassen (ä; gelassen) to leave, let, allow
laufen (ä; ist gelaufen) to run, go
leer empty
legen to lay, to set down
der Lehrer, – (male) teacher
die Lehrerin, –nen (female) teacher
leid: es tut mir leid I'm sorry
leider unfortunately
leihen (geliehen) to lend
lernen to learn; to study
lesen (ie; gelesen) to read
das Lesestück, –e reading selection
letzt last
die Leute (pl.) people
liegen (gelegen) to lie; to be located
links left, to the left
los-gehen (ist losgegangen) to set out, to
    begin; es geht los it is starting
die Luftpost air mail; per Luftpost by
    airmail

M

machen to do; to make; ich mache die
    Aufgaben I'm doing my homework;
    macht nichts that doesn't matter,
    never mind; das macht zusammen
    2 Mark that is (costs) 2 marks;
    ein Bild machen to take a picture;
    ein Picknick machen to have a picnic
das Mädchen, – girl
der Magen stomach
die Mahlzeit, –en meal
der Mai May
Mal: nächstes Mal next time

mal flavoring word which implies
    urging by the speaker; sag mal! now,
    just tell me!
mal: vier mal zwei 4 times 2
man impersonal subject form one,
    they, you, people
mancher many a, some
manchmal sometimes
der Mann, ="er man; mein Mann my
    husband
die Mannschaft, –en (sports) team
der Mantel, = coat
die Mark mark (German monetary unit)
der Markt, ="e market (place)
die Marktfrau, –en market woman
die Marmelade jam
der März March
die Mathematik mathematics; Mathe
    math; die Mathearbeit written test
    in math
die Maus, ="e mouse
der Mechaniker, – mechanic
mehr more; ich habe keinen Hunger
    mehr I'm no longer hungry; er kommt
    nicht mehr he doesn't come any more
mein my
meistens usually, mostly
mich acc. of ich
die Milch milk
der Millionär, –e millionaire
die Minute, –n minute
mir dat. of ich; das tut mir leid I'm
    sorry; es geht mir gut I'm fine
mit with; by means of
mit-bringen (mitgebracht) to bring
    along
mit-fahren (ä; ist mitgefahren) to drive
    (come) along
mit-gehen (ist mitgegangen) to go along
mit-kommen (ist mitgekommen) to come
    along
mit-nehmen (i; mitgenommen) to take
    along
der Mitschüler, – classmate
das Mittagessen noon meal, lunch
der Mittwoch Wednesday
möchten (from mögen) möchten Sie
    gehen? would you like to go? er
    möchte es he would like it

modern modern

mögen (*modal verb*) *expresses possibility, liking*

der Monat, –e month

der Mond moon

der Montag Monday

morgen tomorrow; **morgen abend** tomorrow night

der Morgen, – morning; **guten Morgen!** good morning

morgens morning(s), in the morning

der Motor, –en motor

das Motorboot, –e motorboat

das Motorrad, ⁼er motorcycle

die Mücke, –n mosquito

müde tired

der Mund mouth

müssen (*modal verb*) to have to, must

die Mutter, ⁼ mother; **Mutti** Mom

N

na, na ja *interj.* well

nach to (a city or country); after toward; **es ist viertel nach acht** it is quarter past eight; **fragen nach** to ask about; **nach Hause** home, homeward; **geh nach links!** go to the left; **geh nach oben!** go upstairs

nachher afterwards

der Nachmittag, –e afternoon; **heute nachmittag** this afternoon

nachmittags in the afternoon(s), afternoons

nach-sehen (ie; nachgesehen) to look after

nächst next; **nächstes Mal, das nächste Mal** next time

die Nacht, ⁼e night; **gute Nacht!** good night!

der Nachtisch, –e dessert

nämlich namely, that is (to say), you see

die Nase, –n nose

neben next to

der Neffe (*dat. acc.* –n) **–n** nephew

nehmen (i; genommen) to take

nein no

nennen (genannt) to call, to name

nett nice; **das ist nett von dir** that's nice of you

neu new; **was gibt es neues?** what's new?

neun nine

neunzehn nineteen

neunzig ninety

nicht not; **nicht so** not so; **nicht mehr** no longer; **nicht wahr?** isn't that right? isn't it so?

die Nichte, –n niece

nichts nothing

nie never, at no time

niemals never

noch still, yet; **noch ein** another, one more; **noch nicht** not yet

das Notenheft, –e notebook for music

der November November

null zero

nun now; well

nur only; **nur einige (wenige)** only a few

O

oben upstairs

der Ober, – waiter

das Obst fruit

oder or

oft often

ohne without; **ohne . . . zu** without

das Ohr, –en ear

der Oktober October

das Öl, –e oil

die Oma, –s grandma

der Onkel, – uncle

der Opa, –s grandpa

Österreich Austria

der Österreicher the Austrian

P

das Paar, – pair; **ein Paar Schuhe** a pair of shoes

packen to pack

das Paket, –e package

das Papier paper

der Park, –s park; **im Park** in the park

passen to fit, to match; **es paßt zum Kostüm** it goes with my suit

passieren (passiert) to happen

der Patient (*dat.*, *acc.* **-en**), **-en** patient

das Pech bad luck; **das ist Pech** that's too bad

per by; **per Luftpost** by airmail

der Pfennig, -e penny, smallest German monetary unit

das Pferd, -e horse

pflücken to pick

das Pfund, -e pound

das Picknick picnic

der Plan, ̈e plan

die Platte, -n record

der Plattenspieler, - record player

der Platz, ̈e seat

pleite bankrupt, broke

plötzlich suddenly

der Polizist (*dat.*, *acc.* **-en**), **-en** policeman

die Post mail, post office

die Postkarte, -n postcard, picture postcard

prima excellent, splendid

das Problem, -e problem

der Professor, -en professor

der Pudding, -s pudding

der Pulli, -s pullover

putzen to clean;
   ich putze mir die Zähne I brush my teeth

R

das Rad, ̈er bike

das Radio, -s radio

die Radtour, -en bicycle trip

der Raum, ̈e room

das Rechenheft, -e notebook for arithmetic

die Rechnung, -en bill

recht: du hast recht you are right

rechts right; **nach rechts** to the right

der Regenmantel, ̈ raincoat

regnen to rain; **es regnet** it is raining

reichen to reach, hand

die Reise, -n journey, trip, tour

reisen to travel

reiten (ist geritten) to ride horse-back

der Reiter horse-back rider

die Reparatur repair; **bei der Reparatur** at the repair shop

die Reparaturwerkstatt repair shop

reparieren (repariert) to repair

das Restaurant, -s restaurant, inn

der Rhein the Rhine river

richtig right, correct

die Richtung direction

der Rock, ̈e skirt

rot red

ruhig quiet; **sei ruhig!** be quiet!

S

die Sache, -n matter, business, concern; *pl.* things, objects

der Saft, ̈e juice

sagen to say, tell

der Salat, e salad; lettuce

der Salatkopf, ̈e head of lettuce

der Samstag, -e Saturday

der Samstagmorgen Saturday morning

samstags (on) Saturdays

der Satz, ̈e sentence

schade! too bad! **das ist schade** that's too bad

scheinen (geschienen) to shine; **die Sonne scheint** the sun is shining

schenken to give (a gift)

schick chic, elegant, smart

schicken to send, mail

das Schiff, -e ship

die Schiffsreise, -n boat trip

der Schlaf sleep

schlafen (ä; geschlafen) to sleep;
   schlafen gehen to go to bed

schläfrig sleepy

das Schlafzimmer, - bedroom

die Schlagsahne whipped cream

schlecht bad(ly)

schlimm bad

der Schlips, -e tie

schlittschuh-laufen to ice-skate

der Schlittschuhläufer, - ice-skater

schmecken to taste (good, sweet, etc.)

die Schmerzen (*pl.*) pain, ache

der Schnee snow

schneiden (geschnitten) to cut

schneien to snow
schnell fast, quick(ly)
der Schnupfen nasal cold
die Schokolade, –n chocolate
schon already
schön beautiful; O.K., all right; **bitte schön** you're welcome; **danke schön** thank you
der Schrank, ⁼e closet
schreiben (geschrieben) to write
der Schreibtisch, –e desk
der Schuh, –e shoe
die Schulaufgabe, –n homework, assignment
das Schulbuch, ⁼er school book
die Schule, –n school
der Schüler, – (male) pupil
die Schülerin, –nen (female) pupil
das Schulkind, –er schoolchild, pupil
schwarz black
der Schwarzwald Black Forest (region in Southern Germany)
die Schweiz Switzerland
der Schweizer, – the Swiss
die Schwester, –n sister
schwimmen (ist geschwommen) to swim
der Schwimmer, – swimmer
sechs six
sechzehn sixteen
sechzig sixty
der See, –n lake
segeln to sail
der Segler a person who sails
sehen (ie; gesehen) to see; **mal sehen!** let's see; **sehen nach** to look after
sehr very; **sehr viel** very much
sein to be; *adj.* his, its, one's
seit since
die Sekretärin, –nen secretary
selber myself, yourself, himself, etc.
selbstverständlich certainly
der September September
sich himself, herself, itself, themselves, for oneself
sich setzen to sit down
sicher certain(ly), sure
Sie you (*formal, sing.* and *pl.*)
sie they, she, it, her, them

sieben seven
siebzehn seventeen
siebzig
singen (gesungen) to sing
die Situation situation
sitzen (gesessen) to sit
ski-laufen (ist skigelaufen) to ski
der Skiläufer, – skier
so so, thus, like that, as, such; **so blaß** so pale; **so ... wie** as ... as; **so einen Schnupfen** such a cold
die Socke, –n sock
das Sofa, –s sofa
sofort at once, immediately
der Sohn, ⁼e son
solcher such
sollen (*modal verb*) should, ought to; **ich soll gehen** I'm supposed to go
der Sommer summer
sondern but, on the contrary
der Sonnabend, –e Saturday
die Sonne sun
der Sonntag, –e Sunday
sonntags (on) Sundays
sonst else, otherwise; **sonst noch etwas?** anything else?
sparen to save
spät late; **wie spät ist es?** what time is it?
später *comp.* of **spät**
der Spaziergang walk, stroll; **einen Spaziergang machen** to take a walk
der Spessart hilly-wooded area along the **Main**
der Spiegel, – mirror
das Spiel, –e game; **wie steht das Spiel?** what's the score?
spielen to play
der Sport sports; **Sport treiben** to go out for sports
der Sportwagen, – sports car
sprechen (i; gesprochen) to speak
die Sprechstunde, –n doctor's office hours
das Stadion, Stadien stadium
die Stadt, ⁼e city; **er geht in die Stadt** he goes to town
stehen (gestanden) to stand

steigen (ist gestiegen) to climb
stellen to place
stimmen: das stimmt that's right
die Straße, –n street, road
die Straßenbahn, –en streetcar
der Strumpf, ⸚e stocking
das Stück, ⸚e piece
der Student (dat., acc. –en) –en (male)
   university student
die Studentin, –nen (female) university
   student
der Studentenball, ⸚e formal college
   dance
studieren (studiert) to study
der Stuhl, ⸚e chair
die Stunde, –n hour; lesson; vor zwei
   Stunden two hours ago
das Substantiv, –e noun
suchen to look for, search
die Suppe, –n soup

T

die Tablette, –n pill
die Tafel, –n blackboard; an die Tafel
   gehen to go to the blackboard
der Tag, –e day; guten Tag! hello!
   Tag! hello, hi!
täglich daily
das Tal, ⸚er valley
tanken to get gas
die Tankstelle, –n filling station,
   service station
die Tante, –n aunt
tanzen to dance
die Tanzstunde, –n dancing lesson
die Tasche, –n bag, pocket
die Tasse, –n cup
das Taxi, –s taxi, cab
der Tee tea
der Teich, –e pond
das Telefon, –e telephone
der Teller, – plate
das Tennis tennis
der Tennisspieler, – tennis player
teuer expensive
das Tier, –e animal
die Tinte ink
tippen to type

der Tisch, –e table
die Tochter, ⸚ daughter
die Tomate, –n tomato
die Torte, –n layer cake
die Tour, –en tour
tragen (ä; getragen) to wear (clothes);
   to carry
der Traum, ⸚e dream
träumen to dream
treiben: Sport treiben to go out for
   sports
trinken (getrunken) to drink
die Trompete, –n trumpet
trotzdem nevertheless
tschüß! so long!
tun (getan) to do; das tut mir leid
   I'm sorry; das tut mir weh it hurts me
die Tür, –en door

U

üben to exercise, practice
über over
überm = über + dem
übers = über + das
übermorgen day after tomorrow
übernachten (übernachtet) to spend the
   night
übersetzen (übersetzt) to translate
die Übersetzung, –en translation
übrig-lassen (ä; übriggelassen) to leave
   (over)
die Übung, –en exercise
die Uhr, –en clock; um wieviel Uhr?
   at what time?
um at, around; er kommt um acht Uhr
   he is coming at eight o'clock
ums = um + das
um zu in order to; wir zelten, um zu
   sparen we are camping in order to
   save
der Umschlag, ⸚e envelope
und and
der Unfall, ⸚e accident
die Universität, –en university
unmöglich impossible
uns us
unser our
unter under, below, underneath

unterm = unter + dem
unters = unter + das
unterwegs on the way, en route

V

der Vater, ⸚ father
Vati Dad
das Verb, –en verb
vergessen (i; vergessen) to forget
das Vergnügen fun; viel Vergnügen!
 have fun!
verheiratet sein to be married
der Verkäufer, – salesman
die Verkäuferin, –nen saleslady
das Verkehrsmittel, – means of
 transportation
verletzen (verletzt) to injure, harm; adj.
 injured
verstehen (verstanden) to understand
Verzeihung! pardon me
der Vetter, –n (male) cousin
viel much, a lot (of); pl. many; vielen
 Dank! thank you very much!
vielleicht maybe, perhaps
vier four
viertel one quarter; viertel vor zwei
 quarter to two; viertel nach zwei
 quarter past two
vierzehn fourteen
vierzig forty
die Violine, –n violin
der Vogel, ⸚ bird
die Vokabel, –n word; pl. vocabulary
voll full, crowded
von from, of, as a result of
vor in front of, before; ago; vor allem
 above all; vor zwei Stunden two
 hours ago; um viertel vor zwei at a
 quarter to two;
vors = vor + das
vorbei-kommen (ist vorbeigekommen)
 to come by
vorig last; previous
der Vormittag, –e morning, a.m.; heute
 vormittag this morning;
vormittags mornings
die Vorstellung, –en show, performance

W

wachsen to grow
der Wagen, – car
wahr true; nicht wahr? right? isn't
 that so?
der Wald, ⸚er woods, forest
die Wand, ⸚e wall
wandern to hike
der Wanderer, – hiker
die Wanderung, –en hike
wann? when?
war was; past tense of sein
warm warm
warten to wait; warten auf to wait for
warum? why?
was? what?; was ist das? what is that?
 was für ein . . .? what kind of . . .?
 what a . . .?
waschen (ä; gewaschen) to wash; sich
 waschen to wash (oneself)
das Wasser, – water
der Wasserski, – waterskis; Wasserski
 fahren to go waterskiing
wecken to awaken
weg away
der Weg, –e road, way
weg-bleiben (ist weggeblieben) to stay
 away
weg-können to be able to go, leave
weh: es tut mir weh it hurts me
Weihnachten Christmas
der Wein wine
weiß white
weit far; weit von hier far from here
welcher which
die Welt world
wem? dat. of wer?
wen? acc. of wer?
wenig little, few; weniger less, minus;
 ich habe weniger als du I have less
 than you; fünf weniger zwei five minus
 two; nur wenige only a few
wenn if
wer? who?
werden (ist geworden) to become, get
 to be; auxiliary of the future tense
 ich werde gehen I will go

werfen (i; geworfen) to throw
die Werkstatt, -̈e workshop
das Wetter weather
der Wetterbericht, -e weather report,
   forecast
wichtig important
wie *conj.* like, as; *interr.* how?; **wie ist
   der Bleistift?** what is the pencil like?
   wie heißt du? what is your name?
   wie wäre es mit Tanzen? how about
   dancing?
wieder again
wiederholen (wiederholt) to repeat
die Wiederholung, -en repetition
wieder-kommen (ist wiedergekommen)
   to return
Wiedersehen: auf Wiedersehen! good-bye!
Wien Vienna
die Wienerin, -nen Viennese girl
die Wiese, -n meadow
wieviel? how much?; *pl.* how many?;
   um wieviel Uhr kommst du? at what
   time are you coming?; **den wievielten
   haben wir heute?** what's the date
   today?
der Wind - wind
der Winter winter
der Wintermonat, -e winter month
der Winterschlußverkauf winter sale
wir we
wirklich really
der Wischer, - blackboard eraser
wissen (gewußt) to know (a fact); **ich
   weiß es nicht** I don't know
wo? where?
die Woche, -n week
das Wochenende, -n weekend
das Wochenendhaus weekend house
der Wochentag, -e weekday
woher? where from?
wohin? (to) where?
wohl well; **ich fühle mich nicht wohl**
   I don't feel well
wohnen to live, reside
das Wohnzimmer, - living room
die Wolke, -n cloud
wollen (*modal verb*) to wish, want

das Wort, -̈er word
das Wörterbuch, -̈er dictionary
die Wortschatzvergrößerung vocabulary
   expansion
wünschen to wish
sich wünschen to wish for something
die Wurst, -̈e sausage
das Wurstbrot, -e cold meat sandwich
das Würstchen, - frankfurter

Z

die Zahl, -en number
zahlen to pay (for)
der Zahn, -̈e tooth
zehn ten
zeigen to show
die Zeit, -en time
das Zelt, -e tent
zelten to camp (in a tent)
das Zimmer, - room
zu to (*a person or a place which is not
   a city or country; adv.* too; **zu groß**
   too big; **zu Hause** at home; **ist er zu
   sprechen?** is it possible to speak to
   him?; **eine Briefmarke zu zehn
   Pfennig** a stamp for ten Pfennigs
zuerst at first, in the first place
der Zug, -̈e train
die Zukunft future
zum = zu + dem; **was gibt es zum
   Nachtisch?** what is there for dessert?;
   ich fahre zum Skilaufen I'm going
   skiing; **was bekommt er
   zum Geburtstag?** what is he getting
   for his birthday?
zu-machen to close
zur = zu + der to the
zurück back
zurück-fahren (ä; ist zurückgefahren) to
   drive back
zusammen together, altogether
zwanzig twenty
zwei two
zweimal twice
zwischen between
zwölf twelve

ACKNOWLEDGMENTS

Black and White Photographs

p. xii, Copyright 1969, Weston Kemp; p. 3, Robert Mottar, Photo Researchers; p. 11, Max Jacoby, Berlin; p. 14, Edo Koenig, Black Star; p. 19, 26, Leonard Freed, Magnum; p. 29, Max Berkmann, FPG; p. 30, Will McBride; p. 35, Georges Viollon, Rapho Guillumette; p. 39, Freelance Photographers Guild; p. 45, Max Jacoby; p. 51, Presse- und Informationsamt der Bundesregierung; p. 57, 73, Max Jacoby; p. 78, Copyright 1969, Weston Kemp; p. 85, 97, Max Jacoby; p. 105, 107, Deutsche Bundesbank; p. 106, Keystone Press; p. 109, Max Jacoby; p. 117, Burt Glinn, Magnum; p. 127, Fritz Henle, Monkmeyer Press Photo Service; p. 137, 141, German Information Center; p. 146, Elliott Erwitt, Magnum; p. 153, German Information Center; p. 157, Editorial Photocolor Archives; p. 162, Max Jacoby; p. 171, Henri Cartier-Bresson, Magnum; p. 175, Max Jacoby; p. 181 (*from left to right*): Inter Nationes, Bundesbildstelle Bonn, German Tourist Information Office, Max Jacoby; p. 185, Max Jacoby; p. 190, German Tourist Information Office; p. 194, John Rosenberger, FPG; p. 204, Copyright 1969, Weston Kemp; p. 210, D. Hauswald and O. Heckenroth, *Scala International*; p. 213, Swiss National Tourist Office; p. 221, 222, 223, German Information Center; p. 224, Will McBride; p. 229, Copyright 1969, Weston Kemp; p. 237, 245, Leonard Freed, Magnum; p. 255, 256, German Federal Railroad; p. 260, 273, 277, Max Jacoby; p. 285, Andy Bernhaut, Photo Researchers; p. 286, Ulrike Welsch; p. 295, Fritz Henle, Monkmeyer Press Photo Service; p. 298, Max Jacoby; p. 305, Copyright 1969, Weston Kemp, photo by Randall Kemp; p. 310, Will McBride; p. 316, Photoworld; p. 320, Max Jacoby; p. 332, 333, German Information Center.

Color Photographs

Position of photograph on page is indicated by: *top*, bottom — *bot*, center — *cen*, left — *lt*, right — *rt*.

Insert 1 (between pp. 18–19)

p. 1: *top* — H. Müller-Brunke, FPG; *bot lt* — Erich Lessing, Magnum; *bot rt* — Pan American Airways. p. 2: *top* — M. Riemel, Shostal; *bot lt* — Bavaria-Verlag; *bot rt* — M. P. Burke. p. 3: *top* — Bavaria-Verlag; *bot* — Peter Klaes, FPG; p. 4: *top* — Bavaria-Verlag; *bot lt* — Erich Lessing, Magnum; *bot rt* — Bavaria-Verlag.

Insert 2 (between pp. 82–83)

p. 1: *top lt* — E. Drave, Shostal; *cen rt* — Elinore, Monkmeyer; *bot lt* — Max Jacoby, Berlin. p. 2: *top* — David Cain, Photo Researchers; *bot* — Max Jacoby. p. 3: *top lt/rt* — M. P. Burke; *bot* — Christopher Knight, Photo Researchers. p. 4: *top lt* — Max Jacoby; *top rt* — Landesbildstelle Berlin; *bot* — Rudi Herzog, FPG.

Insert 3 (between pp. 178–179)

p. 1: *top* — Peter Klaes, FPG; *bot* — John Lewis Stage, Photo Researchers. p. 2: *top* — Copyright 1969, Weston Kemp; *cen* — Inter Nationes; *bot* — Max Jacoby. p. 3: *top/cen* — Inter Nationes; *bot* — Fritz Henle, Photo Researchers. p. 4: *top* — Swiss National Tourist Office; *bot lt* — M. P. Burke; *bot rt* — Ulrich Mack.

Insert 4 (between pp. 242–243)

p. 1: *top lt* — Bavaria-Verlag; *top rt* — Shostal; *bot* — Thomas Hollyman, Photo Researchers. p. 2: *top lt* — Copyright 1969, Weston Kemp; *top rt* — M. P. Burke; *bot* — Josef Muench. p. 3: *top lt/rt and bot lt* — Bavaria-Verlag; *bot rt* — Max Jacoby. p. 4: *top* — Peter Ammon, FPG; *bot lt* — German Information Center; *bot rt* — Max Jacoby.